KB070770

공부하고
있다는
착각

성적의 판도를 가르는 뇌 최적화의 기술

공부하고
있다는
착각

대니얼 T. 윌링햄 지음 | 박세연 옮김

웅진 지식하우스

추천사

한번 시작한 공부, 이왕이면 잘하고 싶은 게 당연하다. 전통적인 가르침은 엉덩이에 땀띠 나게 오래 앉아 있기, 사전을 통째 외운 후 페이지를 찢어 씹어 먹기처럼 무식할 정도로 성실한 노력을 하라고 한다. 정말 그럴까?

하버드대학 심리학과 교수이자 학습법의 대가 대니얼 T. 윌링햄은 책상에 앉기 전 내 뇌와 마음의 작동 원리를 알아야 공부가 훨씬 쉬워진다고 한다. 이 책은 강의 듣기, 필기 하기, 노트 정리, 시험 준비, 시험 치르기와 피드백과 같이 평소 우리가 공부하는 순서대로 최적의 학습법을 알려준다. 이 책은 아무리 열심히 해도 노력만큼 성과가 나오지 않는 이들의 마음속 답답한 곳을 뚫어준다. 그동안 얼마 헛짓을 했는지 허탈한 웃음이 나올 것이다.

– 하지현 건국대학교 정신건강의학과 교수, 『고민이 고민입니다』 저자

나 역시 책상에 앉아 오랜 시간 공부하지만, 늘 만족스럽지 않다. '내 머리의 한계가 여기까지인가. 어쩔 수 없구나' 하고 체념할 때가 많다. 하지만 이 책을 읽고 내 머리가 문제가 아니라 공부 방식이 문제였다는 사실을 깨달았다. 이 책은 당신의 공부 방식을 돌아보게 한다. 왜 수업이 어렵게 느껴졌는지, 왜 시험에서 실수하고, 평소 집중이 어려웠는지 세심하게 답을 찾아준다. 당신의 어깨를 토닥이며 희망의 불씨를 지펴줄 이 책과 함께 공부의 세계로 나아가보자.

– 최태성 역사 강사, 『역사의 쓸모』 저자

초등 교실에서 만난 아이들이 하루 중 가장 많은 시간을 '배움'에 쏟고 있지만 그 긴 시간 동안 진정한 의미의 배움을 경험하는 아이는 드물다. 초·중·고를 막론하고 학교 교육의 가장 기본이 되는 세 가지는 '수업을 잘 듣는 법, 학습 자료를 잘 이해하는 법, 시험을 잘 치르는 법'인데, 학생들은 이 세 가지를 제대로 배우지 않는다. 또 대다수의 학생이 수면·휴식·식사 시간을 줄여가며 더 긴 공부 시간을 확보하려 하지만 긴 공부 시간이 보장하는 건 아무것도 없다.

'일단 무조건 열심히 하는 공부'에 익숙해진 많은 학생들이 '효율 높은 공부'를 할 수 있도록 적극적으로 도와야 할 때다. 요즘 아이들이 학원 다니느라 바빠 공부할 시간이 없다는 우스갯소리를 가벼이 여기지 말아야 한다. 공부를 잘하고 싶어서 다니는 학원이 진정한 배움의 기회를 뺏고 있다는 점을 간과하지 말아야 한다.

이 책은 '공부는 왜 힘든가, 어떻게 하면 쉽게 할 수 있을까'라는 낡은 질문에 새롭고 명쾌한 해답을 제시한다. 나아가 그간 해결되지 못했던 관습적인 공부법에 대한 실용적인 대안을 내놓는다. 수업 준비하는 법, 질문하는 법, 필기하는 법, 시험 준비하는 법, 집중력 유지하는 법, 미루기에 맞서는 법 등 현실적인 학습 방법과 함께 실패에 좌절하지 않고 계속 공부할 수 있는 마인드 컨트롤 방법까지 소개한다.

이 책은 학생뿐 아니라 무언가를 배우고 있는 성인, 효율적으로 뇌를 사용하고 싶은 모든 사람에게 가장 명쾌한 '뇌 사용 가이드'가 될 것이다. 이 책에서 다루는 여러 방법이 자료와 통계를 분석하며 책을 쓰는 내게도 매우 유용한 가이드가 되었음을 고백한다. 나는 가장 먼저 이 책을 예비 고등학생인 내 아들에게 건네줄 생각이다. 자녀의 입시를 위해 노력하는 학부모가 자녀와 함께 읽어보며 효율 높은 학습을 위해 개선하고 노력할 지점들을 알게 해줄 훌륭한 지침서가 될 거라고 확신한다.

- 이은경 〈슬기로운 초등생활〉 유튜버, 『부모의 말 공부』 저자

최근의 과학적 연구 성과를 바탕으로 한 실용적인 학습법을 소개하는 최고의 학습 전략서다. 이 책만 있다면 학생들은 공부에서 흥미와 자신감, 성취감을 얻을 수 있다.

- 앤절라 더크워스 펜실베이니아대학교 심리학과 교수, 『그릿』 저자

학교 성적을 높이기 위한 최고의 가이드북이자 입시생과 본격적인 학습을 시작하려는 학생을 위한 가장 완벽한 선물이다.

- 조너선 하이트 뉴욕대학교 스턴경영대학원 교수, 『바른 마음』 저자

두뇌에만 의존한다면 인간은 제대로 학습할 수 없을 것이다. 그러나 다행히 윌링햄 교수가 이 책을 통해 두뇌를 학습으로 유도하는 모든 방법을 밝혀냈다. 학생들을 위한 친절한 두뇌 사용 설명서다.

- 아만다 리플리 『극한 갈등』 『무엇이 이 나라 학생들을 똑똑하게 만드는가』 저자

매우 신선하고 흥미로운 놀라운 책이다. 구체적인 학습 방법을 통해 실용적인 학습 조언을 풍부하게 제시한다. 교사와 학생, 학습에 관심 있는 모든 이들에게 이 책을 권한다.

- 헨리 뢰디거 『어떻게 공부할 것인가』 공저자

이 책은 계산기와 연필, 공책만큼이나 새 학기 준비에 필요한 핵심 도구다. 저자는 두 가지 일을 해냈다. 더 효과적으로 공부할 힘을 학생들에게 다시 돌려줬으며, 학습을 강화하기 위한 가장 효과적인 시스템과 기술을 활용하는 방법을 교사들에게 보여줬다.

- 제시카 레히 『똑똑한 엄마는 서두르지 않는다』 저자

셰리 월링햄 세군도와
주디 월링햄 심에게 이 책을 바칩니다.

차례

들어가며

공부를 방해하는
두뇌의 명령을 넘어서다

아이가 유치원에 입학할 때, 교사와 부모는 그 아이가 알아서 공부할 것이라고 생각하지 않는다. 어떤 부모도 다섯 살짜리에게 이렇게 말하지 않는다. "색깔 공부를 할 때 네가 최선을 다하지 않았다고 선생님이 말씀하시더구나. 또한 핑거페인팅 시간에도 진심을 다해 그림을 그리지 않았다고 하시더구나. 네가 최선을 다해 공부하지 않는데 왜 내가 유치원에 돈을 내야 하는지 모르겠구나!" 유치원에서 학습 환경을 조성하는 것은 아이가 아닌 교사의 몫이기 때문이다.

하지만 십대 초반이 되면 상황이 바뀐다. 학생이 알아서 공부해야 한다. 교사는 수업을 하고 학생은 필기를 한다. 집에 와서도 교과서를 읽고, 숙제를 하고, 시험 준비를 해야 한다. 교사는 학생이 다음과 같은 것을 이미 알고 있다고 생각한다. 우선순위를 정하고 일정을 세우는 법, 혼자서 어려운 책을 읽는 법, 미루는 습관을 떨쳐내는 법, 학습 내용을 기억하는 법, 산만한 주의를 통제하는 법, 공부를 충분히 했는지 판단하는 법, 시험에서 제 실력을 발휘하는 법, 학습에 방해가 되는 불안감과 같은 감정에 대처하는 법. 학생이 이러한 방법을 이해하지 못한다면, 그것은 교사가 아니라 학생의 문제다. 간단하게 말해서, 교사와 부모는 학생이 독립적인 학습자independent learner가 되기를 기대한다.

그런데 우리의 두뇌에는 사용 설명서가 없다. 스스로 학습을 하기 위해서는 다양한 기술이 필요한데, 그러한 기술은 누군가에게 배워야 한다. 그러나 대부분 그러지 않았다. 대학생을 대상으로 한 설문조사 결과를 보면 학생들은 공부하는 습관과 미루기를 떨쳐내는 전략 등을 대부분 스스로 개발했다. 하지만 그들이 만들어낸 전략은 일반적으로 썩 훌륭하지 않다. 그래서 내가 이 책을 쓰게 된 것이다. 이 책은 학습 잠재력을 계발하고, 이를 통해 스스로 학습할 수 있도록 도움을 주는 우리 두뇌의 사용 설명서다.

인지심리학자가 '공부'를 연구하게 된 이유

사실 내가 대학원에 진학한 주된 이유는 사람들의 학습을 도와주겠다는 이타적인 소망이 아니라 그저 교수가 되고 싶다는 이기적인 바람 때문이었다. 교수에게는 상사가 없다고 생각했으니까(기대만큼은 아니었지만 그래도 어느 정도는 진실이었다). 그렇게 한번 해볼까 하는 식으로 심리학 박사 학위 과정을 시작했다. 정말로 어리석은 시작이었다.

그래도 나는 운이 좋았다. 그곳에서 인간의 마음, 특히 인간의 학습에 흥미를 느끼게 되었다. 박사학위 과정에 열심히 임했고, 운이 좋게도 대학에서 수업을 맡게 되었다. 내 연구 주제는 기억에 관한 것이었다. 하지만 그것은 다분히 기술적인 분야였고, 일상생활과는 동떨어져 있었다. 박사학위를 딴 사람의 어머니들은 자녀에 대해 친구들에게 이렇게 농담조로 설명하곤 한다. "박사를 따긴 했는데, 사람들한테 도움은 안 돼." 사실 나 역시 학습을 연구하는 사람이었지만, 실제로 사람들이 공부를 하는 데 도움을 주는 그런 부류의 연구자는 아니었다.

그렇게 10년의 세월이 흘렀다. 어느 날 잘 알지 못하는 사람에게서 전화가 왔다. 그는 내게 내슈빌로 와서 교사 500명을 대상으로 학습에 대해 수업을 해달라고 요청했다. 나는 교사들이 실제 사용할 수 있는 교수법에 대해서는 잘 알지 못한다고 답했다. 하지만 그는 이렇게 말했다. "물론 우리도 알고 있습니다. 그래도 교사들은 흥미롭게 받아들일 거라고 생각합니다." 나는 당황스러웠지만 우쭐대는 마음에 결국 이렇게 말하고 말았다. "좋습니다."

그리고 6개월 후 강연을 위한 대본을 써야 할 시간이 다가오자 나는 두려움에 빠졌다. '교사들은 분명 아이들이 어떻게 학습하는지 잘 알고 있을 것이었다. 그렇다면 그들이 알지 못하는 무엇에 대해 이야기를 해야 할까?' 포기할까 생각도 했지만 행사 주최자들이 다른 강사를 선택하기엔 너무 늦었다. 결국 나는 대학교 2학년생을 대상으로 가르치던 인식에 관한 개론 과목에서 몇 가지 아이디어를 뽑아내서 50분 동안 강연하기로 했다. 사실 나는 그 강연이 완전히 실패할 것이라고 생각했기 때문에 강연 시작 30분 전에 함께 간 아내(역시 교사이다)에게 강연장에 들어오지 말라고 당부했다.

그런데 놀랍게도 강연은 성공적이었다. 학습에 관한 입문 과정의 내용을 다루었음에도 교사들은 그것을 알지 못했다. 게다가 내 이야기를 학문적인 지식이 아니라 실제로 교실에서 쓸 유용한 기술로 받아들였다.

그 후 나의 경력은 바뀌었다. 나는 인간이 생각하고 학습하는 방법과 관련해서 과학자들이 밝혀낸 지식으로부터 교사들이 많은 도움을 받을 수 있다고 확신하게 되었고, 그래서 그러한 지식을 자세하게 해설하는 논문과 책을 쓰기 시작했다. 또한 그 지식을 어떻게 학생들에게도 적용할 수 있을지 고민하기 시작했다. 나는 인식을 주제로 한 내 개론 과목에 '공부하는 방법'에 관한 강의를 집어넣었다. 학생들은 그 강의가 꽤 유용했다고 이야기했다.

하지만 학생들의 성적은 그리 많이 변하지 않았다. 나는 정보를 어떻게 하면 효과적으로 기억할 수 있을지 방법에 주목했고, 또한 학습을 방해하는 요소가 분명히 존재할 것이라고 예측했다.

학생들이 성적을 올리고 싶다며 내 연구실을 찾았을 때, 나는 그들의 공부 습관과 전략에 관해서 많은 질문을 던졌다. 나는 학생들에게 교과서와 노트를 들고 오라고 해서 어떻게 읽고 필기하는지 물어봤다. 이러한 면담을 통해 나는 학생들이 잘못된 암기 전략 때문만이 아니라 여러 이유로 어려움을 겪고 있다는 사실을 알게 되었다. 일부 학생은 복잡한 내용을 이해하는 과정에서 어려움을 겪었고, 다른 학생은 계속해서 미루는 습관을 버리지 못했으며, 또 다른 일부는 강의 내용을 이해하지 못하거나 시험을 볼 때마다 숨이 막히는 경험을 했다.

그로부터 약 1년이 흘러 나는 학생들의 문제가 어디서 비롯되는지 더 잘 파악할 수 있게 되었다. 하지만 학생들이 실제로 공부하는 방법을 바꾸도록 만들지는 못했다. 솔직히 말해서 그건 대단히 의아한 일이었다. 학생들은 분명히 문제가 있어서 나를 찾아왔다. 그런데 왜 그 문제에 대한 내 조언을 받아들이지 않았던 걸까?

왜 우리는 두뇌를 넘어서야 하는가

나는 이 문제를 우연히 해결하게 되었다. 한 학생이 나를 찾아와 어떻게 기억에 관심을 기울이게 되었는지 물었고, 그때 나는 대학원 시절 수강했던 한 과목을 떠올리며 이렇게 말했다. "기억의 '기묘함'에 이끌렸거든요. 내가 진실이라고 생각했던 많은 것이 진실이 아니었죠." 나는 그렇게 이야기하면서 학습에 관한 내 조언이 학생들에게 대단히 낯설게 들릴 수 있다는 사실을 문득 깨닫게 되었다.

예를 들어 배우려는 '욕망'은 학습에 직접적인 영향을 미치지 않는다. 굳이 노력하지 않았는데도 쉽게 기억하는 것들이 있다. 많은 사람이 해리 왕자가 결혼을 했는지, 하비 와인스타인이 무슨 잘못을 했는지, 그리고 브래들리 쿠퍼가 영화 〈포레스트 검프〉에서 주연을 맡았는지 등을 분명하게 말할 수 있다. 이 사실을 열심히 노력해 암기한 사람은 없다. 다만 그 정보를 접하자마자 마음속으로 들어간 것이다. 반면 나는 대학생 시절에 새로운 지식을 머릿속에 집어넣기 위해 오랜 시간 열심히 노력해야만 했다. 그런데 배우려는 욕망이 중요하지 않다는 이야기는 참으로 이상한 말이다.

마찬가지로 나는 반복이 학습에 도움이 되지만, 그렇다고 해서 학습을 보장하지는 않는다는 사실을 발견하고도 말문이 막혔다. 1달러 지폐 맨 위에 뭐라고 적혀 있는지 기억하는 사람이 있을까? 뒷면의 독수리 머리 위에는 뭐가 있을까? 미국인이 평생 1달러 지폐를 본 횟수를 감안한다면, 그것이 어떻게 생겼는지 속속들이 알고 있어야 할 것이다.

나는 학생들에게 이런 질문을 던지기 시작했다. "솔직히 말해보세요. 내가 추천한 학습 전략을 시도해본 적이 있나요?" 그러면 대부분의 학생이 그렇다고 답한다. 하지만 그 횟수는 한 번 정도에 불과했다. 문제는 내 전략이 이상하게 들린다는 것이 아니었다. 문제는 학생들이 그 전략을 실행하는 동안 비효율적이라고 느꼈다는 사실이었다.

나는 학생들의 그러한 느낌을 충분히 이해할 수 있었다. 학습은 운동과 비슷하다. 팔굽혀펴기 횟수를 늘리려면 팔굽혀펴기를 하면서 동시에 박수를 치는 것처럼 훨씬 어려운 형태의 방식으로 훈련하는 편이 훨씬 효과적이다. 하지만 그렇게 하면 팔굽혀펴기를 많이 할 수 없고, 그래서 우리는 이 방법이 비효율적이라고 느끼게 된다. "말도 안 되는 방법이야. 팔굽혀펴기를 더 많이 하고 싶은데 이러한 방법으로는 몇 개밖에 할 수 없어!" 그러나 장기적으로 보면 우리는 더욱 강해진다는 사실을 명심하자. 반대로 무릎을 땅에 대고 팔굽혀펴기 훈련을 한다면 보다 긍정적인 '느낌'이 들 것이다. 더 빨리, 더 많이 할 수 있기 때문이다. 하지만 이는 훨씬 덜 효과적인 훈련 방법이다.

무언가를 배우고자 할 때, 우리의 두뇌는 우리에게 무릎을 대고 팔굽혀펴기를 하는 것과 같이 쉽고 성공을 향해 나아가고 있다고 느껴지는 방법을 시도하라고 격려한다. 그래서 내 학생들이 두뇌의 명령에 따르며 쉽고 비효율적인 공부 전략으로 나아갔던 것이다. 그러나 우리는 그러한 두뇌의 명령을 뛰어넘어야 한다. 두뇌를 넘어서야 한다는 말은 더 힘들게 느껴지지만 장기적으로 더 많은 이익을 가져다줄 효과적인 학습 훈련을 해야 한다는 뜻이다.

이 책의 활용법

학교 교육은 대부분 비슷한 형태를 취한다. 학생은 수업을 듣고 책을 읽으면서 공부를 한다. 그리고 시험을 통해 학습 성과를 검증받는다. 학습에는 그밖에 다른 요소도 있지만(가령 대학과 대학원에선 논문을 써야 할 때도 있다) 이 세 가지 과제(듣고, 읽고, 시험을 치르고)가 학생들이 수행하는 과제의 근간이 된다. 그래서 나는 이 세 가지 과제에 대해 설명하고자 한다. 물론 이러한 기본적인 과제 안에는 하위 요소들이 있다. 예를 들어 시험 공부 안에는 암기 외에도 노트 필기와 계획 수립이 있다.

이 책의 각 장은 독자들이 이러한 과제를 성공적으로 수행하도록 지침을 준다. 독자들은 학습 과정에서 개선하고 싶은 요소에 따라 읽어야 할 장을 선택할 수 있다. 각 장을 꼭 순서대로 읽거나 빠짐없이 모두 읽어야만 하는 것은 아니다. 흥미로운 장을 골라 읽는 방법도 괜찮다. 거기서 소개한 한 가지 방법이 성공을 거뒀다면, 다른 방법도 시도해보자. 하지만 효과가 없을 것처럼 보인다는 이유로 내가 제시한 전략을 무시하지는 말자. 기억하자. 아마도 많은 방법이 우스워 보일 것이며, 실행할 때는 당장 효과가 없는 것처럼 느껴질 수도 있다. 하지만 우리는 '어떤 느낌이 드는가'가 아니라 '어떤 결과가 나오는가'를 가지고 방법의 유용성을 평가해야 한다. 동시에 교사들도 학생들을 위한 유용한 조언을 확인할 수 있을 것이다. 각 장의 마지막에서 나는 교사들이 그와 똑같은 원칙을 어떻게 활용할 수 있는지 설명했다.

기억은 도구이며, 이 책은 독자들이 '독립적인 학습자'로 거듭나게 해주는 운영 매뉴얼이다. 공부가 전혀 힘들지 않다고 말하는 게 아니다. 우리 두뇌는 내가 공부하는 방식으로 움직이지 않는다. 그렇게 말하는 사람이 있다면, 그들이 곁에 있는 동안 지갑을 잘 간수하자.

내가 약속할 수 있는 것은 내 방식을 따르면 결과적으로 훨씬 더 높은 효율성에 도달할 수 있는 것이다. 나는 이 책을 통해 학습에 대한 접근 방식을 바꿔 스스로 공부하고, 훨씬 더 효과적으로 공부할 수 있다는 점을 보여주고자 한다. 이 책을 읽은 후엔 더 빨리 배우게 될 것이며, 또한 배운 것은 더 오랫동안 남아 있게 될 것이다. 이를 위해 필요한 것은 두뇌가 어떻게 움직이는지, 그리고 무엇이 두뇌의 활동을 방해하는지 이해하는 것이다. 그러면 우리는 두뇌의 한계를 넘어서게 될 것이다.

OUTSMART YOUR BRAIN

1장

왜 수업 내용을
이해하지
못할까?

How to Understand a Lecture

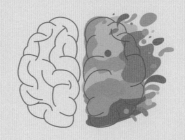

학생들은 대학에 들어갈 때까지 수천 시간의 수업을 듣게 된다. 그래서 우리는 학생들이 공부하는 방법에 대단히 익숙할 것이라고 짐작한다. 하지만 대부분 그렇지 않다. 한 가지 문제는 필기를 제대로 하지 못한다는 것이다. 이는 다음 장에서 다루어볼 것이다. 여기서는 교사나 강사의 말을 이해하는 능력에 초점을 맞춰보고자 한다.

이해가 잘 안 될 때 해야 할 일은 분명하다. 분명하게 설명해달라고 요청하는 것이다. 그런데 무언가를 이해하지 못했는데도 '자신이 이해하지 못했다는 사실을 깨닫지 못한다면' 어떻게 해야 할까?

먼저 우리가 무언가를 이해하지 못했다는 사실을 어떻게 인식하는지 그 과정을 한번 생각해보자. 우리는 기억에서 정보를 찾지 못하면 이해하지 못했다는 느낌을 받게 된다. 가령 식료품점에서 어느 수다쟁이 손님이 이렇게 말한다. "와우, 이 캔 무더기는 위태로운Parlous 상태이군요. 그렇죠?" 혹은 한 친구가 이렇게 묻는다. "새가 밤새 우는 의미가 뭘까?" 먼저 우리는 정보를 얻기 위해 자신의 기억을 검색한다('위태로운'의 의미, 그리고 새가 잠을 자지 않고 울어대는 이유). 그러나 정보를 찾지 못하고 이렇게 생각하고 만다. '잘 모르겠군.'

이러한 기억 검색의 실패가 혼란으로 이어지는 두 번째 유형이 있다. 사람들이 의사소통을 하는 방식에서 비롯된 것이다. 이야기를 할 때, 우리는 자신이 하는 말이 무슨 의미인지에 대해 많은 설명을 덧붙이지 않는다. 그것은 무언가 신비감을 풍기기 위해서가 아니다. 우리는 누락한 정보가 상대방의 기억 속에도 있으며, 그가 그 정보를 활용해서 우리의 말에 있는 공백을 메울 것이라고 기대하기 때문이다. 예를 들어 한 친구가 이렇게 말했다고 생각해보자.

세상에, 도미노피자에 전화한 지 한 시간이나 지났어. 내 전화기 봤어?

첫 번째 문장과 두 번째 문장 사이의 연결은 분명해 보인다. 친구는 피자 가게에 전화를 걸기 위해 자신의 전화기를 봤는지 묻고 있다. 그런데 이러한 연결을 완성하기 위해 얼마나 많은 정보가 필요한지 생각해보자. 친구는 도미노피자가 피자 배달 가게이고, 한 시간은 피자 배달 치고 너무 오랜 시간이고, 매장에 다시 전화를 거는 것은 문제가 있는 서비스에 대한 적절한 행동이며, 전화를 걸기 위해 전화기가 필요하다는 사실을 알고 있다고 가정했다.

이렇게 우리는 말을 할 때 항상 정보를 누락한다. 그렇지 않으면 의사소통은 너무 길고 지루해질 것이다("내 전화기를 건네줄래? 전화를 하고 싶고, 그래서 전화기가 필요해").

공부하고 있다는 착각

이제 친구가 이런 말을 한다고 생각해보자.

세상에, 도미노피자에 전화한 지 한 시간이나 지났어. 수영장 얕은 쪽에
송사리가 여섯 마리 넘게 있어.

이웃하는 문장 간에 분명한 연결 고리가 보이지 않아도(누군가 피자에
관한 이야기를 하고, 다음에 자신의 전화기에 대해 묻는 것) 괜찮다. 우리는 자신
의 기억을 참조하면 연결 고리를 발견할 수 있을 것이라고 생각한다.

그러나 (1) 사실('위태로운'의 의미)이나 (2) 연결(피자와 송사리)을 위해 기
억을 참조했는데도 아무것도 발견하지 못했을 때, 우리는 이해에 실패했
다는 사실을 깨닫는다. 그리고 자신이 이해하지 못했다고 생각할 때, 어
떤 행동을 취할 수 있다. 즉 화자에게 다시 설명해달라고 요청할 수 있다.

그런데 이해에 실패했으며, 또한 무언가를 빠트렸다는 사실조차 모른
다면? 이는 모르는 어휘 때문이 아니다. 연결 때문에 벌어진 일이다. 한
가지 이상의 가능한 연결이 존재할 수 있기 때문이다. 우리는 한 가지 방
식으로 두 아이디어를 연결하고 스스로 이해했다고 생각한다. 그러나 화
자는 우리가 또 다른 방식으로 두 아이디어를 연결했다고 생각한다. 여기
서 우리는 무언가를 놓쳤지만 그 사실을 깨닫지 못한다.

예를 들어, 역사 교사가 이렇게 말했다고 해보자.

셜리 템플이 출연한 많은 영화는 1930년대에 제작되었다. 이 작품들은
관객에게 긍정적인 느낌을 전달하고 그들이 골치 아픈 문제에서 벗어나
도록 도와주었다.

학생은 문장들 사이의 연결 고리를 이해했다고 생각할 것이다. 각각의 문장은 셜리 템플이 나온 영화에 관한 사실을 알려준다. 그런데 며칠 전 그 교사가 대공황 시기, 즉 경제적으로 끔찍했고 대부분의 사람이 재정적으로 어려움을 겪었던 1930년대에 대해 수업을 했다고 해보자. 여기서 교사는 셜리 템플의 영화들이 경제적으로 어려운 시기에 사람들에게 긍정적인 느낌을 전달했기 때문에 인기가 있었다는 사실을 학생들이 이해했을 것이라고 기대할 것이다.

이제는 어떻게 이해하지 못했는데도 스스로 이해하지 못했다는 사실을 인식하지 못했는지를 보여준다. 우리는 개념들 사이에서 연결 고리를 만들었고, 그래서 스스로 이해했다고 생각하지만 교사가 기대한 방식은 아니다.

이러한 문제는 특히 수업 시간에 잘 드러난다. 그것은 수업들이 구성되는 방식 때문이다. 우리는 일상적인 대화를 할 때 무언가를 계획해서 말하지 않는다. 머릿속에 떠오르는 대로 이야기하기 때문에 일반적으로 연결된 아이디어는 직접적인 연결 고리를 갖고 있어 이해가 쉽다. 반면 수업은 일반적으로 체계적인hierarchy 형태로 구성된다. 이 말은 교사가 서로 직접적으로 이어지지 않은 개념들을 말하고, 학생들이 연결하기를 기대한다는 뜻이다. 그렇다면 이 말이 무슨 의미인지 자세히 살펴보자.

식품공학 과목 중 육류 요리에 관한 수업을 예로 들어보자. 그날 주제는 세 가지다. 육류를 요리하는 것은 박테리아를 죽이고, 향을 첨가하고, 육질을 부드럽게 만든다. 다음 도표는 수업의 부분적인 개요를 보여준다.

교사의 머릿속에는 아마도 이 개요가 잘 조직되어 있을 것이다. 그러나 학생은 수업을 듣는 과정에서 그 구성을 직접적으로 경험하지 않는다. 누구도 체계적으로 말하지 않기에 학생은 수업을 선형적linearly으로 경험

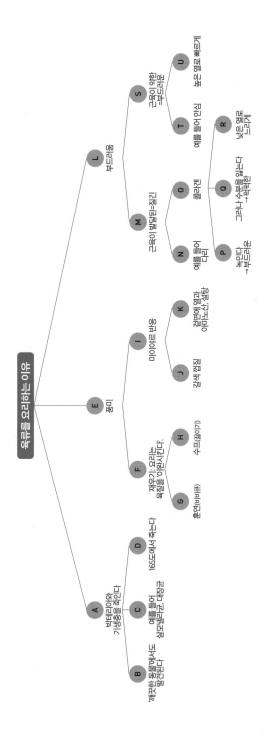

육류를 요리하는 이유

A 박테리아와
   기생충을 죽인다
B '깨끗한 동물'에서도
   발견된다
C 예를 들어
   살모넬라균, 대장균
D 165도에서 죽는다

E 풍미

F 재우기: 요리는
   육질을 '0'원시킨다.
G 훈연(바비큐)
H 수프(국물이기)

I 마이야르 반응
J 갈색 검갈
K 걸면에 열과
   아미노산, 설탕

L 부드러움

M 근육이 발달돼-짙기
N 예를 들어
   다리
O 콜라겐
P 녹인다
   →부드러운 살
Q 그러나 수분을 잃는다
   →퍽퍽한
R 낮은 열로
   느리게

S 근육이 이완한
   큐-부드러워
T 예를 들어 안심
U 높은 열로 쭉쭉 빼드게

한다. 다음 도표에서 대문자는 교사가 각각의 요점에 대해 이야기할 순서를 보여준다.

A, E, L이라고 이름 붙인 아이디어("박테리아를 죽인다", "풍미", "부드러움")들은 서로 연결되어야 한다. 이들 항목은 하위 범주, 즉 인간이 육류를 요리하는 세 가지 이유로 나뉘어 있다. 그런데 교사가 이러한 구조를 강조하지 않고 수업을 진행한다면, 일부 학생은 중요한 연결 고리를 놓치고 말 것이다. 수업에서 이어지는 문장들은 아마도 충분히 부드럽게 연결되므로 그래서 학생들이 "잠깐, 이 개념은 무엇과 연결해야 하지?"라며 궁금해할 문장은 없을 것이다.

이제 우리는 대부분의 학생이 수업에서 사실, 즉 '콜라겐'이나 '대요근' 같은 용어의 정의를 이해해야 할 이유를 알고 있다. 학생들은 앞에서 우리가 '위태로운'을 이해하고자 했던 것처럼 그들이 이러한 단어를 알지 못한다는 사실을 인식한다. 이때 학생들이 놓친 것은 더 심오한 연결, 즉 그것들이 기능하는 방식이나 그것들이 광범위한 결론의 모든 증거이기 때문에 연결되는 개념이다. 또한 학생들이 놓친 정보는 교사가 생각하기에 더욱 중요한 정보다.

결론적으로 말해서, 인간의 두뇌는 담화_{speech}를 이해하도록 진화했다. 일상적인 대화에서 우리가 50분 동안 말할 계획을 미리 세우지는 않기에, 우리는 머릿속에 떠오르는 대로 말을 하고 한 번에 한두 개의 문장만 계획한다. 그렇기 때문에, 20분 전에 한 말과 연결할 때만 이해할 수 있는 말을 하지는 않을 것이다. 반면 수업_{lecture}은 계획되고 체계적으로 조직되므로 학생은 하나의 개념을 20분 전에 교사가 말한 개념과 연결할 수 있어야 하며, 그러한 연결을 놓칠 때 의미의 층위를 놓치게 된다.

> **수업을 들을 때**
>
> **두뇌가 하는 일:** 친구의 말을 듣는 것처럼 수업을 듣기 때문에 내용 사이 심층적인 연결을 놓친다.
>
> **뇌 최적화의 기술:** 교사가 체계적인 내용에 대해 생각하는 방식(체계적인), 그리고 학생이 수업을 경험하는 방식(선형적인) 사이의 불일치에 대비함으로써 교사가 요구하는 연결을 완성하자.

이 장에서는 새로운 용어나 사실만이 아니라, 수업의 더 깊은 의미를 받아들이기 위한 몇 가지 기술을 배우게 될 것이다.

팁1 수업에서 체계를 뽑아내자

이상적인 수업에서 교사는 체계를 분명하게 제시한다. 그는 수업을 시작하면서 학생들에게 이렇게 말한다. "여러분이 배울 내용은 이것입니다. 주요 결론은 X입니다. X를 지지하는 네 가지 근거가 있습니다." 그리고 수업을 진행하면서 그 체계에 대해 다시 언급하면서 이렇게 말한다. "좋습니다. 이제 우리는 결론을 뒷받침하는 첫 번째 근거를 살펴봤습니다. 두 번째로 넘어가도록 합시다." 이렇게 교사는 수업을 진행하면서 내용의 체계에 대해 말한다.

그런데 교사가 그런 이야기를 전혀 하지 않는다면? 그러한 경우에 우리는 최선을 다해 스스로 알아내야 한다. 예를 들어 육류를 요리하는 이유에 대해 앞서 이야기했다. 교사가 "요리는 또한 질긴 고기를 더 부드럽게 만들어준다"고 했다면, 우리는 그 주장이 인간이 육류를 요리하는 세 가지 이유 중 하나라는 사실을 간파해야 한다.

하지만 일반적으로 수업은 대단히 빠른 속도로 진행되기에 수업을 들으면서 그러한 체계의 모든 부분을 파악할 수는 없다. 그러므로 **수업 체계의 상위 두 단계를 이해하는 것을 목표로 삼자.** 최상위 단계는 그날의 질문 혹은 가장 중요한 주제다. 식품공학 과목에서 최고 단계에 해당하는 질문은 "육류를 요리하는 이유"였다. 역사 과목의 경우 그러한 질문은 "오늘날 대선 후보들이 프런트-포치 캠페인front-porch campaigns(정치인이 고향 인근에서 연설을 하는 선거운동)을 할 수 있는지가" 될 것이다.

우리는 사전에 확인할 수 있는 문서(수업이라면 강의 계획서, 프레젠테이션이라면 슬라이드 인쇄물)로부터 수업 구성을 확인하는 데 도움을 얻을 수 있다. 이러한 문서는 주제에 관한 몇 가지 개념을 제시한다. 주제에 대한 사전 지식이 없을 때 훌륭한 지침은 '발표자가 처음으로 하는 말'이다. 발표자는 대부분 앞으로 설명할 주제의 핵심을 한두 문장으로 제시한다. 이 말은 수업에 1분만 늦어도 그러한 핵심을 놓치게 된다는 말이다. 또한 옆자리 친구와 잡담을 나누거나 통화를 하느라 수업에 집중하지 못해도 핵심을 놓치게 될 것이다. **발표를 시작할 때 화자가 제시하는 핵심에 주목하고 대비하자.**

체계의 두 번째 단계는 그날의 결론을 뒷받침하는 증거들이다. 식품공학 과목에서 인간이 육류를 요리하는 이유는 세 가지다. 역사 수업의 경우 수업의 두 번째 단계는 성공적인(그리고 성공적이지 못한) 프런트-포치 선거운동의 사례, 그러한 운동을 실행했던 시절에 언론의 특성, 그러한 선거운동을 하는 후보자들의 특징, 그리고 현대 정치와 관련해서 이러한 요인들에 대한 요약이다.

공부하고 있다는 착각

수업의 핵심이 무언가를 하도록 가르치는 것이라면(가령 핏물 제거) 하위 주제는 그 절차의 하위 단계, 그것들이 효과적인 이유에 대한 설명, 혹은 각각의 방법을 사용해야 하는 상황의 목록이 될 것이다.

유능한 교사는 언어적 신호를 사용해서 명시적으로 설명한다. "프런트-포치 선거운동의 특징에 대한 정의를 마쳤습니다. 이제 몇 가지 역사적인 사례를 살펴보도록 하죠." 그러나 유능하지 않은 교사는 그렇게 하지 않는다. 그러나 그들이 분명하게 말을 하지 않는다고 해도 학생들은 다음 주제로 넘어가고 있다는 사실을 알 수 있다. 이를 위해서는 **구성에 대한 실마리를 제시하는 언어적 신호에 귀를 기울여야 한다.** 그러한 신호는 다음과 같다.

- "두 번째 이유는…"
- "이는 다른 질문을 제기합니다."
- "이제 우리는 ⋯을 알고 있습니다."
- "다른 관점에서 바라보도록 합시다."
- "어쨌든⋯"
- "좋습니다."

이제 이러한 비언어적 신호를 확인해보자. 일반적으로 교사들은 한 가지 주제를 끝냈을 때 질문을 받기 위해 잠시 수업을 멈춘다. 이는 새 주제로 넘어가기 전 학생들이 잘 따라오고 있는지 확인하기 위해서다. 교사가 노트를 뒤적이거나 생각을 위해 잠시 멈춘다면, 새로운 주제로 넘어간다는 뜻이다. 여기서 교사는 하나의 개념을 끝냈고, 다음 개념을 확인하는 중이다.

수업을 듣는 중에 전체 구성을 완전하게 이해하려고 노력할 필요는 없다. 다만 큰 맥락에 세부 사항들을 해석하고자 해야 한다. 이 장의 핵심은 수업을 듣는 과정에서 새로운 내용을 이해하는 방법이다. 이를 위해 우리는 올바른 맥락에서 해석해야 한다. 예를 들어 제임스 먼로가 1820년 미국 5대 대통령으로 선출되었을 때, 그는 단 한 표를 제외하고 선거인단의 모든 표를 받았다. 이는 다음과 같은 맥락에서 언급할 수 있다.

- 미국에서 '긍정적인 분위기' 그리고 조화의 시대였다는 증거로서
- 1812년 전쟁 이후에 연방당이 힘을 잃었다는 증거로서
- 정당 시스템이 쇠퇴할 것이라는 먼로의 바람이라는 맥락에서

큰 그림을 바탕으로 세부적인 사항을 이해하려면 우리는 수업을 듣는 동안 큰 그림을 계속해서 마음속에 떠올리고 있어야 한다. 하지만 그건 쉬운 일이 아니다. 수업을 따라가야 하고 필기도 해야 하기 때문이다. 그렇기 때문에 때로 큰 그림을 마음속에 떠올리는 정신적인 작업이 필요하다. 가령 이전 수업에서 벡터에 관해 배웠으며, 지금은 교사가 벡터 기법이라는 개념을 설명하고 있다고 해보자. 새로운 개념을 받아들이면서, 동시에 그 개념이 다른 개념들과 어떻게 연결되어 있는지 이해하기란 쉽지 않다. 그러므로 교사가 새로운 주제로 넘어갈 준비를 할 때, 그러한 연결고리에 대해 생각해야 한다.

교사가 질문이 있는지 물어볼 때, "우리는 스스로 교사의 설명을 이해하고 있는가?"라는 질문만이 아니라, 다음의 질문을 던져야 한다. "교사가 방금 말한 것이 오늘 수업의 개괄적인 주제와 어떻게 연결되어 있는지 이해하고 있는가?" 확실하지 않다면, 물어보자.

공부하고 있다는 착각

팁2 수업은 그냥 '듣는 게' 아니다

사람들은 수업을 듣는 게 쉬운 일이라고 종종 잘못 생각한다. 그 이유는 단지 앉아서 듣기만 하면 된다고 생각하기 때문이다. 실제로 일부 교육 관계자는 학생이 그저 앉아서 듣는 수업을 수동적인 방식이라는 이유로 비판한다. 하지만 그건 착각이다. 앞서 말했듯이 **수업을 통해 학습하기 위해서는 적극적인 사고가 필요하다.** 학생은 자신이 듣는 수업 내용을 체계적인 구조로 새롭게 구축해야 한다.

수업에는 일반적인 대화와 다른 중요한 방식이 있다. 사람들은 수업할 때 일상적이지 않은 용어를 사용한다. 그리고 친구와 대화를 나눌 때보다 훨씬 더 까다로운 개념을 전달하고자 한다. 반면 일반적인 대화에서는 상대가 이해했는지 쉽게 확인할 수 있다. 친구는 잠시 말을 멈추고 이렇게 말할 수 있다. "그렇지?" 그러면 우리는 고개를 끄덕이거나 "응"이라고 대답함으로써 친구의 말을 이해했다는 사실을 보여줄 수 있다. 그러나 교사는 그렇게 자주 수업을 멈추지 못한다.

2,000년 전 그리스의 전기 작가 플루타르크는 듣는 것의 어려움을 이렇게 설명했다.

어떤 이들은 화자는 무언가를 보여줘야 하고, 청자는 고민이나 생각 없이 다른 이들이 열심히 노력할 때 마치 저녁 식사에 온 것처럼 자리를 잡고 좋은 시간을 보내면 된다고 생각한다. 하지만 제대로 교육받은 손님이라면 저녁 식사에서조차 해야 할 일이 있듯이 하물며 청자에겐 할 일이 더 많다. 청자는 담론의 참여자이자 화자와 함께 노력해야 할 사람이기 때문이다.

나는 지난 30년 동안 수많은 강의를 해왔다. 그리고 지난 15년은 학교와 기업에서 성인을 대상으로 강의를 했다. 열의가 없는 학생이나 성인은 모두 똑같은 모습이며, 나는 그러한 사람들을 쉽게 알아챌 수 있다. 그들은 자리에 푹 가라앉아 있다. 눈빛은 흐릿하고, 내가 이야기를 시작하고 나서야 서서히 시선을 돌린다. 그 이유는 그들이 개인적인 문제로 지쳤거나 근심이 있거나 주의가 산만하기 때문이 아니다. 그들은 다만 '수동적'이다. 그들은 강의를 영화나 공연처럼 생각한다.

물론 수백 명의 다른 청중들과 함께 거대한 강의실에 앉아 있을 때 우리가 그저 청중의 일부라고 생각하는 이유를 이해하기는 어렵지 않다. 또한 우리는 당연하게도 무언가 재미있는 이야기가 나올 거라고 기대한다. 그렇지만 조금이라도 정신적인 노력을 투자하겠다는 생각으로 강의를 들으면 우리는 더 많은 것을 얻을 수 있다.

한 줄 요약

수업을 들으며 학습하는 데는 노력과 마음의 준비가 필요하다

공부하고 있다는 착각

팁3 수업 자료는 필기 노트를 대신할 수 없다

교사가 수업 자료를 나눠준다고 해보자. 혹은 수업 개요나 데이터를 담은 자료를 제공한다고 해보자. 그것을 어떻게 활용할 것인가? 이 질문에 대답하기에 앞서 다른 질문에 대해 생각해보자. 애초에 우리는 왜 필기를 하는가?

연구자들은 사람들에게 왜 필기하는지 질문을 던졌다. 그리고 많은 사람이 생각해봤을 두 가지 기능을 확인했다. 첫째, 필기하는 행위는 기억을 강화한다. 둘째, 필기한 내용을 나중에 읽어봄으로써 기억을 되살릴 수 있다.

이제 교사가 수업 자료를 나눠줄 때, 이러한 두 가지 기능이 어떤 영향을 받게 되는지 생각해보자. 일반적으로 우리는 교사가 나눠준 자료가 필기보다 더 완전하고 정확할 것이라고 기대한다. 실제로 수업 자료 안에는 앞서 설명했듯이 수업을 들으면서 쉽게 파악하기 힘든 심오한 연결 고리가 들어 있을 수도 있다. 그리고 기억을 되살리는 데 대단히 유용할 수 있다. 하지만 필기를 통한 기억 강화memory boost의 효과는 얻을 수 없다. 그 자료를 작성한 것은 교사이지 학생이 아니기 때문이다.

여기서 우리의 추측(수업 자료를 활용하는 방법에는 장단점이 존재한다)은 연구자들의 발견과도 일치한다. 직접 필기를 하는 방법과 수업 자료를 활용하는 방법 중 학습자에게 무엇이 더 도움이 된다고 말할 수는 없다. 그래서 일부 교사는 수업 자료가 꼭 필요하다고 생각하지 않아 제공하지 않기도 한다.

그러면 수업 자료나 개요 혹은 파워포인트 유인물로 무엇을 할 것인가? 연구 결과로 확인할 순 없지만 그럼에도 우리는 필기의 두 가지 목적을 바탕으로 합리적인 추측을 해볼 수 있다.

우리는 스스로 필기하는 행위로부터 '기억 강화'의 이점을 얻고자 한다. 그러므로 나중에 수업 자료를 받을 수 있다 하더라도 스스로 필기를 하자. 만약 수업 전에 그러한 자료를 받았다면, 수업을 들으면서 거기에 자신의 생각을 추가할 수 있을 것이라고 기대하지는 말자. 수업을 들으면서 이미 작성된 개요를 따라가는 방법은 기억 강화에 도움이 되기는커녕 꽤 혼란을 줄 수 있다. 파워포인트 유인물에도 마찬가지다. 인쇄물에 직접 필기를 하는 것은 효과가 없다.

수업 전에 수업 자료나 개요를 받았다면 미리 살펴보되, 여기에 오랜 시간을 투자할 필요는 없다. 다만 **체계적인 수업 구성에서 상위 두 단계를 파악하도록 하자.** 최상위 주제는 무엇인가? 그리고 주요 요점은 무엇인가?

이러한 정보를 미리 파악할 수 있을 때, 더 쉽게 수업을 이해하고 필기를 해나갈 수 있다. 나중에 쉽게 참조할 수 있도록 수업을 시작할 때 핵심 주제와 하위 요점을 적어놓자. 그렇다면 수업을 들으면서 자신이 전체 수업 구성에서 어디에 와 있는지 쉽게 확인할 수 있을 것이다. 그리고 수업이 진행되는 과정에서 표시를 할 수 있을 것이다.

또한 **나중에 수업 자료와 자신의 필기를 조합할 수 있다.** 물론 수업이 끝난 후에 수업 자료를 받는다면 어쩔 수 없이 나중에 필기를 조합하게 되겠지만, 수업 전에 미리 받더라도 그 자료를 수업 후에도 활용하는 것이 가장 유용하다. 수업 자료를 받은 이후에 이를 자신이 직접 작성한 자료와 함께 조합하는 작업은 사실 너무 중요하기 때문에 나는 4장 전체를 할애해서 설명할 것이다.

> **한 줄 요약**
>
> 교사가 수업 자료나 개요를 제공할 경우, 수업 전후에 활용함으로써 이해에 도움을 얻자. 하지만 그 자료가 자신이 직접 하는 필기를 대체할 수 있을 것이라 기대하지는 말자.

팁4 읽기 과제를 언제 해야 할지 판단하라

수업과 관련해서 읽기 과제가 종종 주어진다. 우리는 주로 책을 먼저 읽은 뒤 수업을 듣는다. '먼저 읽고 나중에 듣기'의 가치는 분명해 보인다. 주제와 관련해서 어느 정도 사전에 알고 있으면 수업을 더 잘 이해할 수 있다. 사람들이 글을 쓰거나 말을 할 때는 듣는 사람이 이해하는 데 필요한 정보를 누락하곤 한다. 화자는 청자가 그러한 정보를 잘 알고 있을 것이라고 가정하기 때문이다. 이는 셜리 템플 영화 사례의 핵심이다. 교사는 대공황이 1930년대에 일어났고, 힘든 경제 상황 탓에 사람들이 이러한 종류의 영화를 즐겼다는 사실을 학생들이 이해하고 있다고 가정했다. 주제에 관해 어느 정도 이미 알고 있으면 더 많은 것을 잘 이해할 수 있다. 그러므로 먼저 읽는 방법은 수업을 따라가는 데 도움이 된다.

그런데 그 반대 역시 마찬가지로 유용하다는 사실이 드러나고 있다. 수업을 듣고 난 후 관련 자료를 읽을 때, 우리는 읽은 내용을 더욱 효과적으로 이해할 수 있다.

먼저 읽을 것인가, 아니면 나중에 읽을 것인가는 교사가 학생의 지식 수준이 어느 정도인지 가정하느냐에 따라 갈린다. 한편 수업에 앞서 과제를 부지런히 읽었는데 교사가 책보다 더 자세하게 설명을 한다면 굳이 먼저 읽을 필요는 없을 것이다. 반대로 미리 읽지 않았는데 학생이 그 내용을 알고 있다고 가정하면서 교사가 건너뛴다면, 학생은 분명히 혼란에 빠지고 말 것이다.

"수업 전에 읽을 것인가, 후에 읽을 것인가?"라는 질문의 핵심은 학생들이 수업 전에 읽음으로써 무엇을 얻을 수 있다고 보는지에 관한 교사의 기대에 달렸다. 물론 학생은 교사에게 무엇을 기대하는지 물어볼 수 있다. 대부분의 교사는 수업 전에 먼저 읽기를 권할 것이다. 하지만 그렇다고 해서 꼭 거기에 맞는 방식으로 수업하지는 않을 것이다.

예를 들어 나는 대학 시절에 서사시 수업을 들은 적이 있었다. 거기서 학생들은 「일리아드」와 「오디세이」, 「롤랑의 노래」를 비롯하여 다양한 작품을 읽었다. 그런데 그 작품들은 이해하기가 대단히 힘들었다. 여기서 '이해한다'는 말은 심오한 의미를 파악한다는 뜻이 아니라, 그 시가 어떤 상황을 설명하는지 따라잡는다는 뜻이다. 학생들은 50쪽 분량의 시를 읽고 수업에 참석했으며, 교수는 수업을 하면서 문맥에 맞게 시를 해석하는 데 도움이 되는 역사적·문화적 정보를 집중적으로 설명했다.

그렇게 3주가량 흘렀을 때, 나는 교수가 읽은 내용을 요약한 후 본격적인 수업을 시작한다는 사실을 파악했다. 교수는 3분 동안 사건의 기본적인 개요를 제시했다. 그래서 나는 수업을 듣고 난 후에 읽는 방법을 선택했다. 교수의 기본적인 요약을 떠올리니 시가 훨씬 더 쉽게 이해되었다. 그리고 수업 전에 시를 읽지 않아도 교수가 수업에 앞서 요약을 제시했기 때문에 큰 영향은 없었다. 시를 미리 읽지 않아도 역사적·문화적 내용을 어느 정도 따라갈 수 있었다.

수업이 따라가기 쉽지만 읽기는 까다롭다고 생각된다면, 수업 후에 읽고 그 방법이 실질적으로 도움이 되는지 확인해보자.

한줄요약

읽기든 듣기든, 내용을 두 번째로 접할 때 우리는 더 쉽게 이해할 수 있다.
무엇이 더 도움이 되는지를 기준으로 읽기와 수업 듣기 계획을 세우자.

팁5 질문에 소극적인 태도를 극복하자

앞서 나는 우리가 어떻게 스스로 이해하지 못했다는 사실을 인식하지 못하고 넘어가는지를 설명했다. 우리가 분명히 이해되지 않는다는 걸 알 때도 있다. 수업 중 그러한 생각이 든다면 해결책은 간단하다. 손을 들고 질문을 하는 것이다. 많은 이에게 이는 지극히 간단한 방법이다. 하지만 다른 이들은 좀처럼 질문을 하지 않으려 한다. 그 이유는 (1) 교사를 성가시게 하기 싫어서, (2) 바보같이 보이기 싫어서 혹은 (3) 부끄러워서이다.

성가시게 하기 싫어서라면 그건 다행이다. 교사도 성가신 것을 별로 좋아하지 않는다. 따라서 질문을 하는 과정에서 조심하는 것은 바보 같은 태도가 아니다. 비록 교사가 "모든 질문은 환영입니다!"라고 말했다고 해도 그 말은 솔직하지 않은 것일 수 있다. 실제로 어떤 질문은 교사를 짜증 나게 만든다. 어떤 것이 짜증 나는 질문인지 이해한다면, 우리는 좀 더 편안하게 질문을 할 수 있을 것이다.

단지 과시하기 위한 질문은 하지 말자. "선생님, 19세기 유럽 역사와 관련해서 하신 말씀이 요즘 제가 읽고 있는 나무두더지 해부학과 관련이 있다고 생각하지 않으시는지요?" 당연히 관련이 없다. 이 경우는 그저 무언가 이야기를 하고 싶기 때문에 질문을 했을 뿐이고 다른 사람들도 모두 그 사실을 안다. 부디 '질문'을 빙자해 지식을 과시하지 마시길 바란다.

주제에서 벗어난 질문은 짜증까지는 아니더라도 사람을 피곤하게 만든다. "19세기 유럽 역사와 관련해서 말씀하신 내용이 귀족정치의 급격한 몰락과 관계가 있을까요?" 나무두더지 질문과는 달리 이 질문은 주제와 관련해서 어느 정도 타당하다. 여기서 학생은 자신의 지식을 과시하려는 것은 아니다. 하지만 몇몇 다른 학생은 이렇게 생각할 것이다. '교사가 충분히 중요하다고 생각하지 않아서 뺀 주제로 시간을 잡아먹고 있군. 그런 관심을 갖는 것은 좋은 일이지만 왜 우리가 네 관심사에 귀를 기울여야 하지?' 물론 많은 사람은 그렇게 생각하지 않을 것이며, 무언가를 배우기 위한 시간이니만큼 그 정도의 호기심은 참을 만하다고 여길 것이다. 그래도 몇몇 사람이 짜증을 낼까 걱정이 된다면, 새로운 영역으로 주제를 확장하는 질문은 하지 말자. 대신 교사를 직접 찾아가서 묻자.

그에 반해 **분명한 설명을 요청하는 질문은 다른 사람을 짜증나게 하지도 않으며 가장 많이 하는 질문이다.** 학생은 정의를 놓쳤고 그래서 한 번 더 이야기해달라고 요청한다. 혹은 세 가지 요점 중 두 가지만 알아들었다. 그 정보를 이해한 동료 학생들은 모두가 때로는 무언가를 놓친다는 사실을 이해한다. 그 학생의 질문이 수업 흐름을 지연시켰다고 해도 그것은 기껏해야 10초 정도의 문제다.

그런데 교사가 15분 동안 복잡한 이론(화학 수업 시간에 옥텟 규칙 같은)을 설명했고, 학생이 스스로 그것을 제대로 이해하지 못했다는 사실을 깨달았다고 하자. 그럴 때 그 이론을 전부 다시 설명해달라고 요청할 수 있을까? 아마도 다른 학생들은 이해했을 텐데, 이러한 질문을 하면 바보같이

공부하고 있다는 착각

보이지 않을까 걱정할 것이다. 이는 '교사가 말한 것을 놓친' 질문과는 다르다. 그것은 이해를 필요로 하기 때문이다. 그럴 때 학생은 "그것을 듣지 못했습니다" 라고 말하지 않는다. 대신 이렇게 말한다. "들었지만 제 머릿속에 들어오지 않았습니다." 게다가 그 설명은 대단히 길었다. 그렇기 때문에 시간 낭비에 대한 걱정은 단지 기우가 아니다.

그러나 우리는 질문을 제기하는 특정한 방식을 통해 이러한 우려를 다소 덜어줄 수 있다. "어, 다시 한번 설명해주시겠어요?" 이렇게 말하는 대신 우리는 먼저 자신이 무엇을 이해했는지 설명하면서 질문을 시작해야 한다. 이러한 방식은 교사가 설명에 집중하도록(그래서 더 빨리 설명하도록) 도움을 준다. 게다가 질문자가 절대 구제불능이 아니라는 사실을 다른 사람에게 보여주는 부수적인 효과도 있다. 적어도 일부는 이해했기 때문이다. 이 방법은 걱정이 많은 사람에게 도움이 될 것이다. 하지만 아마도 충분하지는 않을 것이다. 이 주제와 관련해서 좀 더 나아가기 위해 잠시 자신의 머리에서 빠져나와 교사의 관점에서 보자.

질문은 오직 질문자 자신만을 위한 것은 아니다. 질문은 교사에게 피드백을 주는 것이기도 하다. 자질 있는 교사라면 언제나 학생들의 표정을 살피고 그들이 혼란스러워하는 것은 아닌지 살펴볼 것이다. 하지만 이러한 방법에는 한계가 있다. 직접적인 피드백이 훨씬 더 낫다.

다시 설명하기 위해 수업 시간을 낭비하는 것은 학생이 고민해야 할 문제가 아니다. 그 설명이 시간 낭비인지 아닌지는 교사가 판단할 것이다. 교사는 질문을 통해 얼마나 빨리 다시 설명할 수 있을지, 얼마나 많은 학생이 혼란을 느끼는지, 그리고 무엇을 추가로 다루어야 하는지와 같은 요인도 함께 고려해볼 것이다. 그리고 그만한 가치가 있다고 판단된다면 이렇게 말할 것이다. "지금은 진도를 나가야 하니 이에 관해서는 다음에 다시 살펴봅시다." 다른 학생들을 방해하고 있다고 스스로 '책망'하지 말자. 판단은 교사의 몫이기 때문이다.

마지막으로 '부끄러움을 타기 때문에' 질문하기를 꺼리는 경우도 있다. 질문을 하고 자신의 무지를 인정하는 것은 단지 수업에서 단기적인 이득을 얻기 위한 기술만은 아니다. 이는 **우리가 미래를 위해 단련해야만 하는 기술**이다. 어떤 직업이든 자신의 성격이나 역량에 반하는 과제가 있다. 예를 들어 외향적인 사람은 영업직에서 끊임없이 새로운 사람을 만나게 된다는 사실에 만족할 것이다. 그럼에도 일주일 중 하루는 재택근무를 하면서 서류 작업을 해야 한다.

마찬가지로 비록 부끄러움을 타는 사람이라고 해도 상황이 어떻게 돌아가고 있는지 파악하기 위해서 때로는 말을 하고 질문을 던져야 한다. 작전 브리핑을 제대로 이해하지 못했는데도 '질문을 해서 멍청하게 보이기는 싫어. 아마도 전투기를 타고 출격을 하면 알 수 있을 거야'라고 생각하는 해군 조종사를 상상할 수 있겠는가?

그러므로 질문하기를 좋아하지 않는 사람이라고 해도 그러한 특성을 '성격의 일부'라고, 그래서 변할 수 없는 부분이라고 단정짓지 말자. 질문을 하는 것은 개선하려고 노력해야 하는 기술이다. 마인드 컨트롤에도 질문이 어렵다면, 가능한 한 앞자리에 앉아서 다른 사람들이 눈에 들어오지 않게 하자. 그러면 자의식은 줄어들 것이다. 연습을 위해 정의와 관련한 '짧은' 설명을 요구하는 질문을 던져보자. 손을 들기는 싫은데 교사와 개인적인 친분이 있다면, 질문하는 기술을 개발하기 위해 노력 중이라고 설명할 수도 있을 것이다. 그러면 교사는 학생이 질문을 하고자 할 때 더욱 민감하게 반응해줄 것이다. 질문하기는 결코 백 퍼센트 편안한 느낌을 주지 않겠지만, 그래도 노력할수록 점차 나아질 것이다.

공부하고 있다는 착각

한 줄 요약

어떤 유형의 질문이 사람들을 짜증 나게 만드는지 이해하자. 무해한 유형의 질문을 던지면서도 여전히 불안감을 느낀다면, 질문하기를 단련해야한다.

강의 개요를 반복 강조하며
학생의 이해 여부를 확인하자

교사는 학생이 상위 단계의 연결고리를 놓칠 때 어떻게 이해하도록 도움을 줄 수 있을까? 분명한 사실은 수업 체계를 명시적으로 제시함으로써 그러한 연결 고리를 더욱 쉽게 이해하도록 도움을 줘야 한다는 것이다.

이를 위한 가장 간단한 방법은 수업 개요(수업 구성 체계의 두 번째 단계와 다루게 될 요점을 담은 슬라이드)를 보여주는 것이다. 일반적으로 나는 개요 설명에 30초 정도를 할애하며, 그러고 나서 새로운 주제로 넘어갈 때마다 그 슬라이드로 다시 돌아와 우리가 지금 어디에 있는지 확인시켜준다. 개요를 담은 슬라이드가 있든 없든 언어적 신호가 도움이 된다는 사실을 보여주는 연구 결과가 있다.

그러므로 먼저 학생에게 수업 구성에 대해 설명하면서 시작하자. 예를 들어 이렇게 말하자. "언론 기업들의 결속은 다섯 가지 차원에서 할리우드에 영향을 미쳤습니다." 그러고 나서 각각의 논의를 시작할 때 그 구성을 다시 한번 언급하자. 예를 들어 이렇게 말할 수 있다. "언론 기업의 결속이 할리우드에 영향을 미친 세 번째 측면은⋯."

이제 수업을 들으려면 노력이 필요하다는 말이 어떻게 느껴지는가? 사람들은 자신이 이해했다고 판단하는 과정에서 그 기준을 비교적 낮게 잡는다. 그렇기 때문에 학생이 정말로 내용을 이해했는지 스스로 파악하려면 교사의 도움이 필요하다. 가령 교사는 간단한 질문을 통해 자신이 방금 설명한 것을 학생들이 이해했는지 테스트해볼 수 있다. 그러나 학생들이 이를 성가시게 받아들인다면 더 깊은 사고를 자극할 수 없을 것이다.

그래서 나는 토론을 하도록 함으로써 새로운 개념을 활용할 수 있도록 학생들이 옆자리 동료와 30초 내외로 그 개념에 대해서 이야기하게 하는 방법을 선호한다. 이 과정에서 학생들은 그 개념을 활용할 수 있을 만큼 충분히 잘 이해했는지 스스로 판단해볼 수 있다.

하지만 학생이 이해하지 못했다는 사실을 안 것만으로는 질문을 유도하기에 충분하지 않다. 학생은 편안하게 질문할 수 있어야 한다. 여기서 교사의 몸짓과 표정은 개방성을 드러내는 중요한 신호다. 수업을 녹화해서 소리를 끈 채 자신의 모습을 살펴보자. 특히 질문을 유도하는 순간에 집중해보자. 나의 표정과 몸짓은 개방성과 열의를 충분히 보여주는가? 판단이 안 된다면 다른 사람에게 물어보라.

질문에 대한 다른 학생의 반응 역시 수업 분위기를 결정하는 핵심 요인이다. 학생이 간접적인 방식이라도 질문자를 창피하게 만들 때, 다른 모든 사람이 그 메시지를 받게 된다. 즉 '멍청한 질문을 하면 대가를 치르게 된다'는 인식을 얻게 된다. 그러므로 질문에 대해 있는 그대로 대답하고 다음 주제로 활기차게 넘어가자.

더 나아가 질문을 칭찬하자. 실제로 나는 질문 자체보다 그 안에 들어 있는 아이디어를 칭찬하곤 한다. 가령 "오, 흥미로운 생각이군요"라고 함으로써 질문 안에 담겨 있는 아이디어의 가치를 인정한다. 또한 질문을 받은 후 잠시 뜸을 들이는 편이 좋다. 이를 통해 그 질문을 진지하게 받아들이고 있다는 사실을 보여줄 수 있기 때문이다.

학생들이 계속해서 질문을 하지 않는다면 그들과의 관계에 대해 생각해볼 필요가 있다. 그들이 침묵하는 이유는 교사의 설명이 대단히 훌륭하고 분명해서가 아니다. 질문을 하기 위해서는 위험을 무릅써야 한다고 생각하기 때문이다. 학생들이 그렇게 느끼는 이유가 무엇인지 스스로 질문을 던져보자.

한 줄 요약

- 수업 구성에 대한 시각적인 개요를 보여주면서 수업을 시작하자.
- 새로운 주제로 넘어갈 때마다 개요로 돌아오자.
- 언어적인 신호와 시각적 신호를 활용하여 다음 주제로 넘어간다는 것을 강조하자.
- 학생이 스스로 이해하고 있는지 판단할 수 있도록 그들이 방금 들은 정보를 사용하게 해보자.
- 표정과 몸짓을 통해 질문을 환영한다는 사실을 보여줌으로써 질문을 유도하자.
- 적절한 시점에 질문에 대해 칭찬을 하자.

공부하고 있다는 착각

2장

무엇을,
어떻게
필기해야 할까?

How to Take Lecture Notes

어려운 수업을 들으면서 필기까지 하기는 무척 힘든 일이다. 필기는 추가적인 과제다. 놀랍게도 많은 사람들은 필기를 잘하지 못한다. 어느 연구에 따르면, 교사가 학생이 필기를 해야 할 중요한 내용을 목록으로 작성한 뒤 학생이 실제로 한 필기를 비교·검토했을 때, 학생은 교사가 작성한 목록에서 25~50퍼센트만 필기했다고 한다. 게다가 이 수치는 중학교든 대학교든 크게 다르지 않았다.

이는 사람들이 게으르거나 멍청해서가 아니다. 완벽하게 필기하는 것은 말 그대로 불가능하다. 진도가 너무 빠르기 때문이다. 우리는 필기하는 것보다 약 여섯 배나 빨리 말할 수 있다(1분에 20단어를 적는 동안 120단어를 말할 수 있다). 그렇기 때문에 **훌륭한 필기를 위해서는 현명한 타협이 필요하다.**

아래 목록에서 항목 1과 2는 수업을 이해하는 데 필요한 정신적 과정에 관한 설명이며 항목 3에서 7까지는 필기를 할 때 필요한 추가적인 정신적 과정에 관한 설명이다.

수업을 듣는 데 필요한 정신적 과정
1. 주의산만에 저항하고 수업에 대한 집중력 유지하기
2. 듣고 이해하기(아마도 생소하고 복잡한 내용이다)

필기에 필요한 정신적 과정
3. 내용의 중요성을 평가하고, 무엇을 필기하고 무엇을 내버려둘 것인지 결정하기
4. 수업에서 개념을 어떻게 다르게 설명할 수 있는지 판단하기
5. 손으로 필기하거나 타이핑을 하기
6. 노트(혹은 노트북)와 교사를 번갈아 보기
7. 위에서 제시한 모든 과정을 조합하고 이들 사이에서 주의를 옮겨 다니기
   (다시 말해 언제, 얼마나 오랫동안 이러한 정신적 과정을 수행할 것인지 결정하기)

이 목록은 수업을 들으면서 필기를 하는 일이 체스를 두면서 미스터리 영화를 보면서 동시에 볶음 요리를 하는 것과 비슷하다는 사실을 분명히 말해준다. 우리는 모든 항목에 충분히 주의를 기울일 수 없다. 그러므로 중요한 항목에 집중해야 한다.

그렇다면 어떻게 해야 하는가? 일반적으로 가장 먼저 시도하는 것은 더 빨리 쓰거나 타이핑을 하는 것이다(과정 5번). 그러면 손 글씨는 엉망이 되거나 오타를 남발하게 된다. 하지만 무슨 상관인가? 그것은 수업을 따라잡기 위해 감수해야 할 사소한 대가일 뿐이다.

공부하고 있다는 착각

다음으로 시도할 것은? 개념을 다르게 설명하기(과정 4) 위해서는 많은 주의가 필요하다. 그래서 사람들은 마음이 급할 때 교사의 표현을 그대로 받아 적기 시작한다. 그러면 개념을 다르게 설명하려고 고민할 필요가 없기 때문이다. 교사의 표현 그대로에 집중하면 그 개념을 보다 피상적으로 이해하게 된다. 여기서 피상적인 이해는 무엇을 써야 할지, 쓰지 말아야 할지를 제대로 평가할 수 없다는 사실을 의미한다(과정 3).

이러한 점에서 더 빨리 필기하기 위해 노력하는 동안 주의를 제대로 집중하지 못하게 되는 세 가지 정신적 과정 모두는 이해와 관련 있다. 그것은 개념을 이해하고, 중요성을 평가하고, 그리고 개념을 다르게 설명하는 것이다. 필기를 충분히 빠르게 하지 못한다고 느낄 때, 우리 두뇌는 더 많이 쓰고 더 적게 이해하는 쪽으로 흘러간다. 우리는 아마도 이렇게 말할 것이다. "사실 모두 제대로 이해하지는 못했어. 그래도 적어도 필기를 하고 있으니 나중에 이해할 수 있을 거야." 독자들은 아마도 내가 이렇게 말할 것이라고 생각할 것이다. '그렇게 하지 마세요! 적게 쓰고 많이 이해하세요.' 하지만 문제는 사실 좀 더 복잡하다.

이해와 필기 가운데 무엇에 많은 주의를 할애해야 하는지는 수업 내용과 학습 목표에 달렸다. 때로 학습은 많은 세부적인 사항을 바로 이해하는 것을 의미한다. 예를 들어, 물리학 실험 시간이 시작되었다고 해보자. 조교가 나와서 그날의 실험을 수행하는 방법을 구체적으로 설명한다. 외워야 할 것이 아주 많다. 하지만 그중 어느 것도 복잡하지 않다. 이럴 경우는 필기 속도를 높일 수 있고 이해에 많은 정신적 자원mental resource을 쏟아야 할 큰 걱정이 필요 없다. 그 이유는 내용이 쉽기 때문이다.

또 다른 사례와 비교해보자. 고등학교 역사 교사가 학생들에게 저녁 수업에 참석하면 추가 점수를 얻을 수 있다고 말한다. 약 600만 명의 흑인 미국인이 제1차 세계대전에서 1970년에 이르기까지 남부 시골 지역에서 북부 도시 지역으로 넘어간 흑인 대이동을 주제로 한 강의다. 여기서 추가 점수를 받으려면 학생은 그 수업에서 배운 세 가지 중요한 개념을 다음 수업 시간에 말해야 한다. 이 사례에서 필기 속도를 높이려는 노력은 불필요하다. 여기서는 대부분의 정신적 자원을 듣고, 이해하고, 자신이 들은 내용의 중요성을 평가하는 작업에 집중함으로써 세 가지 중요한 개념을 선택해야 하기 때문이다.

> **수업 중 필기할 때**
>
> **두뇌가 하는 일:** 교사를 따라잡기 위해 필사적으로 빨리 필기하는 데 온 정신을 다 쓴다. 수업의 의미를 이해하기 위한 주의력은 많이 남아 있지 않다.
> **뇌 최적화의 기술:** 쓰기와 이해 사이에서 전략적으로 균형점을 찾자. 올바른 전략은 수업 내용에 달렸다. 가능하다면 미리 파악한 내용을 기준으로 결정을 내리자.

이 장에서는 균형을 잡는 방법은 물론, 가능한 한 많은 주의를 필기에 할애하는 다양한 기술을 소개한다.

팁6 준비하는 것부터 공부다

필기를 가로막는 장애물은 시간이다. 수업시간에 우리는 여러 가지 일을 한 번에 해야만 하므로 수업 전에 할 수 있는 일은 모두 그전에 처리해

공부하고 있다는 착각

야 한다. 자, 준비해보자.

필요한 것들을 들고 다니자. **자주 쓰는 펜 외에 두 개의 펜을 더 들고 다니자.** 하나는 자신이 쓸 것이며, 다른 하나는 여분의 펜을 준비하지 못한 옆 사람을 위한 것이다. 필기에 연필을 사용하지 말자. 지워질 위험도 있고 자국이 번질 수도 있다. 노트북이나 태블릿을 이용해서 필기를 할 때는 충전이 되어 있는지 점검하자.

그런 다음 **자료를 정리하자.** 노트북을 사용한다면, 필기를 위한 다양한 디지털 폴더를 만들어두자. 인쇄물을 전자 문서로 스캔을 받아서 모든 자료를 한 곳에 모아두자. 직접 손으로 필기한다면 과목마다 다른 노트를 준비하자. 그리고 교사가 나눠준 자료를 넣어 놓을 공간이 있는지 살펴보라. 연습 문제나 실험 과제가 주어지는 경우, 이들을 따로 보관해서 수업 노트가 연속으로 이어지도록 해야 한다. 링이 세 개 달린 바인더를 선호하는 사람이 있는데, 페이지를 넘기기 수월하지만 좀 무겁다는 단점이 있다. 물론 그러한 바인더에 모든 과목의 필기를 한꺼번에 정리하는 방식을 선호하는 사람도 있다. 그 이유는 노트를 잘못 들고 올 위험이 없기 때문이다.

수업에 필요한 자료를 꼼꼼히 챙기지 않는 사람이라면, 리스트를 작성하고 매일 밤 이렇게 생각하는 습관을 들여보자. "내일 수업을 들을 것인가?" 그리고 이 질문을 가령 휴대전화를 충전하는 것처럼 매일 밤 해야 하는 일과 연결하자. 이 질문에 대한 대답이 '그렇다'라면, 다음날 수업을 위해 필요한 것을 모아두자. 이러한 모든 자료를 모아뒀다가 집에서 잊어버리는 사람이라면, 현관문 앞에 놓아두어 집을 나설 때 잊지 않도록 하자.

필기 방법과 관련해서 많은 유튜브 영상에서는 수업 시간에 형광펜이나 포스트잇을 가지고 다니라고 말한다. 개념의 정의에는 붉은색으로 표시하고, 설명 부분에는 푸른색 형광펜을 사용하라는 식이다. 그러나 이러한 방식은 필기를 유용하게 만들어주지 못한다. 그리고 여러 가지 펜을 교대로 사용하고 포스트잇을 페이지 중간에다 붙이는 작업은 시간과 주의력을 많이 빼앗는다. 그만한 공을 들일 가치가 없다.

색깔별 정리가 꼭 필요한 것은 아니지만, **노트를 깔끔하게 정리한다면** 더 유용할 것이다. 페이지 맨 위에 날짜와 주제를 적고, 오른쪽과 왼쪽에 여백을 넉넉하게 둬서 나중에 정보를 추가할 수 있게 하자. 노트북으로 필기한다면 매일 새로운 파일을 사용하자. 그리고 파일 이름에 년-월-일 순으로 날짜를 넣자(가령 22-03-18). 그러면 컴퓨터는 폴더 안에 있는 파일들을 시간순으로 정리해줄 것이다(생성된 날짜를 기준으로 폴더를 정리하지는 말자. 나중에 파일들을 업데이트할 것이기 때문이다). 나중에 파일 이름에 주제와 관련해서 정보를 추가해두면 좋다. 게다가 대단히 다행스럽게도 이러한 파일을 자동으로 백업해주는 동기화 프로그램도 활용할 수 있다.

그리고 가능하다면 적어도 5분 전에 교실에 도착하자. 그 시간에 숨을 돌리고, 준비물을 꺼내고, 휴대전화를 끄자. 또한 수업 전에 자료를 훑어볼 수도 있다(혹은 마지막 수업에 필기한 내용을 살펴볼 수도 있다). 이를 통해 주제를 미리 머릿속에 넣어둘 수 있다.

이러한 것들이 사소한 일처럼 느껴질 수 있지만, 이 모든 것의 목표는 수업 도중에 수업 내용 이외의 것들에 신경을 쓰지 않도록 하는 것이다. 사소한 데 신경을 쓰지 않는다면 더욱 쉽게 주의를 집중할 수 있다.

한 줄 요약
수업이 진행되는 동안 무엇보다 소중한 것은 주의 집중이다. 그러므로 수업 중간에 다른 일을 최대한 줄이자.

공부하고 있다는 착각

팁7 이해와 필기 중 무엇이 더 중요할지 결정해라

앞서 이해에는 정신을 많이 쏟아야 하니 노트에 기록할 수 있는 정보의 분량이 줄어들 것이라고 지적했다. 그러므로 **자신이 배우고자 하는 것에이 무엇인지 생각하고** 어떤 다른 자원이 가능한지를 고려하자.

스펙트럼의 극단에 해당하는 두 가지 사례를 살펴보자. 창조적인 글쓰기 수업을 듣는 대학생을 생각해보자. 매주 세 명의 학생이 열 쪽 분량의 소설을 써서 제출하고 나머지 학생들이 그 작품을 읽어본다. 수업에서 학생들은 약 20분 동안 세 명이 제출한 작품에 대해 논의하고 평가한다.

다음으로 미국 정치에 관한 수업을 듣는 고등학생을 떠올려보자. 그 수업에는 숙제가 있다. 미국의 건국자 중 한 사람의 연설문을 찾아 그것을 미국 헌법의 원리와 비교하는 내용으로 열 쪽 분량의 보고서를 쓰는 것이다. 학생들 모두 그 숙제를 잘 이해하지 못했기 때문에 교사는 수업 시간에 자신이 생각하는 유형의 연설문 사례, 누구를 '건국자'에 포함시킬 수 있는지, 그리고 헌법상 '원리'가 정확하게 무슨 의미인지에 관한 사례를 제시함으로써 숙제를 자세히 설명한다.

두 경우 모두 듣기를 통한 학습이 필요하며, 필기가 중요하다. 그런데 요구 사항은 서로 다르다. 작문 수업의 경우, 필기할 것은 많지 않고 다분히 개인적인 내용이다. 서로 다른 학생들은 자신이 기록하기로 선택한 논의에서 서로 다른 생각을 얻을 것이다. 반면 고등학교 정치 수업의 경우, 노트에 '모든' 세부 사항을 똑바로 기입해야 한다. 필기를 실수하면 나중에 추가적인 작업이 많이 필요하게 될 것이다.

그러므로 필기를 하기 전에 세부 사항을 이해하고 받아 적는 것의 상대적인 중요성을 고려해야 한다. 대부분의 경우 이해는 필기보다 더욱 중요하다. 세부적인 정보는 다른 곳에서도 얼마든지 찾을 수 있기 때문이다. 책을 통해 사실을 확인할 수도 있다. 그리고 수업의 목적은 살아 있는 인간이 의미에 대해 훌륭한 설명을 제시하는 것이다. 하지만 수업이 다른 어딘가에서 얻기 힘든 정보의 연속이라면, 빠른 속도로 필기할 계획을 세우는 편이 더 낫다.

필기 속에 최대한 많은 정보를 집어넣고 싶다면 전략은 간단하다. 최대한 빨리 쓰고, 깊이 이해하여 자신의 표현대로 풀어 쓰는 것에 크게 신경을 쓰지 말자. 다시 말해 자신이 이해하지 못한 말은 쓰지 말자는 것이다. 아마도 이렇게 생각할 것이다. '"기술 혁신은 일반적으로 속이 반쯤 찬 파이 껍질과 같다"라는 교사의 말이 무슨 의미인지 완전히 이해하지 못했지만, 나중에 고민해보거나 다른 사람에게 물어보면 될 거야.' 그러나 지금이 아닌 나중이라고 해도 상황은 달라지지 않을 것이다.

누군가에게 "파이와 관련해서 선생님이 뭐라고 얘기했더라?"라고 묻는다면 상대의 대답은 아마도 이럴 것이다. "기억이 안 나는데." 가능하다면 교사에게 즉각적으로 분명한 설명을 요구하거나(팁 5 참조), 아니면 다음에 질문을 하도록 적어두자(팁 11 참조).

반대로 이해에 더 집중해야 한다고 생각한다면? 여전히 빨리 쓰는 게 좋지만 교사의 표현을 그대로 사용하는 방식에서 벗어나야 한다. 가장 쉬운 전략은 교사가 말하는 것을 이해하고, 교사가 말한 것이 아니라 자신의 생각을 적는 것이다. 그 과정에서 우리는 의미에 집중할 수 있다. 게다가 시간도 아낄 수 있다. 예를 들어 교사가 이렇게 말했다고 해보자. "기본적으로 부시 대통령이 재선을 위한 선거운동으로 완전히 지쳐버렸다는 사실에 비춰볼 때, 내각의 일부가 모종의 예측 혹은 어쩌면 두려움에 더 가까운 무언가를 느꼈습니다. … 어쨌든 그들은 새 임기의 첫 사분기가 허비되었고 소위 허니문 기간은 그가 에너지를 회복하기도 전에 끝나 버렸을 것이라고 생각했죠." 이때 자신의 생각을 이렇게 필기할 수 있을 것이다. "부시는 선거운동으로 지침. 내각은 그가 휴식을 취하면서 정치적 자산을 낭비할까 봐 우려했다."

다른 표현을 활용해서 필기하는 방법에는 또 다른 장점이 있다. 기억에 도움을 준다는 것이다. 이에 대해서는 3장에서 다시 살펴보기로 한다. 지금으로서는 그저 내 말을 믿어달라고 말할 뿐이다.

> **한 줄 요약**
>
> 수업이 세부적인 정보로 가득하지만 이해하기 어렵지 않다면, 최대한 많이 기록하는 데 주력하자. 반면 중요한 내용이 추상적이라면, 이해에 주력하면서 자신만의 표현을 사용해서 간간이 필기를 하자.

팁8 노트북보다 손으로 적어라

필기할 때 종이와 펜을 사용하는가, 아니면 노트북으로 하는가? 이 질문은 우리에게 선택권이 있다고 가정하고 있음을 유의하자. 교사는 수업시간에 기기를 금지하기도 하고, 허용하기도 한다. 그리고 어떤 상황에서는 아예 기기를 사용하지 못할 수도 있다. 예를 들면 너무 많은 그림이 나와서 기기로는 도저히 기록할 수 없을 때가 그렇다. 선택권이 있다면, **이해와 기록의 상대적 중요성을 다시 한번 고려해 보아야 한다.**

속도에 관한 이야기로 시작해보자. 대개 손으로 필기하는 것보다 타이핑을 하는 것이 더 빠르다. 우리가 계속해서 속도를 강조하고 있음을 감안할 때, 이는 타이핑의 중요한 장점으로 보인다. 그리고 빠른 타이핑은 모든 것을 기록하도록 유혹한다. 그럴 가능성이 높기 때문이다.

한 가지 실험(뉴스를 통해 널리 보도된)이 바로 그러한 사실을 말해준다. 노트북으로 타이핑하는 사람들은 손으로 필기하는 사람들보다 교사의 표현을 있는 그대로 받아 적는 경향이 있다. 반면 또 다른 연구는 그러한 효과를 확인하지 못했으므로 이러한 경향이 얼마나 보편적인지는 분명하지 않다. 기본적으로 많은 내용을 필기하는 것에 관심을 기울인다면, 특히 받아쓰기 모드로 빠져버리는 경향에 맞설 수 있다면, 노트북 타이핑은 필기에 비해 장점이 있다.

그러나 그러한 장점도 주의 산만이라는 역효과에 의해 쉽게 상쇄되곤 한다(혹은 부정적인 영향을 미치곤 한다). 노트북을 열면 이메일과 소셜 미디어, 쇼핑을 비롯하여 주의를 분산시키는 다양한 것들이 눈에 들어온다. 인터넷을 잠깐 들여다보려는 충동은 저항하기가 대단히 힘들다. 쉽게 산만해지는 것이다. 교실에 인터넷 접속이 가능한 장비를 가지고 들어가면서 '노트북으로 필기만 해야지'라고 생각한다고 해도 술집을 찾은 알코올 중독자가 살짝 맛만 보기로 결심하는 것처럼 어리석은 짓을 하는 셈이다. 인간 행동에 관한 지극히 보편적이고 현명한 원칙은 다음과 같다. **의지력에 의존하지 말고 환경을 바꿔라.**

나는 강의실에서 와이파이를 사용하지 못하게 함으로써 학생들의 수업 환경을 좀 더 낫게 바꾸어보고자 했다. 그래서 버지니아대학교 전산팀을 찾아가 이것이 가능한지 문의했지만, 그들은 교실 공유기의 전원을 차단한다고 해도 캠퍼스 전체가 와이파이 신호로 가득하기 때문에 학생들은 얼마든지 다른 공유기에서 오는 신호를 잡을 수 있다고 말했다. 또

공부하고 있다는 착각

다른 방법으로 노트북을 비행기 모드로 바꾸는 것이 있었다. 그렇게 하면 학생들은 온라인 접속이 좀 더 힘들어지고 수업에 더 많이 집중하게 된다.

여기서 또 다른 문제는 노트북 사용이 다른 학생의 주의를 분산시킬 수 있다는 것이다. 실제로 일부 학생은 이러한 문제에 불만을 제기한다. 우리의 몸은 자신의 의지에 반하여 작동한다. 주변에서 무언가가 움직일 때, 우리 두뇌는 그 움직임을 향해 주의를 집중하도록 설계되어 있다. 그렇게 설계된 진화적 의미는 쉽게 말해, 먼 조상들에게 무언가가 움직인다는 것은 위협의 신호였으며, 그들은 생존을 위해 그 신호를 즉각적으로 인식해야 했던 것이다. 그러나 오랜 세월이 흘러 동료 학생이 인터넷 쇼핑몰에 올라온 신발 사진을 넘겨볼 때, 우리 두뇌는 이렇게 소리친다. "저게 뭐지?"

이는 중요한 문제이며 학생들 역시 그렇게 느낀다. 하지만 공식적인 실험에서는 이를 입증하기가 더욱 어렵다. 한 가지 연구는 영상 수업(필기를 해야 하는)을 들을 때 주변에서 누군가 인터넷 서핑을 하면 주의가 분산된다는 사실을 보여준다. 이 연구 결과는 언론에 많이 보도되었다. 하지만 다른 학자들은 동일한 결과를 확인하지 못했고, 그랬기 때문에 문제의 심각성은 여전히 불분명한 상태로 남아 있다.

지금까지 노트북을 이용해서 필기할 때 일어날 수 있는 상황에 대한 세부적인 분석을 설명했다. 그런데 노트북을 사용해서 필기할 때와 손으로 필기할 때 학습 효과가 어떠할지 비교하는 작업은 더 간단하지 않을까? 실생활에 기반을 둔 한 가지 실험에서 연구자들은 노트북을 사용해서 필기한 대학생들의 최종 학점과 종이와 펜을 이용해서 필기한 대학생들의 최종 학점을 비교하고자 했다. 하지만 그것 역시 불완전한 접근방식이었다. 그 이유는 노트북을 사용하기로 선택한 학생들의 경우, 일반적으로 좋은 학점을 받으려는 의지가 대체로 낮았기 때문이다. 혹은 주의력을 쉽게 잃어버리는 학생들이 노트북 사용을 더 많이 선택하는 경향이 있다. 누가 그 차이를 알겠는가?

전반적으로 연구 결과는 노트북/필기 논쟁에 대한 명백한 답을 제시하지 못하고 있다. 그러나 나는 대학에서 가르친 경험을 통해 온라인 활동에 대한 유혹은 심각한 문제라는 사실을 깨달았다. 익명의 설문조사에서 학생들은 내 수업이 흥미롭다고 말했지만, 몇 년 전 한 동료가 내 수업을 관찰했을 때 그는 내게 노트북을 사용하는 '많은' 학생이 수업 중에 딴 짓을 하고 있었다고 말했다. 그래서 나는 내가 있는 대학에서 다른 수업들을 참관해봤다. 그리고 그 문제가 지극히 보편적으로 나타나고 있다는 사실을 확인했다.

그렇다면 핵심은 무엇인가? 정보로 가득해서 필기 속도가 관건인 수업이 아닐 경우, 수기로 필기하는 것이 최고의 방법이다. 반면 필기 속도가 관건일 경우, 노트북을 사용하되 수업 시작 전에 와이파이를 꺼두자. 그리고 주의가 산만해진다면 수기로 전환하자.

한 줄 요약

수업 중 노트북 사용에 관한 연구에 명백한 결론은 없다. 하지만 인터넷 활동이 주의를 분산시키므로 대부분의 경우에 수기로 필기하는 방법이 더 낫다.

공부하고 있다는 착각

팁9 필기를 그 자리에서 점검하자

나는 필기를 많이 하는 편인데, 그건 비단 교실에서만은 아니다. 때로 엉뚱한 곳에서 아이디어를 얻는데, 대학생 시절 나는 기발한 발견처럼 보였던 아이디어도 시간이 지나면 금방 잊히게 된다는 사실을 배웠다. 그때는 스마트폰이 나오기 한참 전이었기에 습관적으로 조그마한 메모장과 몽당연필을 들고 다녔다. 당시 사람들은 그게 이상하다고 생각했지만, 나의 그러한 모습을 금방 받아들였고 익숙해졌다.

그런데 알고 보니 메모장은 훌륭한 해결책이 아니었다. 그것은 내가 여전히 나의 훌륭한 아이디어를 오랫동안 기억할 것이라고 지나치게 자만했기 때문이다. 나의 메모는 너무 짧았다. 한번은 졸업논문에서 서문의 영감이 떠올랐던 적이 있었다. 친구와 함께 하이킹을 하던 중이었던 나는 메모장에 그 아이디어를 급하게 적었고 나중에 확인했다. 거기에는 이렇게 적혀 있었다. "손가락 인형(손가락을 끼워서 조종하는 인형—옮긴이)에 관해 잊어버리지 말 것." 며칠 동안 내 논문과 손가락 인형 사이의 관계를 알아내기 위해 많은 시간 고민을 했지만 결국 알아내지 못했다.

이 책에서 나는 종종 "자신의 생각을 적자"고 언급했다(팁 7 참조). 그런데 바로 그 메모를 읽게 될 사람이 '미래의 자신'이라는 사실을 명심해야 한다. **지금이 아닌 미래의 자신을 위해 필기를 해야 한다.** 미래의 자신에게는 문맥과 설명이 필요하다. 하지만 수업 도중에 정신이 없을 때 문맥과 설명까지 적어 넣기는 쉽지 않다. 또한 당장 필요하지 않은데 세부 사항까지 적어 넣으면서 계속 나아가기도 쉽지 않다.

이와 관련해서 대학 시절에 들은 어느 수업이 생각난다. 당시 나는 존 키츠의 시집을 중고로 샀는데, 그 안에는 예전 주인의 필기가 가득했다.

「나이팅게일에게 부치는 노래」라는 시에는 다음과 같은 문구가 있다. "불멸의 새여, 너는 죽음을 위해 태어나지 않았다!" 여기서 불멸의 새라는 표현에 동그라미가 그려져 있었고, 그 옆에는 이렇게 적혀 있었다. "새여, 너는 불멸의 존재다." 하지만 이러한 식의 필기는 시간을 제대로 활용하는 형태의 필기라고는 할 수 없다.

그렇다면 자신의 필기가 간결성과 정확성 사이에서 적절한 균형을 이루고 있는지 어떻게 알 수 있을까? 교사가 질문이 있는지 물을 때, 자신의 필기가 나중에 봐도 이해가 될 것인지 점검하자. 1장에서 말했듯이, 교사가 질문을 청하는 시간은 자신의 이해를 점검하기에 좋은 기회다. 수업에서 소개한 많은 사실이 서로 어떻게 연결되어 있는지, 그리고 더 큰 맥락과 어떻게 연결되어 있는지 이해할 수 있는가? 나아가 우리는 자신의 필기도 점검해야 한다. 자신이 이해한 바를 적어 넣었나? 적어도 불완전한 생각, 말이 안 되는 약자, 축에 이름을 표기하지 않은 그래프가 없는지 점검하자. 그리고 동시에 지금은 분명해 보이지만 며칠이 지나면 이해가 되지 않을 참조 사항도 확인하자.

나는 수업을 통한 학습에서 두 가지 과제를 수행해야 한다고 강조했다. 그것은 수업을 들으면서 이해하기, 그리고 나중에 기억을 떠올리기 위한 필기하기다. 교사가 잠깐 수업을 멈출 때, 일반적으로 그들은 첫 번째 과제만을 언급한다. 그들은 묻는다. "질문 있습니까?" 이 말은 "이해했나요?"라는 의미다. 반면에 이렇게 묻지 않는다. "여러분의 필기는 어떤가요?" 그래도 자신의 필기 상태를 점검하자.

서둘러 교실을 빠져나가야 할 필요가 없다면, 수업의 마지막에 자신의 필기를 평가할 여유를 갖자. 그때 필기에서 허점을 발견해낼 수 있다. 수업이 여전히 마음속에서 생생하게 살아 있기 때문이다. 그때 질문이

공부하고 있다는 착각

떠오른다면 아직까지 교실에 남아 있을 교사를 찾아가서 대답을 들을 수도 있다.

> **한 줄 요약**
> 필기를 하면서 나중에 알아볼 수 있을지 점검하자.

팁10 유명한 필기 방법을 따라하지 마라

흔히들 '필기 시스템note-taking system'이라고 하지만, 더 정확한 표현은 아마도 '필기 포맷note-taking format'이 될 것이다. 필기 시스템은 아이디어를 펼쳐놓는 방법을 설명한다. 예를 들어 마인드맵 기법은 거미줄 형태로 필기를 하라고 권한다. 가로줄이 그어진 종이(일반적인 노트처럼)에 문장이나 문구를 쓰는 것이 아니라, 가운데 한두 개의 단어만을 적는다. 여기서 우리는 빈 페이지 한가운데 핵심 주제를 쓰고 아이디어들을 바깥쪽으로 계속해서 펼쳐나간다.

이러한 필기 시스템의 효과에 관한 몇 가지 실험적인 증거가 있다. 마인드맵 기업이나 코넬대학교 필기법, 혹은 차트 기법 등 다양한 필기 시스템을 활용할 때, 고등학생과 대학생들은 더욱 효율적으로 필기를 하고, 그리고 더 높은 성적을 얻을 수 있다고 한다. 하지만 어떤 시스템이 다른 시스템보다 더 낫다는 증거는 없다. 이 실험들 대부분이 이러한 시스템들을 상호 비교하지는 않았다. 다만 필기 시스템을 통해 특정한 필기 방법을 쓰는 것이 아무것도 사용하지 않는 것보다 효과적인지만을 검토했다.

실험 결과는 사람들은 대부분 대단히 비효율적으로 필기를 하기 때문에 그 과정을 좀 더 깊이 생각하게 만드는 방식들이 도움이 된다.

그럼에도 나는 필기 시스템은 추천하지 않는다. 그 이유는 신경 쓸 만큼 충분한 가치가 있다고 생각하지 않기 때문이다. 특정한 형태의 필기 시스템은 대부분 정신적으로 과부하가 걸려 있을 때 대안으로 삼을 수 있는 또 한 가지 방법에 불과하다.

나는 이러한 형식적인 시스템을 사용하기보다 자신에게 익숙한 방식대로 필기하기를 권한다. 굳이 필기에 대해 생각할 필요가 없고, 그래서 더 많은 주의를 수업을 이해하는 데 기울일 수 있기 때문이다. 자신이 **이해할 수 있는 표현이나 불완전한 문장을 사용하고**, 혹시 도움이 된다면 누군가에게 문자를 보낸다고 상상해보자. 체계적인 정리를 위해서 자신이 편안하게 느끼는 가장 단순한 형태를 활용하자. 나는 학생 시절에 세 단계의 표제, 즉 대문자와 숫자, 그리고 대시(—) 표시를 활용했다.

4장에서는 필기를 나중에 더 나은 형태로 재구성하는 방법에 대해 설명할 것이다. 이 작업을 더욱 효율적으로 하기 위해 페이지를 건너뛰며 필기하는 방법을 권한다. 다시 말해, 필기를 한 반대쪽 페이지는 빈칸으로 남겨두는 것이다. 그러면 나중에 필기를 보강하고 새롭게 구성하기 위해 그 빈 페이지를 활용할 수 있다. 나는 먼저 왼쪽 페이지에 필기를 하는 방법을 권한다. 대부분 왼쪽에서 오른쪽으로 글을 쓰기 때문이다. 왼쪽에 처음 필기를 하고, 그 필기를 바탕으로 한 필기가 오른쪽에 있는 형태가 더욱 자연스러워 보일 것이다. 이는 사소한 권고 사항이지만 노력을 들일 만한 가치가 있다(물론 노트북으로 필기를 한다면 편집 작업이 보다 쉬울 것이므로 이 권고 사항은 해당되지 않는다).

내가 주장하는 유일한 필기 시스템은 속기를 위한 약어를 배우는 것이다. 이는 팁 11에서 살펴볼 예정이다.

한 줄 요약

특정한 필기 시스템을 사용하지 말자. 한쪽 페이지에만 필기를 하고 나중에 편집과 주석을 위한 충분한 여유 공간을 남겨놓자.

팁11 약자를 사용하면 더 많이 적을 수 있다

앞서 언급했듯이 필기할 때는 속도가 무엇보다 중요하다. 그러므로 약자를 사용하면 큰 도움이 된다. 이와 관련해서 나는 몇 가지 사례를 제시할 것이다. 하지만 여기에는 마술적인 측면도, 객관적인 연구 결과도 없다. 자신이 선호하는 방법을 개발했다면 그것을 사용해도 좋다. 혹은 문자를 주고 받을 때 사용하는 약자가 있다면 그것을 사용하자. 하지만 엄청나게 많은 약자를 만들어두고 대단히 힘겹게 사용해야 한다면 그 방법은 추천하지 않는다. 이는 오히려 목표를 방해한다. 일주일 간격으로, 혹은 보다 편안하게 느껴지는 간격으로 한두 개의 약자를 추가하자.

- 그렇기 때문에$_{because}$: bc
- ~년$_{years}$: yrs
- ~와$_{with}$: w/
- ~없이$_{without}$: w/o
- ~안에$_{within}$: w/i

- 무언가_{something} : s/t
- 어딘가_{somewhere} : s/w
- 누군가_{someone} : s/o
- 중요함_{important} : imp
- ~사이에_{between} : btw
- 예를 들어_{example} : ex 혹은 e.g.
- ~와 같다_{equal, equivalent, the same} : =
- 거의 같다_{about the same} : ≈
- 같지 않다_{not equal, different} : ≠
- 더 크다_{more, bigger} : >
- 더 작다_{less, smaller} : <
- 증가하다_{increase, growing, improving} : ↗
- 감소하다_{decrease, shrinking, getting worse} : ↘
- ~로 이어지다_{leads to, creates} : →
- 바뀌다_{change} : Δ
- 반복되다_{again, repeat} : ↻
- 아니다_{none, never, not} : ∅
- 그리고, ~와_{and} : &
- ~에 따르면_{regarding} : re
- 그럼에도_{though} : tho
- ~와 비교하다_{compare with} : cf
- 수치_{number} : #
- 이는_{that is} : i.e.

자주 사용하는 단어를 살펴보고 그것들을 하나의 문자로 축약해보자. 가령 심리학 수업에서 S는 '피실험자subject'를 뜻한다. 반면 교육학 수업에서 S는 '학생student'을 가리킨다. 또한 화학 시간에는 '황sulfur'을 의미한다. 고대 문명을 주제로 한 수업에서는 기원전 3세기 메소포타미아 문명을 다룰 텐데, 그때 M은 '메소포타미아'라는 특정한 의미를 갖게 된다.

때로는 교사가 말한 것을 그대로 기록하는 것이 중요하지만 더 좋은 표현으로 바꾸어야 할 때도 있다. 두 경우 모두 긴 문장을 써야 한다. 이때 첫 부분을 쓰는 동안 그 줄의 마지막 내용을 자칫 잊어버릴 수 있다. 이는 특히 교사가 계속해서 말을 이어나갈 때 그렇다. 여기서 도움이 되는 한 가지 기술은 자신이 쓰고자 하는 단어의 각 첫 문자를 쓰면서 나중에 채워 넣어야 할 공간을 마련해두는 것이다. 만일 교사가 이렇게 말했다면, 다음과 같이 쓸 수 있다.

- 87년 전 우리 아버지들은 자유에서 잉태된, 그리고 '모든 인간은 평등하게 태어났다' 는 명제를 근간으로 삼은 새로운 국가를 이 땅에 세웠다(Four score and seven years ago our fathers brought forth, upon this continent, a new nation, conceived in liberty, and dedicated to the proposition that 'all men are created equal').

- 87_____ 조상_____ 자유_____ 잉태_____ & 모든 인간_____ = 태어_____ 명제_____ 새_____ 국가_____(4s_____ & 7 yrs a _____ our f_____ b_____ 4th u _____ this c _____ a new n_____ c_____ in 1_____ &d_____ to the p_____ that all men are c_____ =).

다음으로 자신이 적어 넣은 첫 번째 문자를 바탕으로 단어를 채워 넣는다.

도표와 그래프 역시 어려운 과제다. 이들은 복잡하고 그리기에 시간이 많이 걸린다. 휴대전화를 사용해서 그림을 그리는 방법도 생각해볼 수 있다. 하지만 그것 역시 시간이 걸리고 수업 시간에 하기에는 그리 좋은 방법이 아니다. 노트에 그림을 그려 넣어야 한다면 그림의 핵심이 무엇인지 분명하게 이해하고 결론을 글로써 적어놓자. 다음 페이지의 그림을 살펴보자.

교사는 이 그래프를 통해 다음과 같은 주제(혹은 또 다른 것들)를 말하고자 했을 것이다.

1. 이 기업은 비용 절감에서 대단히 훌륭한 성과를 올렸다.
2. 이 기업은 초반에 비용을 크게 감축했지만 그 속도는 점차 느려지고 있다.
3. 이 기업은 향후 비용 감소를 기대할 수 없을 것이다. 그러므로 수익을 높이기 위해는 다른 방법을 강구해야 한다.

결론을 분명하게 이해했다면 그 의미를 명백하게 만들고, 축이나 축의 일부에 이름을 붙일 필요가 있는지 분명하게 만드는 방식으로 그래프를 그릴 수 있다. 예를 들어 교사가 비용이 600만 달러나 감소했다는 사실을 강조하고자 했다면, '감소'를 괄호로 묶고 거기에 '600만 달러'라고 이름을 붙이자. 혹은 교사가 비용 절감이 2008년 침체기에 들어서면서 둔화되었다는 사실을 강조하고자 했다면, 수평축에서 그 지점을 표시하자.

나는 공식적인 필기 시스템 사용을 추천하지는 않지만, 나중에 새롭게 구성하는 데 도움을 줄 코멘트를 필기에 추가하는 방식은 크게 도움이 된

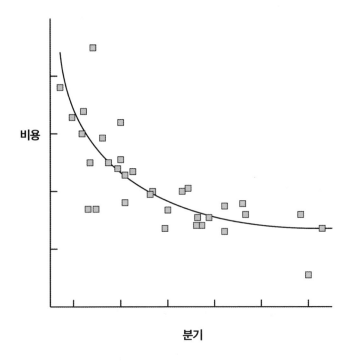

비용

분기

다. 필기를 위해서 페이지 여백을 남겨두자. 다음은 속기를 위한 상징을
사용하여 추가할 수 있는 몇 가지 표시의 예다.

- 여기서 무언가를 놓쳤다 : ?

- 혼란스럽고 전체 핵심을 놓쳤다 : ??

- 조금 이해했지만 전체 맥락은 이해하지 못했다 : ? →

- 이 내용을 쓰고 있지만 정확한지 확신이 없다 : OK?

- 핵심 결론/중요한 : *

- 교사의 아이디어가 아니라 내 아이디어$_{my idea}$다 : Ⓜ

- 교사$_{speaker}$의 말을 다시 한번 참조한 것이다 : Ⓢ

속기의 목표는 빨리 흘러가는 수업 내용을 더 많이 기록하는 것이다. 그런데 수업을 녹음할 수 있다면? 이에 대해서는 다음 팁에서 살펴보도록 하자.

한 줄 요약
자신만의 약자를 사용함으로써 필기의 부담을 덜어보자.

팁12 수업 녹음은 필기를 대체할 수 없다

일부 교사는 수업 개요나 슬라이드 자료를 제공하는데 이러한 방식에는 장점도 있지만 단점도 있다. 그 위험은 1장에서 언급한 바 있다(팁 3 참조). 교사가 나눠준 자료를 언제든 확인할 수 있다고 생각한다면 그만큼 수업에 덜 집중하게 될 것이다. 그런데 녹화한 영상을 나중에 볼 수 있다면 어떨까? 혹은 음성을 녹음할 수 있다면? 나중에 수업을 다시 살펴볼 수 있으니 필기에 매달릴 필요가 없지 않을까?

나중에 수업을 처음부터 들어보면서 못다 한 필기를 보충할 수도 있다. 하지만 아마도 여러분은 그렇게 하지 않을 것이다. **영상을 시청하거나 오디오를 청취하는 일은 수업을 다시 듣는 것과 다를 바 없다.** 또 많은 시간을 투자해야 한다.

게으르다는 말처럼 들릴 수 있다. 사실 우리 대부분은 그렇다! 게으르다기보다 바쁘다. 나는 학생들에게 수업 녹음본을 실제로 듣는지 물어보곤 하는데 학생들은 대부분 그러지 않는다고 말한다. 쉽게 수긍이 간다. 학생들은 자신이 녹음한 것을 일종의 백업본으로 사용할 것이라고, 즉 수업에서 완전히 이해하지 못한 부분을 다시 확인하기 위한 용도로 활용할 것이라고 말한다. 하지만 그들은 명료한 설명을 위해서 친구(혹은 교사)에게 물어보는 편이 훨씬 쉽다는 사실을 깨닫게 된다. 녹음 파일에서 특정한 부분을 찾아내기란 쉽지 않고 그 부분을 찾았다고 해도 더 잘 이해할 수 있는 것도 아니다. 학생들이 필요로 하는 것은 다른 설명과 사례, 혹은 비유이기 때문이다.

또한 다른 일로 바쁠 때, 녹음이 가능하다면 수업을 빼먹고 싶은 유혹에 쉽게 빠진다. 연구자들은 지난 10년 동안 많은 실험을 통해 실제 수업에 의한 학습과 영상을 이용한 학습의 효과를 비교·연구했다. 아직 그 성과는 미미하지만, 그래도 연구 결과는 실제 수업이 더 효과적이다.

왜 이럴까? 잠옷을 입고 수업을 들을 수 있다고 생각하면 혹하지만, 정작 집에서 영상을 시청하면 주의가 더 산만해질 것이다. 영상을 틀어놓은 채로 부엌에 가서 간식을 가져오거나, 수업을 들으면서 다른 태블릿으로 SNS를 검색할 수 있으니까 말이다. 질문도 할 수 없고 다른 사람의 질문으로부터 무언가를 배우는 것도 불가능하다. 물론 학생이 질문하고 교사가 대답하도록 하는 플랫폼이 이미 나와 있다는 사실은 나도 알고 있다. 하지만 그 기능을 사용하기란 정말로 쉽지 않다. 질문을 했는데 교사가 대답하지 못하는 경우도 있으니, 기억을 해두고 나중에 다시 한번 확인해야 한다. 그러기에 우리는 너무 바쁘다.

결론은 수업 녹음이란 만약의 사태에 대비한 백업 혹은 보험 정도로 생각해야 한다는 것이다. 그리고 가급적 그것을 사용하지 않기를 바라야 한다. 그것은 불편하고 장점이 없는 대체재이기 때문이다.

> **한 줄 요약**
>
> 영상 녹화나 녹음이 필기 부담을 털어준다고 생각하지만 사실은 그렇지
>
> 않다. 그 자료를 사용하게 될 가능성은 기대보다 훨씬 낮다.

공부하고 있다는 착각

학생들이 최대한 필기할 수 있도록
여유를 두자

앞서 듣기와 쓰기 사이의 단절은 속도의 문제라는 사실을 지적했다. 이와 관련해서 교사를 위한 최고의 조언은 말을 천천히 하라는 것이다. 자신의 수업 속도에 대해 학생들에게 물어보는 것도 좋다. 스스로 자신을 판단하기란 쉽지 않고 수업에 집중한 상태에서 동시에 속도를 평가하기는 더욱 어렵다.

교사는 어느 부분을 필기에서 제외해도 좋으며, 그리고 어디가 반드시 필기를 해야 하는 부분인지 말해 도움을 줄 수도 있다. 후자의 경우 '말하기를 멈추고' 학생들에게 필기할 시간을 주자. 마찬가지로 학생들이 그들의 필기가 완전하고 이해 가능한지 확인하도록 도움을 주고자 한다면, 그들에게 필기를 점검할 시간을 주기적으로 주자. 학생들에게 슬라이드 자료를 나눠주지 않는다고 해도, 복잡한 도표가 들어간 자료는 제공해주어 들이 시간을 낭비하지 않고 복사를 할 수 있도록 하자. 반드시 복사를 해야 할 도표에는 표시를 해서(가령 붉은 점을 찍어서) 복사할 필요가 없는 것과 쉽게 구분하도록 하자.

슬라이드를 제공할 경우, 학생들이 아마도 약자로 슬라이드에 무엇이든 필기를 할 것이라는 점을 기억하자. 그들은 '슬라이드에 들어 있다는 사실'을 중요성을 판단하는 척도로 삼을 것이다. 일반적으로 그것은 학생들이 더 많이 생각하도록 만들기 위한 차원에서 슬라이드에 텍스트를 적게 넣었다는 사실을 의미한다. 하지만 학생들이 있는 그대로 수업 내용을 적어 넣기를 원한다면(가령 정의) 이를 슬라이드에 집어넣자.

인터넷에 접속할 수 있는 기기의 가까이에 있다는 유혹을 뿌리치기 힘들다는 우리의 경험을 기반으로 할 때, 나는 학생들이 수기로 필기를 하도록 만드는 것이 좋다고 주장했다. 그렇다면 기기 사용을 애초에 금지함으로써 선택의 여지를 좁혀야 할까? 이 어려운 의사결정에 도움을 주기 위해 몇 가지 아이디어를 소개한다.

첫째, 교사가 원칙을 마련하는 것이 좋다. 일부 교사는 오직 학습 목적으로만 제한하면서 노트북 사용을 허용한다. 하지만 그럴 경우 교사는 학생들이 그 원칙을 잘 따르고 있는지 확인해야 하는데, 그 과정에서 학생들의 주의를 산만하게 만들 수 있다.

둘째, 자신의 수업이 많은 정보를 담고 있고 속도가 빠른 편인지, 아니면 많은 생각을 요구하고 속도가 느린 편인지 생각해보자. 전자의 경우라면 학생들은 필기 대신 타이핑을 함으로써 도움을 얻을 수 있다.

셋째, 이 문제와 관련해서 학생들이 생각해보도록 요구하자. 나는 학기가 끝날 때마다 이 질문을 학생들에게 던져서 그들의 진지한 답을 듣는다. 앞으로 내 원칙을 어떻게 바꿔야 할지 묻는 것이다. 자신이 아닌 다른 사람들을 위해 현명한 원칙을 선택하기가 더 쉽다.

넷째, 노트북을 금지할 경우 일부 학생은 여러 다양한 문제를 해결하기 위해 노트북을 사용한다는 사실을 기억하자. 그럴 때 특정한 이유로 노트북 사용을 강력하게 선호하는 학생은 이 문제와 관련해서 교사와 논의할 수 있다고 설명함으로써 발생할 수 있는 문제 상황을 방지하자.

마지막으로, 수업 노트는 어떤가? 다시 한번 나는 필기의 두 가지 기능

공부하고 있다는 착각

사이의 균형에 대해 생각해볼 것을 권한다. 수업 개요를 제공하면 학생들은 교사가 제공하는 개념들을 완전하게 떠올릴 수 있을 것이다. 하지만 일부는 그저 이렇게 생각할 것이다. '어, 개요가 여기 있군.' 근간이 되는 개요를 제시하는 것은 타협점을 제공한다. 이는 학생들에게 수업의 전반적인 구성을 보여줄 뿐 아니라 수업의 핵심과 그 구성을 이해하는 데 큰 도움이 된다. 그러나 학생들이 공상에 잠기게 만들 위험도 있다.

한 줄 요약

- 좀 더 천천히 말하자.
- 학생들에게 필기를 해야 한다는 신호를 주자. 잠깐 수업을 멈추고 필기할 시간을 주자.
- 도표나 그림을 제공하고 학생들이 무엇을 옮겨야 하는지 구분할 수 있도록 하자.
- 슬라이드를 넣을 때, 학생들은 필요하든 아니든 옮겨 쓴다는 사실을 명심하자.
- 노트북 사용 금지는 특정한 상황에서 의미가 있다. 하지만 많은 요소를 고려해야 한다. 학교의 규칙, 학습자의 태도, 수업에서 제시하는 정보의 양, 그리고 학생들이 그 정보를 가지고 무엇을 할 것인지에 대한 예상을 고려해보자.

OUTSMART YOUR BRAIN

3장

체험 활동·실습의 핵심을 잡아내려

How to Learn from Labs, Activities, and Demonstrations

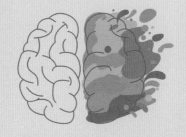

교사들은 대체로 말을 많이 한다. 새로운 정보를 전달하는 가장 효과적인 방법이기 때문이다. 그러나 유능한 교사라면 학생이 귀를 기울일 수 있는 시간이 한정되어 있다는 사실을 안다. 수업이 아무리 훌륭해도 어느정도 시간이 흐르면 학생들은 몸을 움직이거나 떠들고 싶은 욕구를 느낀다. 이럴 때 훌륭한 교사는 발표나 소그룹 토론 같은 다양한 활동을 수업 곳곳에 배치한다. 특히 고등학교 생물 실험처럼 특정한 상황에서 교사는 아주 조금만 말하고 학생들이 직접 활동을 통해 배우도록 해야 한다.

수업을 할 때 학생이 배워야 하는 것은 분명하다. 수업의 목적은 사실과 방법 등 정보를 전달하는 것이다. 하지만 활동activity은 학습 목적이 다를 수 있다. 학습 목적에 따라 학습 전략은 달라져야 하고 이는 대단히 중요한 지점이다. 그렇다면 먼저 활동을 통한 학습의 세 가지 주요한 목적에 대해 생각해보자.

활동 학습이 왜 필요한가

첫째, 일부 활동은 **과정**, 다시 말해 무언가를 더 잘하는 방법을 가르치는 것을 목적으로 삼는다. 아리스토텔레스가 "인간은 건축함으로써 건축가가 되고 리라를 연주함으로써 리라 연주자가 된다"라고 말한 것도 같은 이유다. 기타를 연주하는 수업을 들으면서, 혹은 생물학 실험 시간에 뇌를 자르고 붙이는 방법을 배우면서 우리는 바로 그 과정을 배운다.

둘째, 직접 해보는 것이 무언가를 배우는 최고의 혹은 유일한 방법이라는 점에서 활동의 목적은 **경험**이 된다. 엄청난 높이의 대성당은 기도하는 이로 하여금 경외감을 느끼게 한다. 하지만 대성당에 대한 설명만으로는 거대하고 엄숙한 공간에 서 있을 때 느끼는 감정을 똑같이 느끼지 못한다. 가령 호스피스 병동에서 효과가 있을 법한 행동은 수업이나 책을 통해서는 배울 수 없다. 우리는 오로지 경험해야 한다.

마지막으로, 때로 활동은 무언가를 이해하는 데 큰 도움이 된다. 이는 우리가 배우고자 하는 대상이 말로 설명하기 힘든 것일 때 특히 그렇다. 예를 들어 원에 대해 가르칠 때, 초등학교 교사는 학생들이 운동장에 나가서 줄을 서도록 만든다. 여기서 한쪽 끝에 있는 학생이 '원의 중심'이 되고, 다른 학생들은 그 학생을 중심으로 원을 그리며 걷는다. 물론 학생들은 원의 둘레 공식($2\pi r$)을 그냥 암기할 수도 있지만 원의 중심에 가까운 아이들은 천천히 걷는 반면, 중심에서 멀리 떨어진 아이들은 달려야 하는 모습을 보면서 공식의 원리(반지름이 커질수록 원의 둘레는 길어진다)를 이해할 수 있다.

활동을 통한 학습의 문제점은 무엇이 있을까? 학생들이 활동의 목적을 분명하게 이해하지 못할 수 있다. 학생들이 운동장에서 원의 둘레를 그릴 때, 원의 둘레에 대한 개념을 이해하는 과정이라는 사실을 알 수도 있지만 그 목적이 팀워크와 협동 훈련 과정이라고 오해할 수도 있다. 아니면 활동 그 자체가 목적(야외에서 햇볕을 쬐고 몸을 움직이는 것)이라고 생각할 수도 있다.

무엇을 배워야 할지 아는 것은 물론이고 어디에 집중해야 하는지 파악하는 것도 문제다. 활동에 참여할 때 주의를 기울이지 않는다면 배울 수 없다. 이는 당연한 일이다. 운동장에서 원 그리기 활동을 하는 동안 신발이 더러워질까 걱정한다면, 그 학생은 핵심을 놓칠 것이다. 그러나 주의와 학습의 관계는 이것보다 훨씬 더 미묘한데, 활동을 통해 학습하는 방법을 알기 위해선 이를 분명해 이해할 필요가 있다.

무엇에 집중할지 정하라

당연하게도 무언가를 배울 때 주의를 기울이지 않으면 우리는 배우지 못한다. 그러나 주의를 기울인다고 해도 일반적으로 대상의 '모든 측면'에 주의를 기울일 수는 없다. 그래서 우리는 주의를 기울인 부분만 기억하게 된다.

한 가지 사례를 살펴보자. 새로운 이웃이 옆집에 이사를 왔다. 나는 이렇게 생각한다. '우리 동네에 이사 온 것을 환영하기 위해 선물 바구니를 준비해야겠어.' 그리고 바구니에 맛있는 커피를 담아서 가져가면 좋겠다며 퇴근할 때 커피를 살 계획을 세운다. 그날 저녁 차를 몰고 식료품점에 도착했을 때 이런 생각이 든다. '내가 뭘 사려고 했지?' 곧 살 게 없다고 결론을 내리고 다시 차에 오른다. 그리고 집에 도착했을 때 새로 이사 온

이웃이 우편함을 들여다보는 것을 보고는 이런 생각이 든다. '아차! 커피를 잊어버렸군!'

식료품점에서는 아무런 생각이 나지 않았다가 어떻게 이웃을 보자마자 기억이 떠올랐을까? 그 식료품점은 내가 항상 커피를 사는 곳임에도 말이다. 그러나 내가 기억을 검색하는 방식과 기억이 머릿속으로 입력되는 방식 사이에 불일치가 있을 때, 이런 일은 얼마든지 벌어질 수 있다.

커피가 떨어졌다면 나는 그것을 '부족'이라고 여긴다. 언제나 집에 챙겨둬야 할 물건이 있고, 그중 하나가 떨어지면 나는 그것을 보충해야겠다고 머릿속에 노트를 작성한다. 이는 새로운 이웃에 대한 환영 선물로 커피를 생각하는 것과는 다르다. 나는 이렇게 질문함으로써 내 기억을 뒤져본다. "어떤 식료품이 부족하지?" 하지만 그날 아침에 나는 식료품이 부족하다는 차원에서 커피를 생각한 것이 아니었다. 이웃을 위한 선물의 차원에서 커피를 생각했던 것이다.

무언가에 대해 생각하는 구체적인 방식은 우리가 그것을 기억하게 만드는 핵심 요소다. 가령 의자에 대해 생각하고 시간이 흐른 뒤 우리는 의자에 대해 생각했다고 기억할 것이다. 그것은 당연한 말처럼 들린다. 하지만 우리는 그렇지 않을 수 있다는 사실을 확인했다. 우리는 의자를 앉기 위한 도구로, 접합부가 접착된 물건으로, 책상 앞에 높여 있다면 지위의 상징으로, 혹은 싸움이 벌어진 술집에서는 무기로 생각할 것이다. '어떻게' 생각하느냐가 나중에 기억하게 될 대상을 결정한다. 나는 이 개념을 이렇게 설명하기도 한다. "기억은 생각의 잔류물이다."

활동을 통한 학습에 대해 생각할 때, 이 원리는 특히 중요하다. 커피나 의자처럼 단순한 물건에도 다양한 특성이 있다. 그리고 우리는 주의를 기울이는 것을 기억하고 나머지는 기억하지 못한다. 그러므로 활동에서 무

공부하고 있다는 착각

엇에 주의를 기울일지 정하는 일은 대단히 중요하다. 이는 우리가 활동을 통해 무엇을 배울 것인지를 결정하기 때문이다.

'지식의 저주'를 극복하라

수업을 통해 학습할 때 우리가 주의를 기울여야 할 대상은 명백하다. 우리는 교사의 말에 집중해야 한다. 교사는 의자를 접합부가 접착된 물건, 계단식 걸상을 대체할 수 있는 도구, 혹은 다른 무언가로 생각하길 바란다고 말을 할 것이다.

활동을 통한 학습의 경우, 교사가 주의를 기울여야 할 방향을 제시한다면 가장 좋다. 가령 이렇게 말하는 것이다. "나는 여러분이 '이것'을 하기를 원합니다. 그리고 그렇게 하는 동안 '저것'을 이해하기를 원합니다." 하지만 대부분 교사들은 그러한 지침을 제시하지 않는다. 그러한 설명이 도움이 될 것이라는 사실을 이해하지 못하기 때문이다.

우리가 무언가를 알고 있을 때, 다른 사람이 그것을 인식하지 못하거나 이해하지 못할 것이라고 생각하기는 힘들다. 이 문제는 흔히 '지식의 저주curse of knowledge'라는 말로 불린다. 동작 놀이(손짓과 동작으로 설명을 하고 정답을 맞히는 놀이—옮긴이)를 해본 적이 있다면 이를 이해할 것이다. 예를 들어 아침을 준비하는 사람의 행동을 흉내 낸다면, 그 의미는 자신에게 너무도 '명백해서' 수술 중인 의사로 보일 수 있다는 생각은 절대 들지 않는다.

교사가 초등학교 3학년 학생들을 대상으로 물의 높이가 서로 다른 잔들을 가볍게 두드려 음악을 연주해보게 할 때, 잔에 담긴 물의 높이와 음의 높이가 서로 관련이 있다는 사실은 교사가 보기에 당연하다. 그래서 그러한 활동을 하기 전에 설명의 필요를 전혀 느끼지 못한다. 앞으로 벌어질 일에 대해 학생들에게 이야기하는 것은 농담의 의미를 먼저 설명해서 김 빠지게 만드는 것처럼 불필요한 일이라고 느낀다.

활동 학습을 할 때

두뇌가 하는 일: 주의를 기울이는 것은 기억하고 기울이지 않는 것은 기억하지 못한다. 활동 학습을 할 때 주의를 기울여야 할 대상은 하나가 아니다.
뇌 최적화의 기술: 활동을 하기 전에 주의를 어디에 집중해야 할지 최대한 전략적으로 결정하자.

어떤 생각이 드는가? 활동 중에 어디에 집중해야 하는지 알았다면 다행이지만, 만약 그렇지 않다면 최선을 다해서 추측을 해보자. 이 장에서는 현명한 추측 방법에 대해 이야기를 나눌 것이다.

팁13 무조건 참석하고 참여하라

활동을 통해 배우고자 한다면 **실제로 참여해야 한다.** 개인 기타 레슨을 받고 있다면 아무것도 하지 않고 시간을 보낼 수 없다. 그러나 그룹 토론이나 현장 학습을 '하고' 있다면 실제 참여를 피하기가 그리 어렵지 않다. 교사가 다른 사람이 활동하는 모습을 지켜보거나 관련 자료를 읽음으로써 똑같은 내용을 학습할 수 있다고 생각했다면, 학생에게 그렇게 하라고 시켰을 것이다. 그것이 모두에게 쉬운 방법이기 때문이다. 그러나 활동을 통하지 않고서는 배울 수 없어서 활동을 하자고 한 것이다. 그럴 땐 활동에 반드시 참여해야 한다.

먼저 '준비 작업'을 하자. 무언가를 읽어야 하거나, 무언가를 들고 와야 하거나, 혹은 이미 배운 것을 연습해야 한다면, 그것을 실행에 옮기자. 지침을 무시한다면 스스로 완전히 준비되지 않았음은 물론, 활동 과정에서 어색함을 느끼고 정신적으로 위축될 가능성이 있다.

이를 꼭 지켰으면 한다. 앞서 말한 기억 연구에서 보았듯이 직접 참여하지 않는다면 이해를 위한 기회뿐 아니라 스스로 필기할 수 있는 기회도 놓친다. 직접 작성한 노트는 수업 중에 얻은 이해로 기억을 되돌아가게 만드는 실마리이며 우리는 이러한 특정한 실마리가 어떤 기능을 하는지 살펴봤다. 직접 활동하지 않고, 다른 누군가가 작성한 노트를 참조하면, '그들의' 기억을 위한 '그들의' 실마리를 얻을 뿐이다.

"Be there(거기 있어)"라는 영어 관용구는 "주의를 집중하고 중간에 떠나지 말라"는 의미다. 활동에서 중요한 말이다. 안경을 쓴다면 잊지 말고 챙기고, 여분의 펜을 준비하고, 노트북이 충전됐는지 확인하자. 공복 상태에서 참여하지 말자. 쉽게 감기에 걸리는 체질이라면 스웨터를 준비하자. 활동 전에 화장실에 다녀오자. 전화를 받거나 문자에 답을 하기 위해 장소를 떠나지 말자.

활동은 모처럼 노는 날처럼 느껴질 수도 있다. 하지만 그러한 느낌에 빠지지 말자. 활동에 적극적으로 참여하자.

팁14 비유 활동을 할 땐 수업 목적을 체크하라

교사는 때로 학생들이 어떤 개념을 좀 더 쉽게 이해하도록 무언가를 직접 해보도록 한다. 특히 말이나 그림만으로 설명하기 힘든 개념을 배울 때면 더욱 그렇다. 학생들은 개념을 읽거나 그냥 듣기보다는 직접 탐구하거나 활용하는 특정 활동을 하면서 개념을 더 잘 이해할 수 있다.

예를 들어 수학에서 등호의 의미를 완전하게 설명하기란 쉽지 않다. 그래서 교사는 학생들에게 숫자가 적힌 양팔 저울을 사용해보도록 한다. 여기서 무게는 올려놓는 추의 값에 따라 결정된다. 아이들은 어떤 값이 저울의 균형을 만드는지, 어떻게 해야 균형을 유지하는지 혹은 그렇지 않은지 등을 이해하게 된다. 물리 수업이라면 학생들은 바퀴 축에 손잡이가 달린 자전거 바퀴로 실험함으로써 운동량의 개념을 이해하게 된다. 바퀴의 속도가 빨라질 때 어떤 변화가 일어나는가?

혹은 다음 사례를 살펴보자. 한 고등학교 역사 교사가 학생들에게 13개 식민지가 영국 국왕 조지 3세에게 보낸 서한인 「미국 독립선언서」을 자신의 방식대로 직접 써보도록 했다. 그것은 역사적으로 정확해야 하지만 결별 편지의 형태로 작성되어야 한다. 이러한 활동의 목적은 무엇일까? 결별 편지는 일종의 비유다. 비유는 '자신이 이미 알고 있는 것'과 '알고자 하는 것'을 쌍으로 연결한다. 여기서 고등학교 학생들은 결별 편지가 세 가지 요소로 구성되어 있다는 사실을 이해한다. 관계, 그 관계를 끝내고 싶어 하는 한쪽, 그리고 그가 상대방에게 이별을 제시하는 이유다.

학생들은 식민지와 영국이 관계를 맺고 있었고, 식민지들이 그 관계를 끝냈다는 사실을 알고 있다. 그럼에도 대부분은 「독립 선언문」을 신성한 역사적인 자료, 혹은 '혁명을 촉발한 문서' 정도로만 생각한다. 그들은 그 자료의 기능에 대해서는 생각하지 않는다. 결별 편지는 한쪽이 다른 쪽에게 "나는 관계를 끝내고 싶고 그 이유는 다음과 같다"라는 메시지를 전달하는 것처럼, 「독립 선언문」은 다음과 같은 내용을 전달했다. "영국이여, 우리는 관계에 만족하지 않으며 그렇기 때문에 끝을 내고자 한다. 그 이유는 다음과 같다."

비유를 통해 배우는 과정에서 가장 중요한 것은 적절한 특성에 주목하는 일이다. 모든 비유에는 중요한 특성과 함께 중요하지 않은 특성이 있다. 누군가 "변호사는 상어다"라고 말한다면, 이는 둘 모두 거칠고 가차없고 위협적인 존재라는 사실을 의미한다. 그건 변호사에게 아가미가 있다는 뜻이 아니다. 마찬가지로 결별 편지를 쓰는 사람은 종종 이별로 받을 타격을 완화하기 위해 이별에 대한 자신의 책임을 일부 인정한다. 그러나 식민지들은 모든 잘못이 조지 3세에게 있다고 생각했기 때문에 결별 편지의 비유가 맞지 않는다.

그 활동이 비유일 때, **매핑mapping에 주목하자.** 매핑은 '자신이 이미 알고 있는 것'의 특성을 '이해하고자 하는 것'의 특성과 쌍으로 연결하는 작업을 말한다. 이 사례에서 "결별하고자 하는 쪽은 13개 식민지이다. 결별을 당하는 측은 영국이다. 그리고 결별 편지는 「독립 선언문」이다".

매핑에 대해 확신이 없다면 물어보자. 앞서 설명했듯이 교사들은 자신들이 개념을 설명하기에 앞서 학생들이 먼저 이를 경험해보기를 원한다. 학생들이 그 개념에 대해 탐구하고 생각하는 것이 학습의 일부라고 생각하기 때문이다. 바람직한 생각이다. 하지만 학생들은 핵심을 이해하기 전에 활동 학습이 끝나기를 원치 않는다. 그 활동을 위한 읽기 자료나 준비해야 할 다른 일이 있다면, 그것에 대해 다시 생각해봄으로써 학생들은 매핑을 좀 더 수월하게 이해할 수 있다.

이러한 유형의 활동 학습이 진행되는 동안 주의해야 할 또 다른 점은 산만해지지 않아야 한다는 것이다. 활동 학습은 학생들의 참여를 유도하지만 때로는 비유에서 중요하지 않은 특성이 학생들의 흥미를 자극할 수도 있다. 예를 들어 학생들은 13개 식민지의 결별 편지를 작성하는 과정에서 그 형식에 집착하거나 그들이 봤던 로맨틱 코미디의 농담을 떠올리는 데 더 많은 시간을 할애할 수도 있다.

그 예로 한 중학교에서 있었던 일이다. 당시 교사는 책상을 교실 끝으로 모두 밀고 테이프로 교실 바닥에 그래프 축을 그렸다. 그리고는 칠판에 일차 방정식을 적고는 학생들이 그래프 위에서 직선을 만들어보도록 했다. 각각의 학생은 직선상의 점을 나타낸다. 그리고 그들은 직선을 구성하는 이웃한 '점'에 해당하는 다른 학생의 어깨 위에 손을 올린다. 그 교사는 학생들이 그 직선을 더욱 효과적으로 시각화(종이나 컴퓨터를 이용해서 그리는 것보다)하도록 의도한 것이었다. 하지만 일부 학생은 단지 어깨에 손을 올리는 것에 더 많은 주의를 기울였다.

활동은 학습에 대한 열정을 높일 수 있다. 어서 나가서 열정적으로 참여하자. 그리고 활동이 끝나기 전에 그 활동이 무엇을 가르치려는 의도였는지 이해하자.

팁15 스크립트에서 수업 목적을 캐내는 법

어떤 활동에는 스크립트가 따라 나오는데, 이러한 스크립트는 우리가
따라야 할 일련의 단계를 담고 있다. 예를 들어 몇 년 전 버지니아대학교
는 웹 기반으로 새로운 플랫폼을 개발했다. 교수들은 이 플랫폼을 활용해
서 대학원 과정에 대한 지원을 확인할 수 있었다. 나는 그 새로운 시스템
의 사용법을 배우기 위해 반나절 동안 진행된 교육 과정에 참석했다. 그
과정에는 수업도 있었지만 대부분의 시간은 내 노트북을 이용해 그 시스
템을 사용해보는 것으로 진행되었다. 그러나 그 과정은 내가 시스템을 이
리저리 살펴보면서 이것저것 시도해보도록 내버려두지는 않았다. 일련의
과제가 마련되어 있었던 것이다. 즉 순서도가 주어져 있었다. 실험실 수
업 역시 대부분 이와 같은 스크립트를 따라 이루어진다. 학생들은 단계별
지시 사항에 따라 실험을 수행한다.

그 목적은 무엇일까? **스크립트의 목적은 학습을 더욱 기억에 잘 남도
록 하는 것이다.** 이론적인 차원에서 내가 설명서를 외우면 새로운 시스템
에 대해 배울 수도 있었다. 그러나 각 단계를 수행해보도록 하는 것은 "기
억은 사고의 잔류물이다"라는 생각을 지지하는 또 하나의 사례다. 우리가
기억을 꺼내는 방식 그대로 기억을 머릿속으로 집어넣는 것이 가장 좋다.

과학 실험에서도 마찬가지다. 과학 실험의 한 가지 목적은 기술과 방법을 배우는 것이다. 가령 우리는 실험을 통해 전위차계를 사용하는 방법이나 박테리아를 배양하는 방법을 배울 수 있다. 물론 관련 자료를 읽어볼 수도 있지만 직접 해보면 더 빨리 배울 수 있다.

스크립트를 사용하는 또 다른 이유는 스크립트를 통해 고난도 사고 기술을 배울 수 있기 때문이다. 이를 통해 우리는 활동의 세부적인 것을 넘어서는 개념을 배우게 된다. 예를 들어 과학 교사는 학생들이 실험을 통해 과학적인 방법에 관해 깨닫기를 원한다. 하지만 전문적인 과학적 사고는 대단히 복잡하기 때문에 스크립트를 제공한다. 만약 교사가 학생들에게 화학 물질과 기구를 나눠주고 "벤조산이 아세트산 안에서 재결정화될 때 무슨 일이 벌어지는지 살펴보세요"라고 말을 한다면 그들은 많은 것을 배우지 못할 것이다. 그렇기 때문에 여기서 교사는 학생들이 가설을 세우고, 실험을 통해 가설을 검증하고, 그리고 그 가설에 비춰 실험 결과를 해석하도록 유도해야 한다.

그렇다면 이러한 유형의 활동을 통해 학습할 때, 어떻게 경험을 극대화할 수 있을까? 첫째, 보편적인 사고의 함정을 피하자. 가장 공통적인 함정은 활동의 과정이 아니라 그 결과에 주목하는 것이다. 이는 충분히 이해할 만하다. 스크립트가 주어지면 우리는 그대로 활동을 수행해야 한다고 생각한다. 그래야 예상된 결과물을 얻을 수 있다. 벤조산은 재결정화되고 있는가? 만약 우리가 유튜브 영상에서 소개하는 단계를 따라서 식기세척기를 수리하고 있다면, 가장 중요한 것은 우선순위다. 반면 생물학 실험에서 개구리를 해부하는 활동의 목적은 단지 개구리를 잘 해부하는 것이 아니다. 그것은 해부의 과정을 배우는 것이다. 여기서 우리는 활동의 과정에 주목해야 한다.

공부하고 있다는 착각

또 다른 함정은 아무 생각 없이 참여하는 것이다. 따라야 할 설명서가 있으면 우리는 무의식적으로 그를 따른다. 자신이 왜 그 활동을 하는지 고민하지 않으면서 그저 기계적으로 지시를 따른다.

여기서 우리는 무엇에 집중해야 할까? 활동의 핵심은 실질적인 실행이 필요한 기술을 배우는 것, 혹은 과학적인 방법과 같은 고차원적인 사고 전략을 이해하는 것이다. 두 가지의 목적은 서로 다르다. 하나는 세부 사항에 관한 것이고, 다른 하나는 큰 그림에 관한 것이다. 그렇기 때문에 중요한 것은 활동으로부터 무엇을 얻을지 이해하는 일이다.

그러니 무엇이 중요한지 교사에게 꼭 물어보자(교사가 "둘 다"라고 대답한다면 그는 아마도 유능한 교사가 아닐 것이다. 우리는 두 가지 어려운 목적을 동시에 달성할 수는 없다). 그 질문에 교사가 답을 하지 않는다면, 우리는 아마도 스크립트로부터 좋은 아이디어를 얻을 수 있을 것이다. 스크립트에 단계들을 수행하는 '방법'에 관한 많은 세부적인 정보가 담겨 있다면, 그것은 기술과 관련된 활동이다. 반대로 다른 과제에 적용할 수 있는 질문, 혹은 지시를 담고 있다면, 그것은 큰 그림과 관련된 활동이다. 어느 경우든 활동을 수행하는 과정에서 목적을 염두에 두자.

한 줄 요약

단계별 지시가 주어질 때, 그 목적은 그 단계들 자체를 원활하게 실행하는 것이거나, 아니면 그 단계들이 보여주는 고차원적이고 추상적인 개념을 배우기 위한 것이다. 어느 쪽인지 먼저 확인하자.

팁16 선택하고, 피드백 받고, 스스로 숙고하라

활동을 통한 학습은 때로 결말이 열린 문제, 즉 정답이 하나가 아닌 문제를 해결한다는 것을 의미한다. 종이와 연필을 가지고 30분 만에 해결할 수 있는 문제 같은 것이 아니다. 대신 몇 주에 걸쳐 노력을 해서 대체로 뚜렷한 결과물이 주어지는 프로젝트를 의미한다. 예를 들어 회계 수업을 듣는 학생은 과정의 마지막에 이러한 말을 들을 것이다. "지역에 있는 작은 기업을 선택하고 그들이 재고와 세무 및 급여 시스템을 구축할 수 있도록 도와주세요." 여기서 나는 이러한 유형의 프로젝트를 수행할 때 학습을 극대화할 수 있는 세 가지 제안을 하고자 한다.

첫째, 성취하고자 하는 바가 아니라 배우고자 하는 바를 기준으로 프로젝트를 선택하자. 제안은 구체적이어야 하므로 프로젝트 아이디어에 관한 브레인스토밍 역시 구체적으로 하게 된다. 학생들은 대부분 이렇게 말할 것이다. "로봇 벌레를 만들 수 있을까?" 혹은 "지미 킴멜이 프링글스 캔으로 로켓을 만드는 영상을 봤어." 혹은 "나는 3D 프린터로 무언가를 만들어내는 것을 정말로 좋아해."

학생들은 아마도 멋진 결과물로 이어질 수 있는, 그러나 그 과정은 다소 지루한 프로젝트에 착수하게 될 것이다. 로보틱스 프로젝트가 수많은 부품을 조립해야 하는 과제로 끝이 난다면? 혹은 동물복지에 관심이 있는데, 화장품 산업의 동물 실험에 대한 인식을 높이려는 영상을 만들고자 한다면? 이를 위해서는 아마도 영상 편집 기술을 익히는 데 많은 시간을 투자해야 할 것이다. 이처럼 학생들은 프로젝트를 선택할 때 그 과정이 내가 배우고자 하는 요소를 잘 드러나게 할 것인지 생각해야 한다.

학습 목표에 대해 생각할 때, 전통적인 학문적 사실과 기술에 집착할

공부하고 있다는 착각

필요는 없다는 사실을 명심하자(물론 이와 관련해서 교사와 상의하는 게 좋기는
할 것이다). 학생들이 시간을 더욱 효율적으로 관리하는 방법을 배우고자
한다면 자주 하거나 바꾸기 힘든 과제가 있는 프로젝트를 선택할 것이다.
예를 들어 복잡한 수중 환경을 구축하고 관리하는 프로젝트처럼 말이다.
예전에 다른 사람들과 함께 일하는 과정에서 어려움을 겪었다면, 팀 구성
원으로서 역할을 하는 기술을 개발해야 한다. 그렇다면 지역의 자선단체
에 자원봉사 활동을 함으로써 그 목적을 실현할 수 있다.

둘째, **프로젝트를 실행하는 과정에서 피드백을 얻도록 하자.** 스스로
피드백을 하기란 대단히 어렵다. 무언가 잘못되어가고 있다고 느끼면서
도 그 이유를 모를 수 있다. 종종 학생들은 과정에서 아무런 지침 없이 마
지막에 완성된 프로젝트를 제출해야 한다고 종종 생각한다. 그러나 우리
는 교사에게서, 그리고 도움을 줄 수 있는 다른 사람들로부터 피드백을
구해야 한다. 피드백은 우리가 일정을 지키도록 만들어준다. 하지만 마지
막 순간에는 피드백을 구할 수 없다(계획 수립 에 관해서는 10장에서 보다 자세
하게 살펴볼 것이다).

셋째, **프로젝트를 마무리할 때는 생각을 정리하고 숙고하자.** 우리가
세운 학습 목표의 차원에서 배우고자 한 것을 배웠는가? 혹은 예상하지
못한 것을 배웠는가? 나는 학생들이 이를 되짚어보면서 메모해보기를 권
한다. 배움을 통해 얻은 깨달음이 그 당시에는 오랫동안 남아 있을 것처
럼 느껴지지만 꼭 그렇지는 않기 때문이다. 가장 좋은 시나리오는 그 경
험을 활용해서 다음 프로젝트를 더 나은 학습 경험으로 만드는 것이다.
이를 위해서는 깊이 고민하고 그 내용을 기록하려는 노력이 필요하다.

팁17 경험과 연습은 다르다

무언가를 배우려면 행동을 해봐야 할 때가 있다. 해보는 것이야말로 학습을 위한 효과적인 방법이기 때문이다. 듣기나 읽기를 통한 학습은 효과가 없다. 운동이나 악기 연주가 여기에 해당하는 분명한 사례다. 또한 다음의 것도 같은 범주에 해당할 것이다.

- 명료한 글쓰기
- 사회적 교류
- 좋은 팀원이 되기
- 연설하기
- 그룹을 이끌기

많은 기술이 이 범주에 해당한다. 이러한 기술을 익히려면 많은 시간을 투자해야 한다. 이들 기술은 팁 15에서 소개한 단순한 기술과는 다르다. 거기서 언급했던 기술은 마이크로톰을 사용하거나 혈압을 측정하는 것처럼 짧은 시간 안에 배울 수 있는 것들이다.

공부하고 있다는 착각

리라 연주자가 되려면 리라를 연주해야 한다는 아리스토텔레스의 말처럼 행위가 중요하다. 그러나 문제가 그렇게 간단하지만은 않다. 나는 자동차 운전이나 케이크 굽기, 혹은 타이핑 같이 다양한 일을 수십 년간 했지만 발전이 없었다. 그런데 계속해서 하는데도 발전하지 않는 것은 왜 일까? 그 대답은 간단하다. **경험은 연습과 같지 않기 때문이다.**

우리가 특정한 행동을 하는 이유에 따라 그 활동을 하는 동안 우리가 무언가를 생각하게 되느냐가 결정되고, 이는 그 행동을 하는 동안 배울 수 있는지 없는지를 결정한다. 나는 이동하기 위해 자동차를 몰고, 내 친구 애덤은 친구들을 기쁘게 해주기 위해 기타를 연주한다. 그러나 이러한 목적(실질적인 결과나 즐거움을 선사하기)은 복잡한 기술의 개선으로 이어지지는 않는다. 빵을 구울 때, 나는 더 잘 굽기 위해 노력하지 않는다. 그 결과물에 충분히 만족하기 때문이다. 그래서 나는 개선하기 위해 노력하지 않는다. 알다시피, 우리가 생각하는 것은 무언가를 배우는 데에서 대단히 중요하다.

심리학자들은 실력 향상을 극대화하기 위해서 "그것에 대해 생각하라"라는 말보다 더욱 구체적인 원칙들을 개발했다.

1. **한 번에 기술의 한 가지 측면에 집중해야 한다.** 복잡한 기술은 많은 요소로 구성되는데, 우리는 이들 구성 요소를 한꺼번에 생각할 수 없다. 따라서 가령 '글을 잘 쓰는 법'을 연습하는 것이 아니라 '살아 있는 단어 선택하기'나 '문장 구조 변경하기'와 같은 기술을 연습해야 한다.

2. 기술의 한 가지 측면을 어떻게 선택해야 할까? 일부 기술의 경우에는 검증된 순서가 있다. 가령 피아노를 배울 때, 우리는 음계와 단순한 박자표로 시작한다. 검증된 순서가 없을 때는 **기초적이지만 자신이 익숙하지**

않은 것으로부터 시작해야 한다. 잘할 때까지 연습하고 잘하게 되면 다음 요소로 넘어가자.

3. 자신이 무엇을 잘하는지, 무엇을 잘하지 못하는지 어떻게 알 수 있을까? 이는 분명하다. 가령 나는 골프를 칠 때 종종 훅이 난다. 하지만 '그 이유'는 분명하지 않을 수 있다. **여기서 피드백이 중요하다.** 결과만이 아니라 불만족스러운 결과로 이어지는 자신의 활동에 대한 피드백이 필요하다. 우리는 스스로를 관찰함으로써 충분한 피드백을 얻을 수 있지만, 자신을 더 잘 관찰하면서 무엇을 잘못하고 있는지 말해줄 다른 사람이 있다면 더 좋을 것이다.

4. 피드백을 통해 확인하는 것만으로는 충분치 않다. "나는 잘 못해"라고 말하는 대신에 **새로운 방법을 창안하고 시도해야 한다.** 지금까지 자신이 글을 쓰면서 똑같은 단어를 반복적으로 사용하고 있다는 사실을 알아챘다면, 사전을 찾아서 다른 단어를 선택해야 한다. 그런데 다른 사람들이 대체 용어가 좀 이상하다고 말했다면 그건 단어 선택을 개선하기 위한 전략이 효과를 발휘하지 못하고 있다는 뜻이다. 그렇다면 이제 무엇을 시도할 것인가?

5. **자신이 하는 일에 집중하자.** 이 말은 쓸데없는 충고처럼 들리지만, 의도적으로 무언가를 연습하거나 그저 습관적으로 하는 것 사이에는 중요한 차이점이 있다. 우리는 경험을 통해 노력 없이 무언가를 할 수 있다. 자주 했기 때문에 마치 자동항법장치처럼 움직이고 거의 생각을 하지 않는다. 그러나 연습을 할 때는 한 가지 측면에 집중하고, 이를 위해 새로운 방법을 시도하고, 그 결과를 관찰해야 한다. 이는 정신적으로 힘든 일이다. 연습 과정에서 전혀 지치지 않는다면 아마도 올바르게 연습하고 있는 것이 아닐 것이다.

공부하고 있다는 착각

6. **장기적인 계획을 수립해야 한다.** 복잡한 기술은 단련하는 데 오랜 시간이 걸린다. 얼마나 많은 연습이 필요한지는 시도하는 기술, 그리고 연습 시간의 효율성에 달렸다. 또한 몇 주나 몇 달이 아니라 몇 년의 관점에서 생각해야 한다.

무언가를 잘하기 위해서는 정말로 힘든 노력이 필요하고 오랜 시간이 필요하다. 그런 점에서 어쩌면 위 여섯 가지 목록이 위압적으로 느껴질 수 있다. 이를 위해 10장에서는 동기 부여에 관한 몇 가지 아이디어를 살펴볼 것이다. 다만 여기서는 힘들고 긴 여정의 끝에는 놀라운 선물이 기다리고 있다는 사실만을 상기하고 넘어가자. 물론 그 과정에서 더 작은 목표를 성취함으로써 즐거움을 얻을 수 있다.

한 줄 요약

활동의 목적이 성과를 개선하는 것이라면, 반복적인 행동만으로는 충분하지 않다. 개선을 위해서는 의식적인 연습이 필요하다.

팁18 무엇을 관찰할지 미리 계획을 세워라

어떤 활동은 학습을 하기 위해 대체 불가능하다. 경찰과 함께 야간 순찰하기, 정신과 병동 방문하기, 포화를 받고 있는 소대를 관찰하기. 이러한 것들은 관련된 글을 읽을 수도 있지만, 그 일부가 되어보기 전에는 실감할 수 없다. 이러한 체험은 때로 우리의 삶을 바꾸기도 한다. 체험의 깊이는 이러한 유형의 학습을 돋보이게 만들지만 때로는 약점이 되기도 한다. 주변 상황에 대단히 몰입해서 마치 영화를 보는 듯 바라보지만, 나중에 무엇을 보고 들었는지 제대로 이야기하지는 못하게 된다. 다만 그 체험이 흥미진진했다는 말밖에.

자신이 배우고자 하는 것에 대해 미리 계획을 세운다면 그러한 위험을 최소화할 수 있다. 변호사가 교도소에서 재판을 기다리는 의뢰인과 면담하는 데 동행했다면, 우리는 변호사가 의뢰인의 미래에 대해 설명하는 방법에 집중할 것이다. 의사와 함께 있다면, 아마도 그가 다른 사람들에게 복잡한 의학적 개념에 대해 설명하는 방식에 주목할 것이다.

체험 학습이 교육 과정의 일부라면, 과제가 따라 나올 것이다. 가령 특정한 체험과 관련해서 자신의 생각을 쓰거나 여러 가지 질문에 대해 대답을 해야 할 것이다. 여기서 과제는 자신이 관찰할 것에 영향을 미치게 된다. 과제를 마무리할 수 있다고 확신하기 전에 자신의 경험을 기반으로 그 숙제에 대해 생각해보자.

과제는 종종 애매모호하다. 가령 이렇게 과제가 주어질 수 있다. "자신의 경험을 설명하는 두 쪽짜리 리액션 페이퍼reaction paper(특정 주제에 대해 개인적인 의견과 주장을 담은 글—옮긴이)를 작성하시오." 경험을 하기 전에 자신의 기대를 적어보자. 무엇을 보게 될 것인가? 무엇을 느끼게 될 것인가? 내가 방문하게 될 장소를 어디와 비교하게 될 것인가? 돌아오고 싶은 생각이 들 것인가? 그곳 사람들은 어떨까? 그들은 무엇을 하고 있을까? 나는 관찰에 집중할 때 여전히 무언가(사람이나 장소 등)를 선택할 것을 권장한다. 이처럼 예측하면 더욱 쉽게 리액션 페이퍼를 작성할 수 있다. 그리고 자신이 기대한 것과 경험한 것 사이의 차이점에 대해 써볼 수 있다.

팁19 체험을 하는 동안 필기를 잊지 말자

안타깝게도 활동 수업의 장점(흥미롭다는 사실)이 필기를 게을리하게 만드는 이유가 되기도 한다. 체험에 너무 몰두하게 되면, 그것에 관한 생각을 적어야 한다는 것을 잊어버린다. 게다가 필기를 해야 한다는 사실을 기억한다고 해도, 그렇게 하는 것을 불필요하게 여길 수도 있다. 그 경험은 절대 잊어버리지 않을 것처럼 느껴지기 때문이다.

학생들은 일어난 일과 그 일에 대한 자신의 감정적 반응을 일부 기억하지만 그때 얻은 통찰력은 금세 잊히고 말 것이다. 예를 들어 지금 유치원 수업 시간을 관찰하고 있는데, 한 소녀가 자신이 짓고 있던 블록 타워를 그만 실수로 무너뜨린 소년을 때렸다. 또한 그 소녀가 다른 친구들 모두에게 쿠키를 나눠줄 때까지 기다리지 못하고(그래야만 했음에도) 쿠키를 먹어버리는 모습을 목격했다. 필기를 하지 않았다면 아마도 두 사건이 관련이 있으며, 이에 대해 교사에게 물어보아야 한다는 생각을 잊어버릴 것이다(두 사건 모두 충동 제어에 관한 사례에 해당한다).

가능하다면 활동하는 동안, 혹은 마땅치 않다면 활동 직후에 필기를 하자. 필기는 집중력을 날카롭게 만들고 자신이 배운 것을 언어로 재구성하도록 한다. 학생들은 활동하는 동안 배운 내용에 대해 시험을 치르거나 글을 써야 할 것이다. 그러므로 자신이 배운 것을 상기하게 만들어주는 촉진제로서 필기를 해야만 한다.

팁 14~18에서는 교사가 다양한 목적을 위해 활동 학습을 선택하며, 각각의 목적에 따라 주의를 기울여야 한다는 점을 강조했다. 활동하는 도중에 필기를 하기는 힘들기 때문에 페이지 맨 위에 활동의 목적을 적는 방법이 효과적이다. 이러한 방법을 통해 집중할 대상을 기억하고, 체험의 특정한 측면을 기록할 수 있다. 또한 필기를 잊어버릴까 걱정된다면, 휴대전화 알림을 15분 간격으로 설정하는 방법을 고려해보자.

한 줄 요약

활동 중 필기는 불필요하다고 느낄 수 있지만, 그럼에도 해야 한다. 필기하기가 힘들다면 직후에 하자. 그러면 망각의 법칙은 무력해질 것이다.

팁20 교사의 관점에서 바라보자

교사들은 몇 가지 이유로 수업 중 활동 수업에 대해 불안감을 느낀다. 첫째, 통제권을 넘겨준다는 느낌을 받는다. 교사가 수업할 때는 자신이 '가르친다'는 사실을 안다. 그는 지식을 전달하기 위해 거기에 있다. 그러나 학생들에게 어떤 활동을 하도록 할 때, 교사는 학생들이 무언가를 배웠으면 하지만 확신이 잘 서지 않는다. 게다가 교사는 학생들이 자신이 제시한 과제를 제대로 수행하고 있는지 정확하게 알 수조차 없다.

공부하고 있다는 착각

둘째, 효과적인 활동을 제시하기가 쉽지 않다. 학생들은 그 활동이 흥미롭고 도전을 자극하면서도 지나치게 힘들지는 않다고 받아들여야 한다. 그러면서 그 활동으로부터 무언가를 배워야 한다. 한 수업에서 성공적이었던 활동이 다른 수업에서는 그렇지 않을 수도 있다. 학생들마다 지식 수준과 관심사가 다르기 때문이다. 대부분 교사는 상황이 어떻게 돌아가는지조차 파악하지 못한다. 다만 9시 수업에서는 대성공이었는데 2시 반 수업에서는 실패였다는 사실을 알 뿐이다.

셋째, 교사는 한꺼번에 많은 것에 신경을 써야 하기 때문에 활동이 진행되는 동안 불안감을 느낀다. 교사는 진행 상황을 관찰하고, 개인(혹은 그룹)을 돕고, 시간을 확인하고, 상황이 계획된 대로 돌아가는지, 아니면 설명을 통해 활동을 보충해야 하는지 판단해야 한다.

학습자 입장에서 수업이 원활하게 진행되면 활동에서 더 많은 것을 얻을 수 있다. 그리고 학생들이 집중하고 활동에 최선을 다하도록 돕는 보장된 방법이 있다.

첫째, 교사가 학생이 해야 할 일을 하고 있는지에 집중하고 있다면 이해해주자. 이는 어쩌면 교사가 학생을 믿지 않는 것처럼 보일 수 있지만 교사는 단지 긴장을 하고 있을 뿐이다. 교사는 상황이 원활히 돌아가기를 원하지만 학생들이 실제로 참여하고 있는지 아닌지는 판단하기가 쉽지 않기 때문이다.

둘째, 교사가 활동의 목적을 설명하는 것을 잊어버렸다면, 공손하게 물어보자. 여기서는 당연히 표현이 중요하다. "근데 요점이 무언가요?"라는 말은 적대적으로 들릴 수 있다. 그러므로 이러한 표현이 좋을 것이다. "특별히 어디에 집중할까요?"

셋째, 학생이 학습을 하고 있다는 사실을 교사가 알 수 있도록 하자. 자칫 교사를 평가하는 것처럼 보일 수 있다고 걱정이 된다면, 다음과 같은 방식으로 피드백을 해보자. (1) 자신이 한 일(그래서 자신이 노력하고 있다는 것을 알도록 한다) (2) 그것이 무슨 의미가 있다고 생각하는지(그래서 자신이 생각을 하고 있다는 사실을 알도록 한다)를 교사에게 말하자. 가령 "저는 '이것'을 하고 '저것'을 했습니다. 그리고 '이러한 일'이 벌어졌습니다. 그래서 이 모든 것을 기반으로 '이렇게' 결론을 내릴 수 있을 듯합니다. 제가 올바로 수행했나요?"라고 물어보는 것이다. 그저 "모르겠어요"라고만 하지 말고 자신이 제대로 이해하고 있는지 교사가 판단할 수 있도록 하자. 이러한 피드백은 교사에게 대단히 유용하다. 많은 학생이 이해하지 못한다면, 교사는 더욱 구체적인 지침을 제공하거나 그 활동을 포기하고 다른 활동을 시도해볼 수 있기 때문이다.

한줄요약

교사들은 활동 수업에 긴장감을 느낀다. 수업의 진행 상황과 자신이 도와줄 수 있는 부분과 관련해서 피드백을 제공한다면, 활동 수업이 더욱 부드럽게 진행되도록 만들 수 있다.

활동 수업의 목표를 제시하고
지침을 세분화하자

이 장에서 내가 일관적으로 제시한 주제는 계획한 활동 학습으로부터 학생들이 무엇을 얻어내야 하는지, 그리고 어떻게 얻어낼 수 있는지를 학생들에게 설명하라는 것이다. 이는 활동 수업의 가치를 극대화하기 위한 최고의 그리고 가장 쉬운 접근 방식이다.

이러한 조언에 무엇이 담겨 있는지 한번 생각해보자. 앞서 나는 학생들이 "참여하도록" 만들어야 한다고 했다. 그리고 여기에는 읽기 과제나 교사가 마련해놓은 준비 활동을 수행하는 과제가 포함되어 있다. 하지만 학생들은 당연하게도 그러한 과제를 매번 완수하지는 않는다. 여기서 교사는 학생들의 준비를 강화하기 위해 퀴즈(혹은 다른 평가 방식)를 생각해볼 수 있다. 나는 이를 쉬운 방식으로 진행하며(핵심을 이해했다는 사실을 보여달라) 그리고 점수 지분을 많이 부여하지 않음으로써 학생들이 스트레스를 받지 않도록 한다. 하지만 학생이 계속해서 읽기 과제를 수행하지 않는다면 점수에 반영한다.

과학 실험처럼 스크립트가 있는 활동의 경우, 학습 목표와 관련해서 학생들과 이야기를 나누려는 노력이 특히 중요하다. 학생들이 '올바른 결과'에 대해 걱정할 필요가 없다면, 그들은 무엇에 주의를 집중해야 하는가? 학생들은 학습의 목적을 이해하고, 스스로 '이해하고 있다'는 사실을 어떻게 알 수 있는지 설명할 때, 비로소 올바른 학습을 하고 있다고 확신하게 될 것이다.

더 나아가 자료를 통해 우리가 설명한 학습 목표를 뒷받침하자. 실험에 대한 지시가 명확하지 않고 완전하지 않으면 학생들은 당연하게도 그 방법에 더 신경을 쓸 것이며 무엇을 해야 하는지 알아내기 위해 애쓸 것이다. 그러나 학생들이 큰 그림에 대해 생각하기를 원한다면, 그들이 이미 세부 그림에 대해서는 확실히 인지시키거나 혹은 실험 과정에 충분한 지침을 제시하도록 하자.

프로젝트의 경우, 일반적인 학생은 그러한 과제에 대한 경험이 적거나 없다는 사실에 주의해야 할 필요가 있다. 프로젝트 목표를 선택하고, 계획을 수립하고, 일정을 잡고, 예상치 못한 문제에 유연하게 대처하는 등의 과제와 관련해서 학생들 대부분 초보자다. 교사는 프로젝트를 수립하고 실행하는 것을 비중 있게 가르쳐야 한다. 학생들에게 프로젝트를 단계별로 세분화해서 수월하게 다루는 방법을 보여주고, 또한 각 단계에서 피드백을 제시하자.

똑같은 이야기를 그룹 프로젝트에 대해서도 적용할 수 있다. 학생들은 대부분 그룹 활동에 대한 경험이 거의 없고, 그렇기 때문에 훌륭한 그룹 구성원이 되는 데 필요한 것이 무엇인지 알지 못한다. 당연히 학생들은 일반적으로 다른 학생이 자신의 학점에 대해 부분적으로 영향을 끼치는 것을 걱정한다. 그리고 그들이 다른 학생의 과제를 떠안게 될 것이라고 우려한다.

몇 년 전 소셜 미디어에 올라온 한 유명한 밈은 "그룹 프로젝트에서 배울 수 있는 것"이라는 제목의 원형 도표였다. 그 원을 이루는 아주 작은 조각에는 "자료"라고 제목이 붙어 있었고, 또 다른 조각에는 "그룹 기술"이라는 제목이 붙어 있었다. 그리고 그 원에서 큰 부분을 차지하는 조각에는 "내가 다른 사람들을 얼마나 싫어하는가"라는 제목이 붙어 있었다.

성적에 대한 학생들의 우려를 가라앉히기 위해, 나는 책임과 관련해서 공식적인 시스템을 권한다. 나의 접근 방식은 다음과 같다. 나는 프로젝트를 마무리하면서 학생들이 서로(그리고 스스로) 다음을 기준으로 평가하도록 한다. (1) 수행한 과제의 난이도 (2) 얼마나 열심히 노력했는가 (3) 과제에 대한 기여도. 나는 학생들에게 이러한 평가가 개인의 학점에 영향을 미친다고 설명한다. 그리고 이를 통해 학생들이 자신의 책임을 더욱 진지하게 받아들이도록 만든다.

활동 수업은 훌륭한 방법이다. 이를 통해 학생들은 참여하게 된다. 활동을 통해 가장 효과적으로 배울 수 있는 것들이 있다. 하지만 학생들이 주도적으로 움직이기 때문에(그리고 교사는 수업을 하지 않을 것이기 때문에) 교사가 노력을 좀 덜 해도 괜찮을 것이라는 생각의 함정에 빠지지는 말자. 내 경험상 활동을 계획하고 지도하고 그 성과를 평가하기 위해서는 일반적인 수업보다 더 많은 노력이 필요하다.

한 줄 요약

- 학생들에게 활동으로부터 무엇을 배우게 될 것인지 설명하자. 그리고 무엇에 주의를 기울여야 하는지 설명하자.
- 활동에 준비 작업이 필요하다면, 사전 퀴즈를 비롯해 학생들의 준비 수준을 평가할 수 있는 다양한 방법을 고려하자.
- 학생들이 '적절한 방식으로' 활동하는지 걱정된다면, 그리고 학생들이 방법을 찾는 데 신경을 쏟지 않기를 바란다면, 활동에 대한 구체적인 지시를 제시하고, 활동이 원활하게 진행되고 있는지 확인할 수 있는 구체

적인 방법을 제시하자. 혹은 중요한 것은 활동의 결과가 아니라는 점을 강조하자.

- 프로젝트를 제시했다면, 프로젝트를 이끌어나가는 방법을 학생들에게 가르쳐야 한다. 그리고 그룹 프로젝트를 내줬다면, 훌륭한 구성원이 되는 방법을 학생들에게 가르쳐야 한다. 또한 일부 학생들의 걱정을 덜어 줘야 한다.

4장

배운 것을
뇌에 새기는
노트 필기법

How to Reorganize Your Notes

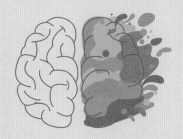

2007년 대학생을 대상으로 한 설문조사 결과는 약 절반이 다음 명제에 동의한다는 사실을 보여줬다. "내 노트는 뒤죽박죽이고 이해하기 힘들다." 내 경험에 비춰볼 때, 이 결과는 동시에 나머지 절반의 학생이 자신의 노트가 엉망이라는 사실을 깨닫지 못한다는 것을 의미한다.

　농담이 아니다. 앞서 두 장에서 내가 제시한 조언을 신중하게 따른다고 해도 학생들의 필기 상태는 썩 훌륭하지 않을 것이다. 강조했듯이, 필기는 결코 쉽지 않은 정신적 과제이기 때문이다. 자신이 한 필기를 더욱 유용한 자료로 만들려면 노트를 다시 한번 들여다봐야 한다.

　학생들은 새로운 사실이나 정의를 필기하려는 경향이 있다. 또한 그들은 반복적으로 등장하는 광범위한 주제는 이해하지만 사실과 개념 사이의 '연결'은 종종 놓치곤 한다.

　1장에서는 체계적인 정리가 이해에 왜 그렇게 중요한지를 살펴봤다.

자신의 노트를 다시 들여다보는 한 가지 이유는 더욱 잘 이해하기 위해서이다. 그러나 중요한 이유 하나가 더 있다. 더욱 쉽게 기억할 수 있기 때문이다.

잘 정리하면 잘 기억난다

어느 고전적인 실험은 체계적인 정리가 기억에 미치는 영향을 잘 보여준다. 연구자들은 피실험자 집단에게 26개의 단어를 보여주고 그것을 기억하도록 했다. 그런데 참가자 절반에게는 아래와 같이 논리적으로 정리된 나뭇가지 그림, 즉 트리 다이어그램tree diagram의 형태로 단어들을 보여줬다. 반면 나머지 절반은 트리 다이어그램으로 단어들을 보기는 했지만, 단어들이 아무런 의미 없이 무작위로 배치되어 있는 그림이었다.

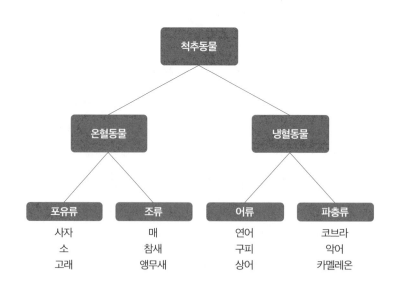

공부하고 있다는 착각

연구자들은 피실험자들에게 단어만 기억하고 그 구성에는 신경 쓰지 말라고 했다. 그럼에도 논리적으로 정리된 그림으로 단어를 본 이들은 65퍼센트의 단어를 기억했다. 반면 정리되지 않은 그림으로 단어를 본 이들은 단 18퍼센트밖에 기억하지 못했다. **체계적인 정리는 우리가 기억하고자 하는 것들 사이에서 연결 고리를 형성한다.**

또 다른 사례를 살펴보자. 학생들에게 다음의 단어들을 기억하라고 했다고 해보자.

사과, 곰, 개, 첫째, 잎, 남성, 다음, 전화, 조종사, 연기

이 단어들을 가지고 하나의 문장을 만든다면 기억하기가 훨씬 더 수월할 것이다. 비록 말이 되지 않는다고 해도 말이다.

첫째, 개가 사과 잎을 태우고 난 다음에 남성 조종사는 곰에게 전화를 건다.

'조종사'는 그가 한 행동, 즉 전화 걸기를 떠올리는 실마리가 된다. 그리고 전화 걸기는 누구에게 전화를 걸었는지, 즉 곰이라는 단어를 기억하는 실마리가 된다. 기억의 연결 고리는 이러한 방식으로 이어진다.

수업이 끝나고 노트를 정리하는 방법이 그렇게 좋은 아이디어라면, 왜 아무도 그렇게 하지 않는 걸까? 그 이유 중 하나는 인간이 주의를 기울일 가치가 있는 대상에 대한 편향을 갖도록 진화했기 때문이다. 두뇌는 새로운 것에 집중해야 한다고 말한다. 익숙한 것은 안전하며 과거에 위협이 되지 않았다면 미래에도 위협이 되지 않을 것이라고 생각한다. 그렇기 때문에 **익숙한 대상에는 주의를 기울일 필요가 없어진다.**

우리는 익숙한 것이 무엇인지 알고, 그것이 우리에게 위협이 되지 않을 것이라는 사실도 안다. 그래서 우리 두뇌는 주의를 다른 대상으로 옮기고자 한다. 바로 이러한 이유로 우리는 오늘 필기한 내용을 다시 훑어보면서 금방 싫증을 느끼는 것이다. 두뇌는 생각한다. '그래, 그래. 나는 이 모든 것을 알고 있어.' 그리고 새로운 정보를 찾아 나서라고 말한다. 하지만 우리는 이러한 상황에서 새로운 것을 찾으려는 두뇌의 충동을 무시함으로써 오히려 이득을 얻을 수 있다.

노트를 정리할 때

두뇌가 하는 일: 익숙한 내용이니 노트를 검토하고 정리할 필요가 없다고 결론을 내린다.

뇌 최적화의 기술: 두뇌의 말을 무시하자. 우리는 정보와 체계가 모두 불완전하다는 사실을 알고 있다.

사람들은 종종 노트 정리를 시간 낭비나 공부를 위한 예비 동작쯤으로 여긴다. 노트 정리는 공부를 더 쉽게 만들어주지 않는다. 노트를 정리하는 과정 그 자체가 공부다. 노트 정리를 통해 우리는 정보를 활용하고 그 의미에 대해 생각하게 되기 때문이다. 3장에서 살펴본 것처럼 우리는 생각한 것을 기억한다. 그렇다면 구체적으로 어떻게 노트를 정리해야 할까? 이제 그 방법을 살펴보자.

공부하고 있다는 착각

팁21 필기 사이에 연결 고리를 찾아라

1장에서는 수업을 들을 때 심층적인 구조를 놓칠 수 있다는 점을 강조했다. 어떤 연결 고리를 갖고 있는 개념들(A가 B를 일으켰고, 혹은 B는 A의 사례다)은 서로 떨어져 있을 수 있고, 그러한 연결 고리를 알고 있다고 해도 그 관계를 놓칠 수 있다. 이 장에서는 내용의 체계를 인식하는 것은 완전한 이해에 필수적일 뿐만 아니라, 기억에도 도움이 된다는 사실을 강조하려고 한다. 학생들은 체계적인 내용의 모든 측면을 이해할 것이다. 분명하게도, **수업의 완전한 논리적 구조를 재구성하는 것은 온전한 이해를 위한 최고의 방법이다.**

일반적으로 이러한 구조는 한 가지 핵심 주제와 세 가지에서 일곱 가지 하위 요점, 이를 지지하는 증거로 이뤄진 계층 구조를 형성한다. 예를 들어 핵심 주제가 '미국 서부 신화는 19세기 말에 시작되었다'이며, 여기에 미국 동부 사람들이 갖고 있는 잘못된 믿음에 대응하는 세 가지 하위 요점이 있다고 해보자.

(1) 서부는 외국 영토로 여겨졌지만 동부와 광범위한 의사소통 및 상업적 관계가 형성되어 있었다. (2) 서부 인구는 주로 백인이라고 생각되었지만 이민은 매우 다양하게 이루어졌다. (3) 동부 사람들은 서부가 도시와 전기 및 산업의 지원 없이 개인의 힘으로 힘들게 이루어졌다고 생각했다. 이 세 가지 요소는 서부의 변화 과정에서 대단히 중요한 역할을 했다. 여기서 각각의 하위 요점은 사례, 다른 수업으로부터 가져온 결론에 대한 언급, 그리고 설명을 담고 있다.

체계에 대해 생각하는 데 그치지 않고 **트리 다이어그램을 그려보는 것**은 좋은 아이디어다. 머릿속으로만 그려보면 정보가 너무 많아서 사실을 잊어버리거나 혼란을 느껴 압도되어 버린다. 개념들을 종이에 적어보거나 컴퓨터 화면에서 상자를 사용해 그려봄으로써 '미국 서부 신화는 19세기 말에 시작되었다'와 같은 명제를 표시해보자. 그리고 선을 이용해 관련 있는 명제들을 서로 연결해보자. 예를 들어 '서부 인구는 주로 백인으로 생각되었다'라는 명제와 '미국 서부 신화는 19세기 말에 시작되었다'라는 명제는 서로 연결되어 있다. 이는 광범위한 주제에 대한 한 가지 사례이다.

이러한 유형의 계층 구조를 구성하는 상자와 그것을 잇는 연결선을 알아나가는 과정에서 두 가지를 염두에 두길 바란다. 첫째, **상자 안에 들어갈 명제는 구체적이어야 한다.** 예를 들어 그날의 주제는 단지 '미국 서부'가 아니라 훨씬 더 구체적이어야 한다. 사람들은 일반적으로 새로운 무언가를 배울 때 보편성에 빠지는 경향이 있다. 그 부분적인 이유는 보편성이 더 안전하기 때문이다.

예를 들어 내가 학생들에게 논문의 개요를 작성해보라고 하면, 그들은 대개 개요의 맨 처음에 "서론"을 적는다. 내 경험상, 학생들은 일반적인 것이 더욱 학술적이고 더 많이 배운 것처럼 보인다고 생각한다. 하지만 사실은 그 반대이다. 교사는 아마도 특정한 관점에서 내용을 제시할 것이다. 우리가 얻게 되는 것은 단절된 사실들의 연결이 아니라 결론으로 이어지는 주장이다.

둘째 **계층 구조를 구성할 때 명제들을 연결하는 이유는 구체적이어야 한다.** 나는 각각의 상자를 연결하는 선에 다음과 같이 이름을 붙여보기를 권한다.

• 증거 제시

- 사례

- 자세한 설명

- 원인

- 논리적 의미

노트 정리의 또 다른 이점이 있다. 일반적으로 수업과 읽기 자료 사이에서 연결 고리를 파악하기란 쉽지 않다. 앞서 1장에서 언급한 것처럼, 교사는 일반적으로 수업에서 완전히 새로운 내용을 소개하는 것(학생들을 혼란스럽게 만들 수 있다), 그리고 읽기 자료에 들어 있는 내용을 다시 설명하는 것(학생에게 의미가 없거나 지루할 수 있다) 사이에서 균형을 유지하려고 한다. 그래서 종종 중복되기도 하지만 그건 부차적인 문제다. 학생들은 노트 정리를 통해 거시적인 관점에서 수업을 바라보게 되고, 그럴 때 비로소 수업과 읽기 자료 사이의 관계를 생각하게 된다. 읽기 활동으로부터 많은 것을 얻는 방법(읽기를 기반으로 한 필기 방법을 포함해서)은 5장에서 자세히 살펴볼 예정이다.

한 줄 요약
필기를 하는 와중에 수업에서 소개하는 개념들이 어떻게 구성되어 있는지 이해하려고 노력해도 아마도 불충분할 것이다. 수업이 끝나고 난 뒤 수업의 주요 개념이 서로 어떻게 연결되어 있는지를 보여주는 도표를 작성해보자.

팁22 노트에서 논리적 허점을 찾아라

수업의 논리를 보여주는 트리 다이어그램을 완성하면 노트에서 무엇이 빠져 있는지 더 잘 확인할 수 있다. 무엇보다 빠진 정보는 나중이 아니라 지금 더 잘 떠올릴 수 있다는 점은 확실하다. 그러므로 당일에 노트를 정리하는 것이 가장 이상적이다.

노트에서 누락될 수 있는 정보는 두 가지 범주에 해당한다. '사실'과 '연결'이다. 수업을 듣는 동안 필기하면 교사가 말한 것을 놓치거나 긴 설명의 핵심을 이해하지 못할 수 있다. 물론 자신이 무엇을 놓쳤는지 모두 인식하지는 못하겠지만, 이제 시작이다.

우리는 트리 다이어그램을 그려봄으로써 다른 누락된 정보를 뚜렷하게 확인할 수 있다. 예를 들어 자신의 노트 안에 사실을 기록했지만 교사가 왜 그 사실을 언급했는지 이해하지 못할 수 있다. 그 사실은 다른 것들로부터 고립되거나 단절되어 있다. 성경의 「엘리야서」에 대한 수업에는 '와디$_{\text{wadi}}$(서아시아와 북아프리카에서 볼 수 있는 간헐하천―옮긴이)'에 대한 정의와 함께 와디가 어떻게 형성되는지에 대한 설명이 나온다. 그 내용을 꼼꼼하게 필기하더라도 교사가 왜 그 이야기를 꺼냈는지 이해하지 못할 수 있다.

이럴 땐 누락된 연결과 더불어 누락된 내용을 찾자. 가령 "일반적으로 다섯 가지 유형의 지도가 측량에 사용된다"라고 필기를 했다면 네 가지가 아닌, 다섯 가지 목록을 완성해야 한다. 교사가 제시한 일반화를 지지하는 근거의 수에 대해서도 생각해보자. 예를 들어 "로마제국의 몰락은 통치자가 사라진 476년으로 거슬러 올라간다 : 틀림. 문화적·경제적 삶은 이럴 땐 계속"이라고 필기했다고 해보자. 황제가 쫓겨난 이후에도 문화적·경제적 삶은 계속되었다. 하지만 그것은 476년을 몰락의 시기로 보기

공부하고 있다는 착각

에 적합하지 않은 이유 중 하나에 불과할 것이다. 여기서 우리는 그처럼 광범위한 주장을 뒷받침하는 근거 중 하나만을 적었다는 사실을 의심해볼 필요가 있다. 교사는 어쩌면 더 많은 근거를 제시했을지도 모른다.

필기 내용에 대한 의문점을 포스트잇에 적어서 튀어나오게 붙여놓자. 앞서 나는 페이지를 번갈아가면서 필기하는 것이 좋다고 설명했다(팁 10 참조). 그 이유는 누락된 정보를 채워 넣기 위한 여백을 충분히 마련할 수 있기 때문이다. 포스트잇에 적은 질문에 대한 답을 구했다면 바로 그 여백에 적어 넣을 수 있다.

디지털 방식으로 필기를 한다면 누락된 정보를 발견한 바로 그 지점에 질문을 타이핑할 수 있다. 나중에 질문을 더욱 쉽게 찾아보기 위해 각각의 질문 마지막에 "TK" 같은 문자를 추가해두면 나중에 "TK"로 쉽게 검색할 수 있다("TK"는 "앞으로$_{to\ come}$"를 의미하는데, 이러한 문자열을 사용하는 단어는 대단히 드물기 때문에 검색이 용이하다).

이들 질문에 대한 답변을 어떻게 구할 것인가? 읽기 과제는 하나의 출처가 될 수 있다. 하지만 교사는 수업 중에 읽기 과제에 없는 세부 사항에 대해 언급할 것이다. **교사가 내주지 않은 자료에 대해서도 주의를 기울이자.** 그 이유는 우리가 찾는 '사실'에 대한 보편적인 합의가 없을 수도 있기 때문이다. 예를 들어 '요근$_{psoas}$(허리 안쪽 근육)'에 대한 정의는 대부분의 자료에서 동일하다. 반면 "왜 476년을 로마제국이 몰락한 시기로 보기에 적절치 않은가?"라는 질문에 대한 보편적인 대답은 발견하기 어려울 것이다.

다음 단계는 수업을 들으면서 한 필기를 다른 사람과 논의하는 일이다. 친구에게 먼저 다가서기가 고민된다면, 계속해서 이 책을 읽어나가길 바란다.

자신이 도출해낸 수업 구성을 기반으로 사실이든 연결이든 필기에서 누락된 것들을 확인하자.

팁23 필기도 팀 스포츠다

스터디 그룹을 이용하면 필기를 확실히 개선할 수 있다. 우리는 자신이 도출한 구성(팁 21 참조)과 다른 사람이 도출한 구성을 '비교'함으로써 개선할 부분을 확인할 수 있다. 또한 자신의 필기에서 누락된 정보를 보충할 수 있다(팁 22 참조). 수업 참석자는 내용의 절반을 놓치더라도 각각의 참석자가 놓치는 부분은 서로 다를 것이다. 여기서는 스터디 그룹을 조직하는 몇 가지 방법을 소개하고자 한다.

스터디 그룹은 일주일에 한 번 모이는 것이 적절하다. 일주일 분의 수업은 일반적으로 한 번 만나서 필기를 확인하기에 적절한 분량이기 때문이다. 필요할 때마다 만날 수 있다면 더 좋겠지만 아마도 시간 잡기가 힘들 것이다.

스터디 그룹에 적절한 규모는 '3~6명'이다. 관점의 다양성을 추구하더라도 구성원이 너무 많으면 심리학자들이 말하는 '책임감의 분산diffusion of responsibility' 현상이 나타난다. 집단의 규모가 클 때 다른 누군가가 책임져 줄 것이라고 기대하는 것이다.

함께 수업을 듣는 사람 몇몇을 알고 있다면 스터디 그룹 구성원을 구하기는 어렵지 않을 것이다. 그러나 그렇지 않다면, 몇 가지 방법이 있다.

수업 중 만나는 사람에게 다가가 제안을 해보거나 온라인 게시판에 스터디 그룹을 모집하는 메시지를 올릴 수도 있다. 아니면 교사에게 부탁해서 스터디 그룹에 관심 있는 사람은 수업이 끝난 뒤에 잠시 남아달라고 공지할 수도 있다.

그러나 함께 공부할 만한 사람을 찾은 일은 또 다른 문제다. 실제로 어떤 이들은 더 나은 그룹 구성원 역할을 해줄 것이다. 그러나 책임을 다하지 않는 구성원의 경우(모임에 빠지거나 준비를 제대로 하지 않거나 혹은 그룹 내 논의 사항을 무시하는), 게으름은 무능함보다 더 나쁘다. 열심히 참여하는 모습을 보인다면 용서가 되겠지만 아예 관심을 기울이지 않는다면 화가 날 것이다.

이러한 문제를 처리하는 최고의 방법은 구성원의 책임을 처음부터 정해두는 것이다. 몇 가지 기본 원칙을 정하자. 가령 얼마나 자주 만날 것인지, 어떤 준비를 해야 하는지, 모임 중에 휴대전화를 사용할 수 있는지, 누가 모임을 주도할 것인지 등등. 이러한 논의를 첫 번째 모임에서 한다면, 한두 명은 아마도 눈을 굴리며 이렇게 생각할 것이다. '만만한 모임이 아니군.' 그럴 수 있다(그리고 이에 대해 만족할 수 있다). 하지만 사람마다 스터디 그룹의 역할에 대한 기대치가 서로 다를 수 있기 때문에 처음부터 서로의 기대를 분명하게 밝히는 것이 원활한 그룹 활동을 위해서도 더 좋다.

앞서 나는 "다른 사람의 필기"로 수업을 대신할 수 없다고 말했다. 다른 사람의 필기는 그가 자신이 활용하기 위해 만든 기억의 실마리다. 그럼에도 다른 누군가의 필기가 없는 것보다 훨씬 낫다. 그리고 세 사람에게서 필기를 구하는 것은 한 사람에게서 얻는 것보다 훨씬 낫다.

하지만 그룹 활동을 분업화하지는 말자. **다시 말해 노력을 공유해야 할 그룹 구성원들끼리 과제를 나누지 말자.** 그룹 활동은 해야 할 과제의 양을 줄이는 것이 아니라 자신의 사고 방식을 확장시켜줄 추가적인 이익을 얻는 수단이 되어야 한다. 필기를 통해 개요를 만들어보는 일은 본격적인 공부를 위한 준비 작업이 아니다. 그 자체로 공부이며 수업 내용을 이해하고 기억하도록 도움을 줄 인지 과제다. 다른 사람이 작성한 개요를 그대로 가져오는 일에는 정신적인 노력이 전혀 들지 않으며, 또한 그러한 노력이 가져다주는 혜택도 없을 것이다.

> **한줄 요약**
> 스터디 그룹에 참여하거나 조직함으로써 필기의 허점을 보완하고 수업 구성을 정비할 수 있다.

팁24 교사에게 구체적인 질문을 던져 필기를 보강하자

지금까지 수업에 참석해서 주의 깊게 듣고, 열심히 필기를 하고, 필기를 정리하고(가능하다면 당일에), 다른 사람과 필기를 비교함으로써 더 다듬으라고 이야기했다. 그러나 이러한 노력에도 불구하고 수업을 완벽하게 이해하기는 힘들 것이다. 그때 우리는 교사와 이야기를 나눠야 한다. 이러한 조언에 대해 몇몇 학생은 부담감을 느낀다. 그리고 실제로 질문을 얼마나 환영하는지는 교사마다 다르다. 물론 모든 교사가 "질문이 있으면 언제든지 찾아오세요!"라고 말하지만 "나를 내버려두세요"라고 쓴 팻말을 목에 걸고 다니는 편이 더 나을 법한 교사도 있다. 까다로운 교사에게 질문을 할 때 필요한 몇 가지 방법을 제시한다.

가장 중요한 것은 준비다. 가령 내가 망막을 주제로 45분 동안 수업했다고 해보자. 그런데 어느 학생이 내 연구실로 찾아와서 이렇게 말한다. "그러니까 … 망막 말이죠. 전혀 이해하지 못했습니다." 그런 질문을 들으면 나는 무척 실망할 것이다. 그 학생이 이해하기 위해 아무런 노력도 하지 않았다는 인상을 주기 때문이다.

여기서는 구체적인 질문을 통해 자신이 어떤 노력을 했는지 보여줘야 한다. **자신이 무엇을 이해했는지를 설명한 다음 어떤 부분을 놓쳤는지 (간략하게) 말하자.** 앞서 나는 스터디 그룹 내 누군가가 제대로 기여하지 못하고 있다고 해도 노력하는 모습을 보이는 한 문제가 되지 않을 것이라고 말했다. 교사들 역시 마찬가지다. 아마도 더 그럴 것이다.

학생들은 때로 정말로 도움이 필요해서가 아니라 질문을 함으로써 좋은 인상을 남기기 위해 교사를 찾아간다. 그들이 원하는 것은 관심이다. 이러한 동기를 지닌 또 다른 학생들은 교사를 찾아가 수업과 별 관련 없는 이야기를 하거나, 자신의 흥미를 드러내며 아첨을 떨기도 한다.

이러한 시도가 완전히 잘못된 것이라고는 할 수 없다. 교사가 좋아한다면 어쨌든 도움이 된다. 하지만 교사에게 잘 보이고 싶다면 모범생이 되는 게 낫다. 대단히 정리가 잘된, 그리고 각각 수업 내용에 대한 질문을 적은 수많은 포스트잇이 밖으로 삐져나온 공책을 들고 다니는 학생이 되거나 해당 분야에서 경력을 쌓기 위한 다양한 질문을 들고 찾아가는 것이다. 교사가 그런 학생을 의심을 한다고 해도, 그 학생은 적어도 올바른 역할을 수행하고 있다. 교사가 단지 그 학생을 예뻐한다는 이유로 후한 점수를 주지는 않을 것이다. 하지만 무언가 문제가 생겨서 마감 시한을 연장해야 한다거나 추천서가 필요할 때, 올바르고 진지한 학생이라는 이미지를 남겨뒀다면 큰 도움이 될 것이다.

팁25 노트 꾸미기는 옵션이다

소셜 미디어에서 쉽게 확인할 수 있듯이 학생들이 노트를 정리하는 가장 일반적인 방법은 내용을 새로 쓰거나 장식을 해서 노트를 더욱 멋지게 꾸미는 것이다. 유튜브나 텀블러, 핀터레스트 등을 살펴보면 필기를 멋지게 하는 기술과 관련된 콘텐츠(일부는 수백만 조회 수를 기록한)를 만나게 된다. 멋진 폰트와 페이지 경계선, 예쁜 구분선, 제목을 둘러싼 상자 등등. 사람들은 이런 일에 놀라운 에너지와 창조력을 투자한다. 그런데 이러한 방법이 학습에 도움이 될까?

인지적인 측면에서 볼 때, 필기 내용을 그대로 적는 행위는 이해나 기억 개선에 별 도움이 되지 않는다. 2장에서도 수업을 들으면서 기계적으로 필기하는 행위가 이해에 도움이 되지 않는다고 지적했다. 그러면 교사의 이야기는 학생의 귀에서 펜으로 곧바로 이어지기 때문이다. 자신의 필기를 그대로 다시 쓸 때도 마찬가지다. 의미를 생각하지 않고서 그저 기계적으로 필기를 새로 하기보다 기억에 도움을 주기 위해서는 의미를 다시 한번 곱씹어봐야 한다. 물론 필기를 그대로 베껴 쓰는 작업을 좋아하는 학생들은 그 과정에서 어떻게든 의미를 생각하게 되기 때문에 도움이

공부하고 있다는 착각

된다고 말하기도 한다. 하지만 단지 베껴 쓰는 행위는 6장에서 살펴보게 될 학습 방법보다 훨씬 덜 효과적이다.

　노트를 새롭게 베껴 쓰거나 예쁘게 꾸미는 작업은 팁 21에서 강조한 정리 작업과 연결지을 수 있다. 이러한 작업을 좋아하는 학생은 노트를 멋지게 꾸밈으로써 공부에 대한 열의를 높일 수 있다고(적어도 의지를 자극할 수 있다고) 생각한다. 그러나 아직 그런 연구 결과는 못 봤다. 경계선과 상자, 그리고 제목을 다양한 색상으로 꾸미는 작업이 도움이 된다고 느낀다면, 그것을 굳이 반대할 생각은 없다. 다만 기계적으로 다시 쓰는 행위는 기억이나 이해에 도움이 되지 않는다는 점만 유의하자. 오히려 필기를 새롭게 작성하는 동안 다른 인지적 과정이 동반되기 때문이다. 그리고 인지적 과정을 이끌어내기 위해 베껴 쓰기 보다 직접적이고 신뢰할 만한 방법이 있다.

한 줄 요약
단순히 노트를 꾸미는 작업이 이해와 기억에 도움을 주지는 않는다. 물론 그러한 작업 과정이나 결과물을 좋아한다면 말리진 않겠다.

노트 필기가 불완전하다는 사실을
깨닫게 하자

교사는 학생들의 필기가 완벽하지 않다는 사실을 잘 알고 있다. 또한 앞에서 설명한 것처럼 학생들이 필기를 좀처럼 재검토하지 않는다는 사실도 알고 있다. 그럴 때 교사는 어떤 도움을 줄 수 있을까?

한 가지 분명한 방법은 학생들에게 이 문제를 알리는 것이다. 학생들은 대부분 자신들의 필기가 얼마나 허술한지 알지 못한다. 그러므로 수업에서 15분 정도 시간을 투자해 이 문제를 간단히 설명하자. 가벼운 퀴즈를 내본다. 그동안 학생들은 자신의 노트를 참조할 수 있다. 그리고 모든 문제는 하나의 수업에서 출제하는 것이다. 일단 학생들이 자신들의 필기가 불완전하다는 사실을 깨닫고 나면, 이 장에서 소개한 방법들에 대해 설명하자. 이를 통해 학생들은 문제를 해결할 수 있다. 그리고 이러한 퀴즈를 자주 시도함으로써 학생들이 노트를 완전하게 정리하도록 동기를 부여해주자.

또한 스터디 그룹에 관심 있는 학생은 수업이 끝나고 자리에 남아 있도록 공지함으로써 그러한 모임을 활성화할 수 있다. 이는 쉬운 방법이긴 하나 수업 후 남아 있을 수 없거나 그날 수업에 빠진 학생들은 그 기회를 놓치게 된다. 그렇기 때문에 모든 학생에게 이메일을 보내는 방법이 가장 확실하다. 스터디 그룹에 관심 있는 학생들에게 이를 다시 이메일로 보내거나 웹사이트나 앱을 통해 학생들에게 전달할 수 있다.

하지만 학생들의 필기가 불완전하다는 사실을 알고 있다면, 그들이 수업의 모든 내용을 이해하도록 무언가를 시도해야 하지 않을까? 나는 이 문제에 대해 대단히 다양한 답이 있다고 생각한다. 그리고 각각의 방법에는 저마다 장단점이 존재한다.

가능한 해결책	장점	단점
아무것도 하지 않는다.	교사에게는 가장 편한 방법이다. 사실 대부분의 학교는 교사가 학생들의 필기에 도움을 주기를 바라지는 않는다. 학생들의 필기에 관한 문제점을 제대로 인식하지 못하기 때문이다.	일부 학생은 수업에서 많은 것을 놓친다. 필기가 빠른 학생이나 수업 내용에 어느 정도 익숙한 상태에서 수업에 임하는 학생들에게 유리하다.
설명·검토 시간이 있다면, 자세한 설명을 해주고 질문을 받자.	교사에게 편한 방법이다. 학생들이 느끼는 혼란에 관한 피드백을 얻을 수 있다.	토론이나 아이디어의 적용처럼 다른 용도로 시간을 활용할 수 있다.
격차를 메우기 위해 교과서 및 다른 자료를 활용한다.	학생들은 자신의 필기를 보충할 수 있는 자료가 있다고 마음을 놓는다.	수업과 자료 읽기가 중복되기 때문에 열정적인 학생은 자칫 수업을 지루하게 느낄 수 있다. 반면 그렇지 않은 학생은 자료를 아예 읽지 않을 것이다.
온라인 게시판을 통해 수업 내용에 관한 질문을 받고 답한다.	학생들의 이해에 관한 피드백을 얻을 수 있다. 학생들이 수업 내용을 올바르게 이해하는지 확인할 수 있다.	시간이 많이 든다.

학생들의 필기가 불완전하다면, 교사는 학생들이 교실에서 모든 내용을 이해할 것이라는 기대를 기반으로 계획을 세워서는 안 된다. 자료 읽

기나 영상 청취를 통해 많은 학습을 하게 하고 학생이 원하는 만큼 자료에 자주 접근할 수 있도록 허용해야 한다. 이를 통해 학생들의 필기에서 (그리고 수업 내용에 대한 이해에서) 드러나는 허점을 크게 줄이거나 제거할 수 있지 않을까?

많은 대학 교수는 코로나 시기에 이러한 방법을 집중적으로 활용하기 시작했다. 학생들이 미국 전역에서 서로 다른 시간대에 살고 있기 때문에 교사는 수업을 녹화해서 제공해야 했다. 실시간 수업은 가능한 선택지가 아니었다. 그동안 일부 학생은 성공적으로 학습을 했지만, 대부분은 동기부여 과정에서 많은 어려움을 겪었다.

당연하게도 그것은 이 방법의 효과에 대한 공정한 검증은 아니었다. 그 이유는 학생들이 코로나 기간 동안 엄청난 스트레스를 받았기 때문이다. 그럼에도 수업을 녹화해서 활용하는 방법을 시도한 첫 번째 시기였다. 2010년 무렵에도 이러한 방법에 대한 많은 관심이 있었다. 당시 학생들이 집에서 영상을 통해 기본적인 내용을 배운다면, 수업을 받는 동안 문제를 해결하거나 토론을 할 수 있다는 주장이 있었다. 그때 교수의 역할은 학생들에게 도움을 줄 수 있다는 것이다. 하지만 코로나가 한창이던 2020~2021년 동안 학생들은 수업 영상을 거의 보지 않았다.

학생들은 필기 과제를 해결해야 함에도 현장 수업을 선호한다. 그렇기 때문에 교사는 학생들의 필기와 관련된 문제를 해결하기 위해 최선을 다해야 한다.

한 줄 요약
- 1장과 2장에서 소개한 팁을 활용해서 학생들이 최대한 많은 정보를 받아들이고 체계를 이해하게 하자.

- 학생들이 자신들의 필기가 불완전하며 체계적이지 않다는 사실을 깨닫게 하자. 그 문제를 인식하지 못하면 학생들은 필기를 개선해야 할 필요성을 느끼지 못한다. 이를 위해 부담이 적은 오픈 노트 방식의 퀴즈를 활용해보자.
- 스터디 그룹을 활성화하자.
- 수업 후 어떻게 학생들의 필기를 보완할 수 있을지 신중하게 고민해보자. 각각의 방법에는 장단점이 따른다.

5장

어려운 글을 읽는 전략은 따로 있다

How to Read Difficult Books

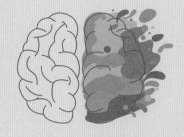

교과서는 수많은 정보를 짧은 글로 압축한다. 교과서 저자는 흥미로운 이야기를 늘어놓기보다 학생들에게 광범위한 내용을 잘 이해시키려고 한다. 이런 이유로 교과서를 읽는 일은 꽤나 어렵다.

하지만 교과서를 읽을 때 집중력을 유지하기 힘든 또 다른 미묘한 이유가 있다. 이를 이해하기 위해 다음 글을 읽어보자. 이는 일반적인 고등학교 교과서에서 쉽게 발견할 수 있는 내용이다.

미국이 핵무기를 만들기 위해 진행한 '맨해튼 프로젝트Manhattan Project'는 과학사에서 가장 큰 개발 사업이었다. 비밀리에 진행되었기 때문에 과학자들은 이 프로젝트에 가명으로 참여했다. 예를 들어 엔리코 페르미Enrico Fermi는 헨리 파머Henry Farmer라는 이름을 사용했다. 또한 비밀 유지를 위해 실험 장소에 사용되는 모든 전화는 감청되었다. 그러나 이러한 노력에도 불구하고 역사학자들은 이 프로젝트의 규모가 작지 않았더라면 비밀로 유지할 수 없었을 것이라고 생각한다.

마지막 문장이 첫 문장과 모순된다는 사실을 알아챘는가? 오류나 모순을 문장 속에 집어넣고 독자가 이를 알아차리는지 확인하는 것은 이해 정도를 파악하는 일반적인 연구 방법이다. 마지막 문장이 첫 문장과 모순된다는 사실을 알아챘는가? 이는 오류를 문장 속에 집어넣고 독자가 이를 알아차리는지 확인함으로써 이해 정도를 파악하는 연구 방법이다. 이 연구에서 독자들은 글이 얼마나 잘 쓰여졌는지 판단하고 자신의 평가 이유를 설명한다.

연구에 따르면 독자들은 자신이 모르는 단어나 잘못된 문법은 쉽게 알아차린다. 하지만 두 문장이 서로 모순되는 경우는 눈치채지 못한다. 고등학생 중 40퍼센트는 위 글에서 모순을 알아차리지 못했다. 다시 말해 독자는 각각의 문장을 이해했다면, 잘 읽고 있다고 생각했다.

같은 문장이더라도 문맥에 따라 전혀 다른 의미로 해석된다. 그렇기 때문에 주변 문장을 어떻게 구성하느냐에 따라 다르게 이해된다. 예를 들어 "맥심이 손을 흔들었다"라는 간단한 문장을 다양한 맥락 속에서 살펴보자.

- 앤은 피자 가게로 들어서면서 친구를 찾았다. 맥심이 손을 흔들었다.
- 보트는 난파선을 천천히 돌면서 생존자를 찾았다. 맥심이 손을 흔들었다.
- 케이트는 속삭였다 "오, 이런. 제 남편이에요! 그의 주의를 끌 만한 행동을 하지 마세요!" 맥심이 손을 흔들었다.

공부하고 있다는 착각

"맥심이 손을 흔들었다"라는 문장은 똑같은 내용이다. 즉 맥심이 손을 흔들었다는 물리적인 행위를 뜻한다. 하지만 더 중요한 의미, 즉 맥심이 손을 흔든 이유와 그 행동에 따른 결과는 완전히 다르다. 먼저 나오는 문장을 파악한 후 이것에 비추어 "맥심이 손을 흔들었다"는 문장을 이해하게 된다.

앞에서(1장) 나는 수업은 이해하기 어렵다는 말을 했다. 그 이유는 수업이 계층적으로 구성되어 있으며, 연결된 개념들이 수업 진도에 따라 나눠질 수 있기 때문이다. 또한 영화를 보는 사람처럼 흥미진진한 스토리가 펼쳐질 것이라고 기대하며 앉아 있기만 해서는 수업에서 많은 것을 얻지 못하리라는 말을 했다. 문제는 우리가 정확하게 그러한 방식으로 수업을 들으려 한다는 사실이다.

그 똑같은 문제는 교과서 읽기에서도 드러난다. 작가는 글을 계층적으로 구성한다. 그렇기 때문에 **독자는 지금 읽고 있는 내용을 몇 페이지 전에 읽었던 내용과 연결지어야 한다.** 하지만 독자는 학생과 마찬가지로 단순한 형식을 기대한다. 처음 우리는 동화책을 읽는 법을 배운다. 동화는 이해하기 쉽다. 구성이 단순하면서 선형적이기 때문이다. A가 B를 촉발하고, B는 C를 촉발한다. 반면 교과서는 계층적인 형태를 갖추고 까다로운 내용을 담은 수업에 더 가깝다. 그럼에도 우리는 교실에 앉아 재미있는 이야기를 기대하듯이 교과서를 읽어나가면서 저자가 우리의 일을 더 쉽게 만들어주길 기대한다. 그러나 우리에게는 이와는 다른 접근 방식이 필요하다.

읽기를 통해 배우는 것은 상당한 도전이지만 몇 가지 전략을 활용한다면 저자가 의도한 대로 개념들을 잘 연결할 수 있다.

팁26 밑줄 그으며 읽지 마라

학습을 목적으로 글을 읽을 때 사람들이 가장 많이 사용하는 방법에 대해 이야기해보자. 일단 책을 펴서 읽기 시작한다. 그리고 중요한 내용이 눈에 띄면 형광펜으로 표시한다. 표시하면서 읽으면 더 잘 외워진다고 믿기 때문이다. 이 표시는 곧바로 사용할 수 있는 학습 가이드이기도 하다. 사람들은 형광펜 표시를 보면, 기억을 되살릴 수 있다고 믿는다.

그러나 이것은 끔찍한 계획이다. 사람들은 글 전체를 이해하지 못하고 문장만 단편적으로 살펴보는 습관을 가지고 있다. 그런데 어떻게 밑줄 친 부분이 중요한 내용인지 확신할 수 있을까? 만약 글을 전체적으로 잘 이해했다고 하더라도 처음 접하는 주제에서 무엇이 밑줄 칠 만큼 중요한지 아닌지 어떻게 판단할 수 있겠는가?

이러한 두 가지 문제(자신이 생각하는 것만큼 잘 이해하지 못할 수 있고, 중요성을 제대로 판단할 수 없다)로 인해 **사람들은 가장 중요한 정보에 표시를 하지 않는다.** 연구자들은 단순하면서도 기발한 방법으로 이러한 사실을 검증했다. 그들은 대학교 구내서점에 가서 세 가지 과목의 중고 교과서를 각각 열 권씩 구매했다. 만약 중요한 대목에 표시하는 작업이 쉬운 일이라면, 모두 같은 부분에 표시를 해야만 했을 것이다. 하지만 학생들이 표시를 한 부분에서 겹치는 부분은 거의 없었다.

"표시를 하지 말라"라는 의미가 아니다. **이미 익숙하게 알고 있는 주제에 관한 글을 읽는다면, 읽으면서 표시하는 것은 좋은 방법이다.** 가령 20년 동안 정치 자문으로 일한 사람이 최근에 끝난 정부 캠페인에 대한 브리핑을 읽고 있다면, 해박한 지식 덕분에 그 글을 쉽게 이해할 수 있을 것이며 무엇이 중요한 정보인지를 잘 판단할 것이다. 반면 정치학 수업 과제로 똑같은 자료를 읽는 대학생은 이해에 필요한 배경 지식이 없다.

정치 자문이 그 자료를 더욱 잘 이해할 수 있는 또 다른 이유가 있다. 그는 무슨 내용이 나올지 쉽게 예측할 수 있다. 또한 이 브리핑에 나오는 정보의 유형을 알고 있고 그 정보가 어떤 용도로 쓰이는지도 잘 알고 있다. 그러나 초심자는 그렇지 않다.

읽어나가는 과정에서 조금이나마 내용을 예상할 수 있다면 상황은 다를 것이다. 예를 들어 다양한 세부 정보를 이해하고 기억할 수 있을 것이다. DNA의 모든 유전자에 대한 지도를 만들려는 시도인 인간 게놈 프로젝트를 주제로 한 글은 여러 측면 중 하나에 주목할 것이다. 제약 산업과 관련한 경제적 이익이나 유전자 치료에 미치는 영향에 대해 설명할 것이다. 또한 이 프로젝트에 대한 정부 지원과 관련해 정치적으로 설명할 수도 있다. 그 글을 읽기 전 저자의 목표를 알면, 어떤 개념이 가장 중요한지 파악하기 쉽다. 따라서 그냥 읽고 형광펜으로 표시하는 것의 문제는 표시만이 아니다. 일단 읽는 것 역시 좋지 않은 전략이다. **준비 없이 텍스트로 뛰어들면 안 되기 때문이다.**

그렇다면 이제 우리가 해야 하는 일은 무엇일까?

<u>한줄 요약</u>
그냥 읽고 표시하는 것은 좋은 전략이 아니다. 읽기 전 배경 지식을 확보하고 있지 않을 뿐만 아니라, 중요성에 대한 기준이 없음에도 특정 내용이 더 중요하다고 판단을 내려야 하기 때문이다.

팁27 읽기 전 목적을 반드시 떠올려라

팁 26에서는 그냥 읽기로 뛰어들어서는 안 된다는 점을 강조했다. 그냥 읽는 것은 교실을 영화관으로 착각하는 것과 같다. 우리는 교사가 무언가를 던져주길 기다리기보다 무언가를 들고 가야 한다. 동시에 "적극적으로 읽어라"라는 조언은 거의 아무런 의미가 없다. "읽어나가면서 생각을 하고 개념들을 연결할 것이다"라고 진지하게 목표를 세우지만, 우리의 주의는 너무나 쉽게 경로를 이탈한다.

그 해결책은 **읽어나가면서 완성해야 할 구체적인 과제를 마련하는 것이다.** 가장 잘 알려진 방법으로 SQ3R이라는 게 있다. 이는 1940년대 이후 다양한 버전으로 사용되고 있다. SQ3R은 다음 단계의 약자다.

공부하고 있다는 착각

- 조사하기_{Survey}: 책을 훑어보면서 제목과 부제, 그리고 그림을 살펴보자. 무엇에 관한 내용인지 예상해보자. 이러한 시도를 통해 인간 게놈 프로젝트에 관한 글이 인간 DNA의 지도를 작성하는 연구의 윤리적 의미에 관한 것이 아니라, 그 경제적 효과에 관한 것이라고 판단할 수 있다.

- 질문하기_{Question}: 읽기 전에 예상 가능한 질문을 던져보자. 여기서 제목은 특히 유용하다. 예를 들어 제목이 "과학철학에 대한 마르_{Marr}의 기여"라면, 당연하게도 이러한 질문을 던져야 할 것이다. "마르는 과학철학에 무엇을 기여했을까?"

- 읽기_{Read}: 책을 읽기 전에 미리 조사해 대략적인 아이디어를 얻어야 한다. 그리고 책을 읽어나가면서 완성해야 할 구체적인 과제가 있다. 그것은 자신이 제기한 질문에 대답을 제시할 정보를 찾는 것이다.

- 낭송하기_{Recite}: 각 장을 읽은 후 다른 사람에게 설명하는 것처럼 자신이 배운 것을 읊어보자. 내용을 요약하고 질문에 대한 대답을 발견했는지 판단해보자.

- 검토하기_{Review}: 내용을 다시 들여다보면서 던진 질문과 이끌어낸 대답에 주목하자.

연구 결과에 따르면 SQ3R은 이해에 도움을 준다. 그 이유를 짐작하기는 어렵지 않다. 읽기 작업으로 바로 뛰어들어서는 안 된다고 한 이유는, 그 책이 무엇에 관한 책이며 왜 그 책을 읽는지를 먼저 생각해본다면 실질적으로 그 책을 다른 방식으로 읽을 수 있기 때문이다. 우리는 SQ3R에서 조사하기와 질문하기를 통해 바로 그 일을 할 수 있다. 또한 나는 문장에 걸쳐 의미를 만드는 것이 중요하며, 질문을 염두에 두고 읽는 것 역시 도움이 된다는 점을 강조했다.

SQ3R의 낭송하기 단계를 통해 우리는 생각을 정리하고 내용을 기억할 수 있다. 또한 자신이 실제로 이해했는지 점검할 수 있다. 명심하자. 사람들은 사실은 이해하지 못했음에도 이해했다고 스스로 쉽게 속일 수 있다. 낭송하기를 통해 우리는 자신의 이해도를 더 효과적으로 판단할 수 있다.

SQ3R 방법의 한 가지 약점은 많은 고민 없이 "그냥 읽기"로 흘러 들어갈 수 있다는 점이다. 이와 관련해서 도움이 될 만한 방법을 소개한다. 질문을 던지고 나서(그리고 읽기 시작하기 전에) **책 속에 아무것도 쓰지 않은 포스트잇 메모지를 붙여놓자.** 각 장의 마지막에 붙여놓는 것이 가장 좋다. 포스트잇을 볼 때, 우리는 이제 읽기를 멈추고 방금 읽은 부분을 요약하고, 자신이 던진 질문에 대한 답을 제시했는지 생각해야 할 때라는 사실을 떠올리자.

SQ3R은 유용한 읽기 전략이며, 읽기 전략 중 가장 널리 알려져 있다. 그러나 그밖에도 다른 전략이 있다. 가령 KWL(자신이 아는Know 것, 알고 싶은Want 것, 배운Learn 것에 대해 생각하기)과 SOAR(목표를 설정하고Set goals, 체계적으로 정리하고Organize, 질문을 던지고Ask questions, 발전 과정을 기록하기Record your progress) 등이 있다. 대부분의 읽기 전략에는 두 가지 공통적인 특징이 있다. **그것은 읽기 전에 목적에 대해 생각하고 거시적인 질문을 통해 각각의 내용을 연결하는 것이다.**

이러한 전략이 부담스럽다고 느끼는 사람들을 위해 더욱 쉽게 시작할 수 있는 대안을 제시하고자 한다. 책을 읽기 전에 질문을 던지는 대신, **글을 읽어나가는 동안 질문을 던지고 대답을 해보자.** 특히 저자의 주장에 대해서 "왜?" 질문을 던져보자. 예를 들어 "대통령은 법안을 제안할 수 있지만, 법률이 되기 위해서는 의원이 발의해야 한다"라는 문장을 읽었다고 해보자. 그러면 이런 질문을 던질 수 있다. "왜 의원이 발의해야만 하는가?" 우리는 이러한 "왜?" 질문을 통해 더욱 심오한 원리와 연결 고리를 발견할 수 있다. 이 사례에서는 정치 시스템의 세 영역(입법, 사법, 행정) 사이의 힘의 균형에 대한 개념으로 이어질 수 있다.

이 방법의 장점은 유연성하게 대처할 수 있다는 것이다. 읽기 전에 여러 가지 질문을 던지지 않아도 된다. 또한 이 전략은 많은 사실을 전달하기보다 방법을 말해주는 책에 더욱 쉽게 적용할 수 있다. 일반적으로 무언가를 하는 방법에 관한 정보는 단계적으로 제시된다. 여기서 우리는 이렇게 물을 수 있다. "왜 이 단계가 다음에 오는 것일까?" 이 방법의 단점은 저자가 사실을 말할 때마다 스스로에게 질문을 던질 수 없다는 것이다(그럴 경우 읽는 속도가 너무 느려질 것이다). 그러므로 효과적으로 질문을 던지기 위해서는 어느 정도 연습이 필요하다.

다시 한번, 어떤 전략이 다른 전략보다 더 낫다는 객관적인 증거는 없다. 다만 연구 결과는 **전략을 활용하는 것이 더 낫다는** 사실을 알려준다.

> **한줄 요약**
>
> 훌륭한 읽기 전략을 통해 읽기 전에 내용에 대해 생각하고, 배울 것에 대한 구체적인 목표를 세우고, 읽는 과정에서 개념을 연결할 수 있다.

팁28 교과서를 읽으며 요약·필기하는 기술

내 수업에서 어려움을 겪는 학생을 만날 때마다, 나는 노트를 한번 가져와보라고 한다. 모든 학생은 수업을 들으면서 필기를 한다. 하지만 독서를 하면서 필기를 하는 사람은 거의 없다. 연구에 따르면 사람들은 대부분 읽으면서 필기를 하지 않는다. 그 이유는 단지 표시만 해놓더라도 필기와 똑같은 기능을 한다고 생각하기 때문이다. 그러나 그렇지 않다. 읽으면서 필기하는 것은 수업을 들으면서 필기하는 것과 동일한 기능을 한다. **과제에 집중하게 만들고 기억을 되살리는 데 도움을 준다.**

그러나 수업 필기와 읽으면서 하는 필기에는 차이점이 있다. 가장 중요한 것은 교사가 아닌 학생 자신이 속도를 조절할 수 있다는 점이다. 우리는 원하는 속도에 따라 책을 읽을 수 있다. 그리고 지나간 내용을 다시 돌아보거나 다음 내용을 미리 훑어볼 수도 있다.

우리는 수업 중 컴퓨터를 사용해서 필기할 때 급한 마음에 어느 순간 받아쓰기 모드로 진입하게 된다. 이러한 위험은 읽기에서는 상관이 없기 때문에 나는 노트북 필기를 더 선호한다. 손으로 필기를 하는 것보다 편집하거나 나중에 정보를 검색하기가 수월하다. 물론 종이를 선호할 수도 있다. 가령 소셜 미디어의 유혹을 뿌리치기 힘들기 때문, 혹은 많은 도표를 그려야 하기 때문일 수 있다. 아니면 그냥 종이를 좋아할 수도 있다. 판단은 각자에게 달렸다.

어떻게 시작해야 할까? 어떤 준비를 해야 할까? 읽기를 위해 준비하는 것과 마찬가지로 처음에 질문을 던져야 할까? 하지만 읽어보지도 않은 책에 대해서 어떻게 좋은 질문을 만들어낼 수 있을까? 저자는 책의 앞부분에서 제목과 부제를 보여주거나, 책의 마지막 부분에 질문을 제시할 것이다. 혹은 독자가 책에서 무엇을 얻기를 바라는지 구체적으로 밝혀놓을 수도 있다. 그것들을 노트의 맨 위에다 적어놓고 책을 읽는 동안에 계속해서 생각하자.

장별 제목과 부제가 나와 있다면 그것도 노트에 적어 넣자. 목차는 거시적인 개요의 기능을 한다. 읽어나가면서 개요를 완성해보자. **각 장의 부제에 대해서 요약과 다른 세 가지 문장을 적어보자.** 이러한 문장에는 다음과 같은 것이 포함될 수 있다.

- 요약에 대한 중요한 기준
- 해당 장이 다른 장과 어떻게 연결되어 있는지에 대한 설명
- 책 전체에서 제기된 질문 중 하나에 해당 장이 어떻게 답하는지
- 저자가 결론을 내린 다른 내용과의 연관성

우리는 새로운 어휘와 정의를 포함시켜야 한다. 그리고 가급적 저자의 표현이 아니라 자신의 표현을 사용하자. 수업과 마찬가지로 받아쓰기는 아무런 의미가 없다. 그 자료는 정신적인 차원에서 활용해야 한다.

노트에 무엇을 적을 것인지 생각할 때, 학생들은 아마도 **그것을 어떻게 활용할 것인지** 미리 고민하게 될 것이다. 나중에 시험을 치러야 한다면, 다양한 유형의 시험 문제가 있다는 사실을 고려하자. 이에 관해서는 6장에서 더 자세히 살펴볼 예정이다. 다만 여기서는 단답형 문제와 논술 문제의 차이에 대해서만 살펴볼 것이다. 각각은 다양한 유형의 내용을 강조한다. 전자의 경우, 반드시 짧아야 하고, 종종 정의와 날짜 혹은 예시를 분류해야 한다. 논술 문제는 광범위한 질문을 제기하는데, 그렇기 때문에 주제를 파악하고 어떻게 연결되어 있는지를 이해해야 한다. 시험이 어떤

형태로 나올 것인지 안다면, 평가의 유형에서 중요한 내용에 특히 주의를 기울이자.

읽기와 필기를 마쳤다면 아마도 그 일을 해냈다는 사실에 뿌듯함을 느낄 것이다. 하지만 아직 다 끝난 것이 아니다. **읽기를 마쳤다면 노트를 살펴보면서 자신이 만족했는지 확인해야 한다.** 자신이 던진 질문에 대한 답을 발견했는가? 질문들이 여전히 올바른 것이었다고 생각하는가? 몇 주 뒤에 읽어봐도 내용에 대한 모든 깨달음을 다시 일깨워줄 수 있을 만큼 필기가 충분히 훌륭하다고 생각되는가?

마지막으로(지금 당장 할 필요는 없지만) 책과 관련된 수업이 있다면, 그 두 가지가 어떤 관계인지 생각해봐야 한다. 수업을 듣기 전에 읽기 과제를 모두 마쳤다면, 그 관계를 충분히 예상해볼 수 있다. 수업을 먼저 들었다고 해도 그 과제를 잊지 말자.

한줄요약

읽기 전략을 통해 떠올린 아이디어를 노트에 적자. 이를 통해 일상적인 읽기 모드로 빠져들지 않을 수 있다. 물론 노트는 이후 검토 작업에 쓸모가 있다.

팁29 교과서를 읽는 데 시간을 투자하라

지루하고 복잡한 주제를 다루는 글은 더욱 읽기 힘들다. 게다가 학생들은 아마도 여러 가지 수업을 듣고 있을 것이다. 또한 그밖에 처리해야 할 개인적인 일도 있다. 만약 읽기 과제에서 큰 부담감을 느끼고 있다면, 혼자가 아니라는 사실을 명심하자.

수업과 관련된 과제(예를 들어 발표와 시험) 대부분은 준비를 하지 않을 때 그 결과가 즉각적으로 나타난다. 반면 읽기 과제를 하지 않은 대가는 곧바로 나타나지 않는다. 그래서 학생들은 읽기 과제를 쉽게 미루거나 포기한다.

어떤 학습 지침은 심지어 읽기 과제를 미리 하지 않는 것이 좋은 아이디어라고 말하며, 어떤 읽기 과제를 소홀히 할 것인지 파악하는 방법과 전술까지 제시한다. 먼저 몇 가지 일반적인 요령을 살펴보자.

첫째, 속독은 실질적인 효용이 없다. 우리는 페이지 맨 위에서 맨 아래까지 쉽게 손으로 훑을 수 있지만, 말 그대로 그러한 속도로 책을 읽을 수는 없다. 수십 년에 걸친 많은 연구 결과는 속독이라고 주장하는 사람들은 내용을 대충 훑어보는 것이며, 충분히 예상할 수 있듯이 어렵고 익숙하지 않은 내용을 건너뛰게 되면 전체를 잘 이해하지 못하게 된다는 사실을 보여준다.

둘째, 장별 개요나 요약, 굵은 글씨체나 이탤릭체, 혹은 연습 문제 등의 학습 참조물이 포함되어 있는 경우, **이를 독서에 대한 대체물로 활용하려 하지 말자.** 이러한 기능과 관련된 흥미로운 사실은 그것이 효과가 있다는 훌륭한 연구 근거가 존재한다는 사실이다. 이와 관련해서 출판사들은 수준 높은 연구를 수행하기 위해 많은 돈을 투자했다. 여기서 연구자들은 사람들이 교과서(학습 참조물이 있는 것과 없는 것)를 읽도록 했고, 학습 참조물을 사용한 이들이 그렇지 않은 이들보다 더 많이 이해하고 기억했다는 사실을 확인했다.

그러나 심리학자 리건 구룽_{Regan Gurung}과 데이비드 대니얼_{David Daniel}은

현실 속 학생들이 실험실에 있는 학생들과 같은 방식으로 그러한 참조물을 활용하지는 않을 것이라는 점을 지적했다. 구룽과 대니얼은 일부 학생은 학습 참조물을 독서를 보충하기 위한 방법이 아니라 독서를 건너뛰기 위한 방법으로 사용한다고 주장했다. 학생들은 장별 요약을 읽고, 굵은 글씨체로 쓴 용어들을 살펴보고, 다음으로 연습 문제를 풀어보면서 그 내용을 건너뛸 정도로 충분히 이해했는지 확인해본다.

우리는 모두 일정이 늦어지거나 예상치 못한 일이 벌어지는 경우를 만난다. 일정이 계획대로 진행되지 않을 때 선택적으로 읽기를 건너뛰는 것은 어쩔 수 없다. 하지만 이 장을 시작하면서 지적했듯이 독서를 건너뛰는 식으로 읽는 계획은 어리석은 짓이다. 나는 공부 기술을 다룬 책들을 많이 봤다. 그중 한 저자는 독자가 이러한 전략을 '보조 읽기'로 활용하도록 권했다. 그러나 어떤 읽기 자료가 중요한 것인지 추측하는 것은 주식 시장을 추측하는 것과 다를 바 없다. 이러한 전략은 아마도 효과가 없을 것이다.

결국 우리는 읽기 과제에 시간을 할애해야 한다. 이 말은 실천적인 관점에서 무엇을 의미하는가? 대학생이라면 아마도 "한 시간 수업에 세 시간 준비"라는 말을 심심찮게 들어봤을 것이다. 일반적인 대학교 과정은 일주일에 12.5시간의 수업을 듣는다. 경험 법칙에 따르면 여기에는 37.5시간의 준비 시간이 필요하다(이를 하루 5.5시간으로 분할할 수 있다). 그렇다면 일주일에 필요한 공부 시간은 총 50시간 정도다. 그렇다. 많은 시간이지만 엄청나게 많지는 않다. 물론 읽는 속도는 사람들마다 다르다. 그리고 어떤 자료는 다른 것들보다 더 많은 시간이 걸린다.

읽기 과제에 얼마나 많은 시간이 필요한지 구체적으로 정하기는 힘들지만, 우리는 읽기 과제가 학습을 위한 중요한 수단 그 이상이라는 사실

공부하고 있다는 착각

을 인식해야 한다. 신중한 독서는 지금 무언가를 배우는 데, 그리고 미래에 성공적인 독자가 되기 위한 지식과 기술, 습관을 개발하는 데 가치가 있다.

> **한 줄 요약**
> 수업을 듣는 것이 결코 쉬운 일이 아니듯 읽기 역시 마찬가지다. 읽기 과제에 주의를 기울이고, 거기에 필요한 정신적인 노력을 투자하는 데 충분한 시간을 할애하자.

깊이 있게 읽히려면,
그에 걸맞는 과제를 제시하라

교사는 학생들이 읽기 과제에서 더 많은 것을 배울 수 있도록 도움을 줄 수 있다. 교사는 내가 학생들에게 설명한 방법을 사용해볼 수 있다.

첫째, 일반적인 독자는 개선의 필요성을 느끼지 못한다. 그렇기 때문에 맨해튼 프로젝트와 관련된 글을 활용했던 것처럼, 사례를 보여주는 방법을 고려해볼 수 있다. 교사가 읽기 과제로 내주지 않은, 그러나 수업 주제와 어울리는 자료에서 여섯 단락을 뽑아보자. 그리고 여섯 단락 중 두 단락을 골라서 그 내용이 앞의 주장과 모순을 이루도록 새롭게 써보자. 다음으로 학생들이 각각의 단락에 대해 얼마나 잘 썼는지, 얼마나 쉽게 이해할 수 있는지를 기준으로 점수를 매겨보자. 그 반응을 집계해서 학생들이 모순을 발견했는지 확인해보자.

둘째, 학생들은 읽기 전략을 따라 함으로써 도움을 얻을 수 있다. 수업 시간을 할애해서 읽기 과제를 실행하는 방법을 보여주자. 더 나아가 이 방법을 다음과 같이 확대해보자. 처음에는 매우 분명한 지침을 제공한 다음 그들의 노력에 피드백을 해주자.

학생들이 읽기에 익숙하다고 해도, 교사가 할당한 각각의 읽기 과제의 목표를 설명해줘야 한다. 학생들이 그 과제로부터 무엇을 얻기를 기대하는가? 다른 읽기 과제나 수업 주제와 어떤 관련이 있는가?

일단 학생들이 텍스트를 깊이 있게 읽기 위해 무엇이 필요한지 이해한다면, 수업의 다른 정책들이 그러한 효과에 대한 기대와 조화를 이루도록 하자. 교사가 학생들에게 깊이 있는 독서를 요구한다면, 여기에 많은 시간이 필요하다는 사실을 인식하자. 그럴 때 깊이를 위해 폭을 양보하는 것이 공정하다. 즉 읽기 과제의 양을 줄여 학생들이 이해에 힘을 쏟을 수 있게 하자.

학생들이 깊이 있게 읽기를 원한다는 교사의 메시지는 수업에서 기대를 통해, 그리고 평가를 통해 강화되어야 한다. 학생들이 깊이 있게 읽기를 원한다고 하면서 수업 시간의 토론이 피상적으로만 이루어진다면, 학생들은 교사가 '정말로' 기대하는 것이 무엇인지 재빨리 간파할 것이다. 내 경험상 학생들은 깊이 있는 토론을 좋아한다. 그들은 일방적으로 정보를 받아들이기만 하는 과정에 너무 익숙해져 있기 때문에 스스로 무언가를 대단히 깊이 있게 이해했다는 느낌을 받을 때 기뻐한다.

물론 학생들은 깊은 이해를 요구하는 평가에 대해서는 그리 열정적이지 않다. 하지만 이러한 평가는 교사가 객관적 정보를 조합하는 것 이상으로 이해하려는 노력이 얼마나 중요한지 전달할 수 있는 또 하나의 수단이다. 이를 위해서는 분석 작업을 요구하는 시험이 필요하다.

한 줄 요약

- 아무리 학생들이 수업을 많이 들어봤다고 해도 학생들이 까다로운 자료를 이해하는 방법을 알고 있다고 생각하지 말자. 교사는 반드시 읽기 전략을 가르쳐야 한다.
- 학생들이 자신의 능력을 과신한다면, 수업 시간을 통해 그들이 생각하는 것만큼 이해하지 못한다는 사실을 직접적으로 보여주자.

- 이 장에서 소개한 전략을 학생들에게 가르치자. 학생들은 교사가 그 과정을 이끌어주길 기대할 것이다.
- 왜 각각의 읽기 과제를 내줬는지, 그리고 학생들이 그것으로부터 무엇을 얻길 원하는지 구체적으로 설명하자.
- 학생들이 깊이 있게 읽기를 원한다면, 수업의 전반적인 환경이 그러한 기대와 조화를 이루도록 하자. 읽기 과제의 분량은 합리적이어야 하며, 평가는 정보를 얼마나 많이 외웠는가가 아니라 얼마나 깊이 읽었는가를 요구하는 것이어야 한다.

6장

성적을 끌어올리는 초효율 시험 공부법

How to Study for Exams

이 장은 '학습'에 관한 가장 중요한 부분이다. 학습한 내용을 기억하는 것을 다루기 때문이다. 우리는 지금까지 학습 그 자체가 아니라 학습을 위한 '준비'와 관련해서 이야기를 했다. 그리고 그 과정에서 두 가지 중요한 기억의 원칙을 다루었다. 기억은 생각의 잔류물이다. 그리고 체계적인 정리는 기억을 돕는다.

이 원리는 이 장에서도 다시 다룰 것이다. 그러나 여기서는 세 번째 원칙에 가장 주목할 것이다. 세 번째 원칙이란 기억을 캐물음으로써 기억을 개선할 수 있다는 것이다. 무언가를 오랫동안 기억하고 싶다면, 공부를 하는 것보다 시험을 치르는 것이 훨씬 더 낫다. 이러한 사실을 입증하는 대표적인 실험을 살펴보자.

연구자들은 첫 번째 그룹 학생들에게 교과서 한 챕터를 한 시간 동안 읽고 공부하도록 했다. 그리고 이틀 후 똑같은 장을 주고 다시 한번 읽고 공부하도록 했다. 다시 이틀 후, 학생들은 실험실로 돌아와서 그 내용에 대한 시험을 치렀다.

두 번째 그룹 학생들의 경우, 첫 번째와 세 번째는 동일했다. 그러나 두 번째 시간에 공부 대신 그 내용에 관한 시험을 치르도록 했다. 그 시험은 최종 시험과는 다른 질문들을 출제했지만 동일한 개념을 다루었다. 그 결과, 최종 시험에서 두 번째 그룹이 첫 번째 그룹보다 약 10~15퍼센트 더 높은 점수를 기록했다.

우리는 이러한 현상을 일컬어 '인출 연습retrieval practice'이라고 한다. 여기서 인출이란 기억에서 무언가를 끄집어내는 활동을 의미하는 심리학 용어다. 우리는 이러한 인출 연습을 통해 분명하게 학습에 이익을 얻을 수 있다. 인출 연습의 효과는 모든 연령대의 피실험자에게서 나타난다. 하지만 유의해야 할 사항이 두 가지 있다.

첫째, **피드백이 중요하다.** 학습의 목적으로 시험을 치른다면, 자신이 정답을 맞혔는지 즉각 확인할 수 있어야 한다. 기억이 나지 않거나 틀린 대답을 내놨을 때, 정답을 기억 속으로 즉각 집어넣을 수 있어야 한다. 둘째, **인출 연습은 시험을 치른 것에 대해서만 효과를 드러낸다.** 예를 들어 표트르 1세에 관한 서른 가지의 사실을 담고 있는 기사를 읽었다고 해보자. 그런데 이러한 사실들 중 열 가지에 대해서만 시험을 본다면, 기억 개선 효과는 나머지 스무 가지가 아닌 그 열 가지에 대해서만 나타난다.

인출 연습은 효과적인 공부 방법의 좋은 사례다. 이 책의 서문에서 나는 연습과 관련된 비유를 제시했다. 우리가 팔굽혀펴기를 더 많이 하고 싶다면 팔굽혀펴기 연습은 분명히 도움이 된다. 하지만 더 힘든 형태의 팔굽혀펴기 연습을 해야 한다. 가령 공중에서 손뼉을 치면서 하는 팔굽혀펴기처럼 말이다. 물론 그러한 방식으로는 팔굽혀펴기를 많이 하지 못할 것이다. 더 힘들게 느껴지고 팔굽혀펴기 실력이 는다는 생각도 들지 않을 것이다. 하지만 장기적인 차원에서 이러한 연습이 최고의 방법이라는 사실을 명심해야 한다.

우리 두뇌는 자신에게 더 쉬운 방법을 선택하라고, 그러면 더 많은 성취를 할 수 있다고 말한다. 그러나 더 잘 기억하기 위해서는 인출 연습을 활용해야 한다. 인출 연습은 힘든 일이고, 그 과정에서 많은 실패를 할 것이다. 하지만 그것은 정말로 무언가를 오랫동안 기억하는 올바른 훈련법이다.

이 장에서는 앞서 소개한 세 가지 학습 원리를 바탕으로 스스로 시도해볼 수 있는 구체적인 과제들을 살펴볼 것이다. 먼저 많은 사람이 사용하는 잘못된 공부 전략에 대해 알아보자.

기억하기 위해 노력할 때

두뇌가 하는 일: 쉽고 성공 가능성이 높은 것 같은 방법을 선택하려고 한다.

뇌 최적화의 기술: 어렵고 단기적으로는 성과가 없을 것처럼 보인다고 해도 장기적으로 기억에 도움을 주는(체계적인 정리, 의미에 대해 생각하기, 인출 연습) 방법을 선택하자.

팁30 일반적인 기억술은 잊어라

다음의 기억 전략 목록에서 몇 가지를 활용하고 있는지 살펴보자.

- 정보를 반복해서 확인하기
- 노트 훑어보기
- 교과서를 반복해서 읽기
- 자신의 노트 베끼기
- 노트에 중요 표시하기
- 개념에 관한 사례 만들기
- 요약하기
- 플래시 카드 활용하기
- 개요 작성하기
- 연습 문제 풀어보기

대학생들을 대상으로 한 연구 결과에 따르면 위의 항목이 가장 많이 사용하는 공부 전략으로 나타났다. 앞서 살펴본 세 가지 중요한 기억 원리를 기준으로 이러한 전략을 평가해보자.

1. 기억은 생각의 잔유물이다. 그러므로 의미를 생각하는 것은 기억에 도움이 된다.
2. 체계적인 정리는 기억에 도움을 준다.
3. 인출 연습은 기억을 강화한다.

목록에서 일부 전략(요약하기, 개요 작성하기, 개념에 관한 사례 만들기)은 의미에 대해 생각해본다는 관점에서 대단히 효과적이다. 반면 그 밖의 것들(노트 훑어보기, 교과서 반복해서 읽기, 노트에 중요 표시하기)은 그렇지 않은 것으로 보인다. 체계적인 정리의 관점에서 요약하기와 개요 작성하기는 효

공부하고 있다는 착각

과가 있을 것 같지만, 그밖에 대부분은 그렇지 않다. 그렇다면 인출 연습은 어떨까? 플래시 카드를 사용하는 전략은 분명하게도 그 원리를 활용하는 것이다. 연습 문제를 푸는 방법 또한 이 원리를 활용하는 것처럼 보이지만, 실제로 학생들은 이를 공부를 위한 방법이 아니라, 공부를 그만해도 될 것인지 판단하기 위한 방법으로 사용한다(7장에서 살펴보겠지만, 학생들은 이러한 목적을 위해 올바른 방식으로 연습 문제 풀이를 활용하지 않는다).

결론적으로 이러한 전략 중 몇몇은 좋다. 하지만 안타깝게도 **학생들은 가장 유용하지 않은 전략**(노트 훑어보기, 교과서 반복해서 읽기)**을 가장 일반적으로 활용하고 있다.**

학생들이 노트를 읽는 방법을 살펴보면 그들이 집중을 하면서 그 내용에 대해 생각하고, 그 과정에서 연결 고리를 발견할 것이라고 기대할 수 없다. 이는 대단히 힘든 일이다. 실제로 연구 결과는 다시 읽기가 기억에 많은 도움을 주지 않는다는 사실을 보여준다. 심리학자 에이미 칼렌더Aimee Callender와 마크 맥대니얼Mark McDaniel은 대학생들에게 교과서에서 2,000단어 분량의 글 혹은 〈사이언티픽 아메리칸Scientific American〉이라는 잡지 기사를 읽도록 했다. 그리고 퀴즈를 내거나 요약을 하는 방식으로 이해와 기억에 관한 시험을 치르게 될 것이라고 일러뒀다. 일부 학생은 그 글을 한 번 읽었고, 나머지는 두 번 읽었다. 그 결과, 대부분 다시 읽기는 도움이 되지 않았다. 물론 다시 읽기(충분히 예상할 수 있듯이)는 쉽다. 그래서 사람들은 이러한 전략을 쉽게 선택하는 경향이 있다.

한줄 요약
가장 일반적으로 활용하는 전략들은 기억에 도움이 되지 않는다.

팁31 공부 준비가 곧 공부다

나는 몇 가지 공부 전략을 사용하지 말 것을 권고했다. 그 이유는 그것들이 시간을 효과적으로 사용하는 방법이 아니기 때문이다. 그 전략들은 우리가 살펴본 기억의 원칙과 부합하지 않는다. 정보를 기억하는 최고의 방법은 그것이 무엇을 의미하는지 생각하고, 배우고자 하는 모든 정보 사이에서 의미 중심으로 연결 고리를 만들어보는 것이다. 그러므로 자신이 활용해야 하는 공부 전략의 목록을 마련할 때, 나는 개요 작성하기나 요약하기와 같은 과제를 스스로 선택해보라고 말한다.

그러나 나는 그렇게 이야기하지 않을 것이다. **무언가를 기억하려고 노력한다는 것은 이미 그 의미에 대해 생각하고, 내용을 체계적으로 정리했음을 뜻하기 때문이다.** 이것이 바로 1장에서 5장까지 내가 제안한 사고 방식이다. 나는 거기서 새로운 내용을 이해하도록 도움을 주는 팁들을 제시했다. 개념을 이해하려면 먼저 그 개념이 어떻게 구성되어 있는지 이해해야 한다. 그리고 어떻게 구성되어 있는지 이해하려면 그것이 무엇을 의미하는지 생각해봐야 한다.

기억에 관한 또 다른 원리를 떠올려보자. 그것은 서문에서 소개한 것인데, **배우고 싶어 하는지 아닌지는 중요하지 않다는 것이다.** 기억과 관련해서 중요한 것은 정신적인 노력을 통해 배우기를 원하는지가 아니라, 정신적 노력 그 자체다. 1~5장에서 소개한 팁들을 잘 따른다면, 배우고자 하는 의도는 그리 중요하지 않다. 그 팁들은 학습을 위한 훌륭한 정신적 활동들을 자극하며, 이를 통해 배우게 될 것이다.

내 수업 시간에 어려움을 겪는 학생들은 대개 1~5장에서 살펴본 팁들을 실천하지 않는다. 또한 이것들의 중요성을 실제로 이해하지 못한다.

공부하고 있다는 착각

그리고 이러한 활동이 암기에 대한 준비가 아니라 암기의 일부라는 사실을 이해하지 못한다.

이러한 팁들을 실천하지 않는 학생들은 수업을 '따라잡는 것'이 단지 수업에 출석하고, 읽기 과제를 제때 마무리하는 것이라고 생각한다. 그들은 시험 준비를 할 때에야 비로소 그 내용이 무엇을 의미하는지 생각하고, 체계적으로 정리하고, 이해의 허점을 메우고자 한다. 하지만 그때는 그러한 작업을 하기에 너무 늦다. 더욱 나쁜 것은 어려움을 겪는 학생 중 일부는 시험을 준비하는 과정에서도 이해하려는 노력조차 하지 않는다. 그들은 그때도 단지 암기를 위해 노력한다.

이해하려는 노력도 학습이기 때문에 시험 기간에 정보는 이미 기억 속에 있을 것이다. 그래도 공부를 할 필요는 여전히 있지만, 그럼에도 유리한 출발을 할 수 있다. 그리고 기억에 '무언가'를 가지고 있다는 사실은 가장 강력한 공부 방법 중 하나, 즉 인출 연습을 활용할 수 있다는 의미다.

한줄요약

1~5장에서 소개한 팁들은 배우고자 하는 것을 이해하도록 도움을 준다. 또한 이러한 팁들은 내용을 기억하기 위한 훌륭한 출발점을 제공한다. 이는 필수불가결한 과정이다.

팁32 학습 가이드를 통해 기억을 끄집어내자

나는 질문과 대답의 형태로 학습 가이드를 작성함으로써 인출 연습을 활용하기를 권한다. 좀 더 익숙한 표현으로 설명하자면, 거대한 플래시 카드를 활용하라는 말이다. 효과적인 공부 방법을 제시할 뿐 아니라, 학습자가 알아야 할 모든 것을 한곳에 모아둔다는 점에서 그 방법은 매우 강력하다. 학습 가이드를 체계적으로 만든다면, 시험에 어떤 문제가 나와도 놀라지 않을 것이다. 이러한 유형의 학습 가이드를 만들고 활용하기 위한 세 가지 단계를 소개한다.

1단계 준비하기: 시험의 특성을 분명하게 이해하자. 스스로 이렇게 물어보자.

- 어떤 수업을, 그리고 어떤 읽기 과제를 다룰 것인가?
- 수업과 읽기의 비율에 대한 정보가 주어졌는가?
- 어떤 형태의 문제가 주어질 것인가(가령 단답식, 객관식, 논술식)?
- 얼마나 많은 문제가 나올 것인가? 시간이 문제가 될 것인가?
- 시험을 보는 도중 정보에 접근할 수 있는가(가령 과학 시험 도중에 공식이나 상수에)?
- 기기 활용이 허용되는가? 계산기는? 적을 수 있는 종이는? 시험 도중에 질문을 정확하게 이해하기 위해 질문할 수 있는가?

기출 문제를 구할 수 있다면 문제를 살펴보자. 시험 문제가 매년 똑같이 나오지 않는 이상, 문제의 내용에 너무 관심을 갖지는 말자. 대신 **문제의 유형**에 주목하자. 그 문제들은 정의를 직접적으로 묻는가, 아니면 배운 것을 새로운 맥락에 적용하기를 요구하는가? 광범위한 주제에 대한 이해를 묻고 있는가, 아니면 사소하고 세부적인 모든 정보를 암기하는 능력을 시험하고 있는가? 간단하게 서술되었는가, 아니면 불필요하게 까다

공부하고 있다는 착각

로워 보이는가? 모든 시험은 다양한 유형의 문제를 담고 있지만, 우리는 기출 문제를 검토함으로써 무엇이 일반적이고, 무엇이 공정한 게임으로 여겨지는지 이해할 수 있다.

이러한 모든 준비는 **스터디 그룹과 함께** 해야 한다. 그렇게 하면 교사가 제시한 정보(다룰 내용)를 착각하지 않았다고 스스로 확신하게 될 것이며, 주관적인 것(예전 시험이 어땠는지)과 관련해서 다양한 판단을 얻을 수 있다.

2단계 학습 가이드 작성하기: 내킨다면 색인 카드(전통적인 플래시 카드 방식)를 사용해도 좋다. 아니면 종이를 활용해서 왼쪽 페이지에는 질문을 적고 오른쪽 페이지에는 대답을 적을 수도 있을 것이다. 혹은 플래시 카드를 쓰기 위해 개발된 디지털 플랫폼을 사용할 수도 있다. 연구 결과 디지털 플랫폼과 종이 플래시 카드 중 어느 하나를 선호할 만한 분명한 증거는 없다.

수업 노트와 읽기 노트를 살펴보고, 그 전반적인 내용과 관련해서 질문을 써보자. **플래시 카드의 모든 것을 학습할 계획을 세우고** 그 외에는 아무 것도 학습하지 마라. 그만큼 완벽한 플래시 카드를 만들어라.

수업 노트, 독서 노트를 정리할 때 집중했다면 플래시 카드의 문제를 작성할 때, 유리할 것이다. 다양한 구성과 난이도로 질문을 던지자. 예를 들면 다음과 같다. 가장 낮은 체계(새러토가 전투Battle of Saratoga는 언제 일어났는가?), 중간 체계(미국 독립전쟁에서 프랑스가 식민지를 지원한 새러토가 전투의 역할은 무엇이었는가?), 높은 체계(프랑스가 식민지 독립을 지원한 이유는 무엇인가?)의 질문을 던질 수 있다. 각 단계의 질문 비중은 시험 유형에 따라 달라질 것이다. 가령 객관식에서는 낮은 체계의 질문이 더 많을 것이며, 논술에서는 상위 체계의 질문이 더 많을 것이다.

높은 체계의 개념을 대비해서도 플래시 카드를 작성할 수 있을까? 물론 가능하다. 시험에서 정확한 질문이 출제되지 않는다고 해도, 적어도 그 내용에서 광범위한 주제에 대해 생각하게 된다. 물론 플래시 카드 뒷면에 논술 시험에 쓸 답안을 적지는 않을 것이다. 다만 그 대답으로 쓸 만한 내용에 대한 기본적인 개요를 적어 넣자. 논술 시험을 대비하고 있다고 해도, 정의나 날짜 같은 낮은 단계의 질문들도 여전히 필요하다. 학생들은 아마도 자신의 논술 답변 속에 그러한 정보를 담고자 할 것이며, 각각에 대해 서로 다른 질문을 던지면 그러한 사실을 더 쉽게 기억할 것이다.

양방향으로 질문을 던지는 것 또한 좋은 생각이다. 예를 들어 용어의 정의를 묻는 질문(기회 비용이란 무엇인가?)과 그 정의가 주어졌을 때 용어를 묻는 질문('어떤 것을 선택할 때 선택하지 않은 다른 대안으로부터 잠재적인 것을 잃는다'는 것을 뭐라고 하나?)이 있다. 아마도 한 방향의 질문을 기억하면 질문이 다른 방향으로 주어졌을 때 자동으로 대답할 수 있으리라 생각할 것이다.

그러나 우리의 기억은 그러한 방식으로 작동하지 않는다. 가령 누군가 "후추$_{pepper}$'라고 말하면 어떤 단어가 가장 먼저 떠오르는가?"라고 물으면, 아마도 이렇게 대답할 것이다. "소금." 하지만 "핫$_{hot}$"이나 "칠리$_{chili}$"라는 대답도 나올 것이다. 그러나 "'소금'이라는 단어와 어울리는 말은?"이라고 물었다면 아마도 "후추"라고 대답할 것이다. 한 방향으로만 공부를 했는데 질문이 다른 방향으로 주어진다면, 어쩌면 그 질문을 놓치고서 '어떻게 그럴 수 있지? 분명히 알았는데!'라고 생각할 수 있다.

기술적인$_{technical}$ 과정에서는 해결 방법을 알아야 하는 문제에 대비해 예제를 만들자. 또 "이 문제에서 운동 에너지가 아닌 위치 에너지가 중요한 이유는 무엇인가?"와 같은 설명 질문을 추가해야 한다. 개념을 새로운

공부하고 있다는 착각

상황이나 실제 상황에 적용하는 질문을 추가할 수도 있다(기출 문제를 검토해 학습 가이드에 이런 문제를 포함하는 것이 유용한지 파악할 수 있다).

시험이 단답형이나 객관식 문제만으로 구성된다면, 사실을 암기하는 데 주력해야 할 것이다. 그렇다고 해도 학습 가이드에는 **사실들을 서로 의미 있게 연결하도록** 만드는 질문들이 들어 있어야 한다. 그 이유는 그것에 대해 시험을 치러야 하기 때문만이 아니라, 연결을 통해 모든 내용을 보다 의미 있게 만들 수 있고, 또한 그럴 때 더욱 쉽게 기억할 수 있기 때문이다.

3단계 답을 기억하기: 학습 가이드 안에 포함된 모든 내용을 암기하려면 얼마나 시간이 필요할까? 가이드가 얼마나 많은 정보를 담고 있는지에 달렸다. 그리고 어떤 사람은 더욱 쉽게 기억하는 반면, 다른 사람은 그렇지 않다. 학습 가이드를 작성해보는 것은 그러지 않는 것보다 훨씬 더 낫다. 그리고 시험 하루 전에 완성하는 것보다 이틀 전에 완성하는 편이 더 낫다. 물론 그때 시작할 수 있다. 하지만 일찍 완성할수록 더 많은 시간을 복습에 할애할 수 있다. 여기서 중요한 문제는 계획 수립이다. 계획 수립은 너무나 중요한 주제이기 때문에 10장 전체를 통해 다룰 것이다.

지금부터는 무언가를 기억하는 방법에 대해 살펴볼 것인데, 먼저 지름길이라는 유혹의 위험성을 경고하고자 한다.

한 줄 요약

학습 가이드를 최대한 완전하게 작성함으로써 시험에서 당황하는 일이 없도록 하자.

팁33 기성 자료를 보지 마라

수업 노트와 읽기 노트에 대한 모든 필기 내용을 살펴보고 그 내용에 대한 질문을 만들어보는 것은 대단히 방대한 일처럼 보인다. 실제로 그렇다. 온라인 교육 업체들은 교과서나 특정 과목에 대한 개요와 플래시 카드 등의 자료를 판매한다. 아마도 같은 과목을 수강한 친구가 있다면 이러한 자료를 쉽게 얻을 수 있을 것이다. 그리고 자격증 취득 시험처럼 표준화된 시험을 준비하는 경우, 연습 문제집을 비롯하여 다양한 시험 준비 자료를 살 수 있다. 나는 전체적으로 그러한 것들을 기성 자료found materials 라고 부른다. 기성 자료는 중요한 것을 뽑은 것이지만, 시험 문제를 출제한 사람이 작성한 것이 아니다.

나는 이와 같은 **기성 자료에 주목하지 않기**를 강력히 권고한다. 무엇보다 기성 자료는 대개 아주 좋지 않다. 이러한 자료에는 오류가 많고 누락된 부분도 많다. 교과서 출판사가 펴낸 기성 자료도 신중하게 살펴볼 필요가 있다. 그것들 대부분 교과서 저자가 쓴 것이 아니다. 그리고 교사는 특정 교과서를 선택하면서 이러한 보충 자료에 대해 많은 고민을 하지 않았을 것이다. 기성 자료를 사용하고자 한다면, 교사에게 그것이 쓸모가 있을지 먼저 물어보는 것이 좋다. 또한 교수나 동료 학생이 만든 기성 자료도 더 이상 적용하기가 불가능할 확률이 높다. 나는 내 수업을 매년 새롭게 업데이트한다. 그렇기 때문에 작년에는 완벽했던 문제들이 올해는 그렇지 않을 수 있다.

학습 가이드를 써보는 것이 내용을 기억하는 최고의 방법이라는 사실을 명심하자. 그래서 나는 학습 가이드를 만드는 일을 스터디 그룹 내에서 나누지 말라고 한다. 또한 모르는 사람이 만든 자료를 사용하지 말라고도 한다.

다음으로 학습 가이드에 담긴 내용을 어떻게 암기할지 살펴보자.

> **한 줄 요약**
>
> 다른 누군가가 만든 학습 자료를 사용하지 말자. 그것은 종종 부정확하고
> 완전하지 않다. 자신이 직접 만들어보는 것이 최고의 학습 방법이다.

팁34 의미를 부여하면 더 잘 기억된다

눈앞에 다소 위압감을 주는 거대한 플래시 카드가 있다고 해보자. 이
제 이 모든 질문에 대한 답을 기억하는 최고의 방법은 무엇일까?

이와 관련한 전략에 대해 이야기하기 전에, 독자들이 품고 있을 한 가
지 부정적인 생각에 대해 짧게 언급하겠다. 스스로 "나는 기억력이 나빠"
라고 말하지 말자. 대부분의 사람은 자신의 기억력이 좋지 않다고 말한
다. 그것은 나쁜 기억력 때문에 스스로 실망한 경험이 다들 있기 때문이
다. 그러나 의사로부터 기억력 문제로 특정한 진단을 받지 않은 이상, 우
리의 기억력에는 아무런 문제가 없다. 물론 모든 것을 쉽게 기억하는 사
람이 주변에 있을 것이다. 사실 우리 모두에게는 그런 친구가 하나쯤 있
다. 자신의 기억력을 그런 친구와 비교하지 말자. 우리의 기억력은 충분
히 좋다. 문제는 그것을 활용하는 방법이다.

**우리는 의미 없는 사실보다 의미 있는 이야기를 훨씬 더 쉽게 기억할
수 있다.** 영화 줄거리는 각 장면이 다른 장면과 연결되어 있기 때문에 쉽

게 기억할 수 있다. 가령 창문에서 떨어진 〈토이스토리〉의 버즈 라이트이어는 버즈와 우디가 결국 길에서 고립되는 장면을 상기시키고, 이 장면은 다시 그들이 피자플래닛 트럭에 올라타는 장면을 떠올리게 만든다. 연결은 그렇게 계속된다. 반면 무작위로 배열된 숫자는 기억하기 힘들다. 각각의 숫자가 서로 연결되어 있지 않기 때문이다.

기억의 이러한 특성을 활용하기 위해 질문 자체에 의미가 없더라도 답을 의미 있게 만들자. 예를 들어 학습 가이드 안에는 이러한 질문이 들어있을 수 있다. "미국에서 호감의 시대Era of Good Feelings는 언제였던가?" 그 대답(1817~1825)을 떠올리는 데 어려움이 있다면, **"왜?" 혹은 "어떻게?"라는 질문을 던짐으로써 질문의 의미를 만들어보자.**

"왜 호감의 시대는 그 당시에 형성되었을까?" 1817년은 미영전쟁이 끝난 직후였으며, 당시 미국인들은 그들이 전쟁에서 승리했다고 생각했기 때문에 미국 사회에는 민족주의에 대한 강렬한 열망이 드리워져 있었다. 또한 이 시기는 제임스 먼로 대통령 임기와도 맞물렸는데, 당시 그는 다양한 정치 성향의 인사를 정부 요직에 등용함으로써 국가적 통합을 도모했다.

"왜?" 혹은 "어떻게?"라는 질문을 던짐으로써 우리는 질문과 대답 사이의 임의적 연결 고리를 의미 있는 연결로 만들 수 있다. 그리고 우리가 배우고자 하는 내용을 숙지하고자 하는 다른 내용과 연결시킬 수 있다. 여기서 쓸만한 "왜" 혹은 "어떻게" 연결 고리를 발견하기 힘들다면, 자신의 노트로 돌아가자. 그래도 연결 고리를 발견할 수 없다면 스터디 그룹을 통해 다시 확인해보자.

기억에 도움을 주는 또 하나의 기술이 있다. 그림을 그려보는 것이다. 이 기술이 왜 효과적인지는 분명하게 밝혀지지 않았지만, 아마도 그 과정

공부하고 있다는 착각

에서 요구되는 정신적 과정 때문일 것으로 보인다. 누군가가 그저 "포푸리potpourri(말린 꽃과 나무를 섞은 방향제)라는 단어를 기억하세요"라고 말을 한다면, 기억에 도움이 될 만한 것들을 발견하기가 쉽지 않을 것이다. 아마도 자신이 포푸리를 봤던 장소(가령 크리스마스 시즌의 고급 매장)를 떠올릴 것이다. 혹은 포푸리는 t가 묵음인 특이한 철자 배열로 이루어진 단어라고 생각할 수도 있다. 여기서 우리가 그림을 그려보고자 한다면, 이보다 더 많은 것을 생각해야 한다. 포푸리에 어떤 재료를 넣을지, 어떤 그릇이나 바구니에 담을지 결정해야 하며, 이 선택에 따라 어떤 공간에 놓을지도 생각해야 한다. 이 모든 세부 사항은 우리가 나중에 포푸리라는 단어를 더 쉽게 떠올릴 수 있도록 도움을 줄 것이다.

물론 기억해야 할 모든 대상에 이 방법을 적용하기를 권하지는 않는다. 그 이유는 시간이 너무 많이 들기 때문이다. 하지만 기억이 쉽지 않은 대상이 있다면 그림 그리기 기술을 한번 시도해보자.

한 줄 요약

의미 없는 사실은 기억하기 힘들다. 그러므로 그것을 의미 있게 만드는 노력은 시간을 들일 만한 충분한 가치가 있다.

팁35 의미 없는 내용을 외울 수 있는 세 가지 기억술

때로는 아무런 의미가 없는 것을 기억해야 할 때가 있다. 가령 열두 가지 뇌신경의 이름이나 아시아에 있는 강 이름이 그렇다. 나는 고등학생

때 미국 대통령들의 이름을 재임 순서대로 외우기도 했다(그때 외운 것이 지금도 많은 도움이 된다는 사실에 계속해서 놀라고 있다).

기억술mnemonics은 의미 없는 것을 기억할 수 있도록 도움을 주는 방법을 말한다. 기억술 중 하나는 첫 글자를 조합해 단어로 만들어 기억하는 것이다. 이 단어는 우리가 기억해야 할 내용에 대한 실마리를 제공한다. 예를 들어 미국의 오대호를 기억하기 위해 "HOMES"를 실마리로 사용할 수 있다. 그 각각의 글자는 다섯 개의 호수(휴런Huron, 온타리오Ontario, 미시간Michigan, 에리Erie, 슈피리어Superior)의 첫 글자다. 혹은 문장으로 기억할 수도 있다. 여기서 각 단어의 첫 글자는 외어야 할 단어에 대한 실마리가 된다. 가령 의대생들은 뇌신경을 기억하기 위해 "On Old Olympus's Towering Top, a Finn and German Viewed Some Hops(옛 올림포스의 꼭대기에서 핀란드인과 독일인이 맥주를 보았다)"라는 문장을 외운다. 여기서 각 단어의 첫 글자는 열두 개의 뇌신경(후각Olfactory, 시각Optic, 안구운동Oculomotor, 활차Trochlear, 삼차Trigeminal, 외전Abducens, 안면Facial, 청각Auditory, 설인Glossopharyngeal, 미주Vagus, 감각Sensory, 설하Hypoglossal)을 가리키는 실마리다.

또 다른 기억술으로는 기억해야 할 것들을 시각적 이미지로 만드는 방법이 있다. 예를 들어 리본이 스페인어로 "신타cinta"라는 것을 외우고자 한다면, 신타는 "산타"와 발음이 비슷하기 때문에 산타가 장난감이 아닌 리본으로 가득한 자루를 들고 서 있는 모습을 상상해볼 수 있다.

이미지를 활용한 또 다른 방법으로 '상상 산책mental walk'이 있다. 이를 위해서 가장 먼저 산책길이나 드라이브 코스(예를 들어 자신의 집에서 친구 집으로까지 가는 길)를 떠올린다. 그리고 그 과정에서 눈에 띄는 대상을 확인하고 기억한다. 가령 나의 드라이브 코스는 우리 집 현관에서 시작한다. 현관은 내가 싫어하는 콘크리트 재질로 만들어져 있다. 다음으로 두

공부하고 있다는 착각

번째 지점은 방문객들이 운전하다가 들이받곤 하는 벽이다. 이렇게 상상 산책을 떠올렸다면, 이제 상상 산책에서 발견한 지점과 새로운 임의적인 항목을 연결함으로써 쉽게 암기를 할 수 있다.

예를 들어 누군가에게 빵과 땅콩버터, 밀가루, 비타민을 사오라고 부탁받았다고 해보자. 그는 상상 산책을 활용해서 그 목록을 기억할 수 있다. 가령 빵을 첫 번째 지점과 연결할 수 있다(빵 조각이 현관의 보기 흉한 콘크리트를 뒤덮고 있다고 상상할 수 있다). 다음으로 땅콩버터를 두 번째 지점과 연결해볼 수 있다(사람들이 들이받은 벽을 보수하기 위해 회반죽이 아니라 땅콩버터를 바른 장면을 상상할 수 있다). 이렇게 계속 이어질 수 있다. 나중에 그 목록을 떠올려야 할 때는 상상 산책을 시작하기만 하면 된다. 먼저 현관을 떠올리며 이렇게 기억하는 것이다. '맞아. 현관을 빵 조각으로 덮어 놨지. 빵은 첫 번째 항목이야.'

암기 대회에 참가한 사람들은 종종 이러한 기억술을 활용한다. 그들 역시 의미가 담겨 있지 않은 대상을 기억해야 하기 때문이다. 가령 그들은 얼굴 사진과 결합된 이름이나 섞인 카드의 순서를 기억해야 한다. 암기 시합은 모든 참가자에게 똑같이 의미가 없기 때문에 이러한 것들을 사용한다. 의미는 기억에 도움을 주고, 어떤 것이 당신에게 어떤 의미인지는 그와 관련해서 이미 알고 있는 바에 달렸다. 예를 들어 스콧 피츠제럴드의 소설 『밤은 부드러워라』의 한 구절을 암기하도록 하는 것은 불공정한 시합이 될 수 있다. 일부 참가자는 그 소설을 이미 읽어봤을 것이기 때문이다.

시중에는 암기 챔피언들이 쓴 암기에 관한 책들이 많이 있다. 그리고 그들 대부분은 이러한 기억술의 활용을 강조한다. 하지만 이러한 기억술은 우리가 가장 마지막으로 활용해야 할 방법이다. **기억술은 정보를 의미**

있게 만들 수 없을 때만 활용해야 할 기술이다. 그리고 그러한 경우는 대단히 드물다.

> **한 줄 요약**
> 기억술은 의미 없는 내용을 기억하는 데 도움을 준다. 하지만 그것은 우리가 가장 마지막으로 생각해야 할 방법이다. 내용을 의미 있게 만드는 방법이 더 낫기 때문이다.

팁36 학습 가이드를 활용해 공부의 질을 높여라

질문과 대답의 포괄적인 목록이라 할 수 있는 학습 가이드를 완성했다면, 이제 그것을 가지고 무엇을 해야 할지 살펴보자. 먼저 질문에 대한 답을 기억해야 한다. 그것은 간단하다. 스스로 질문을 한 뒤 학습 가이드를 훔쳐보지 않고서도 답할 수 있는지 확인하면 된다. 그러나 그 과정을 더욱 효과적으로 만들기 위해 이 단순한 방법에 몇 가지 기술을 추가할 수 있다.

첫째, **처음에는 답을 가려놓자.** 다시 말해 질문과 답을 읽어 내려가는 것이 아니라 질문만 보고 답을 하도록 노력하는 것이다. 연구 결과에 따르면, 답을 알기 전이라 해도 질문에 답하려는 노력을 통해 기억을 강화할 수 있다.

둘째, **소리 내어 답하기는 좋은 아이디어다.** 이러한 방법이 학습을 개선시켜준다는 연구가 있다. 크게 말할 수 없는 장소에 있다면, 속삭이거

공부하고 있다는 착각

나 소리를 내지 않고 입 모양으로 말해보자. 이것이 도움이 되는 이유는 아직 완전히 밝혀지지는 않았다. 그래도 사람들은 다른 사람이 말하는 것을 들을 때보다 자신이 직접 소리 내어 말할 때 더 잘 기억하는 경향이 있다. 아마도 소리 내어 말을 함으로써 자신의 생각을 더욱 완전하게 만들 수 있기 때문이다.

셋째, 답이 길다면(논술 문제에 대한 답처럼) **다른 누군가를 가르친다고 상상해라.** 다른 사람을 가르치는 것이 무언가를 배우는 탁월한 방법이라는 것은 일반적인 상식이며, 이는 연구 결과가 상식과 정확하게 일치하는 사례이기도 하다. 이러한 방식으로 스스로 퀴즈를 낼 때, 아마도 완전하게 구성된 답변을 말할 수는 없을 것이다. 대신 개요의 형식으로 더 많은 생각을 하게 될 것이다. "먼저 나는 이것에 관해 이야기를 해야 하고, 이는 이 질문을 제기하며, 그래서 나는 그것에 대해 이야기를 한다."

넷째, 정확하게 답을 했다고 확신한다고 해도, **학습 가이드에서 자신이 작성한 답변을 확인해보자.** 혹시라도 틀린 답변을 했다면, 즉각적이고 올바른 피드백을 통해 정확하게 기억을 되살릴 수 있다. 자신이 스스로 던진 어떤 질문에 대해 계속해서 동일한 오답을 제시한다면, 왜 그런 실수를 했는지 고민해보는 것도 도움이 된다. 왜 그 대답이 정답처럼 보이는지 생각하고, 왜 다른 대답이 더 나은지를 스스로 (큰 소리로) 설명하자.

마지막으로, **무작위한 순서로 스스로에게 질문을 던지자.** 대부분 플래시 카드를 주제별로 정리해둘 것이다. 그것은 수업을 듣고 읽기 과제를 읽어나가면서 동시에 모든 질문을 작성했기 때문이다. 하지만 시험 문제는 절대 주제별로 정리되어 있지 않을 것이다. 그러므로 시험을 치르는 것과 똑같은 방식으로 공부를 하는 것이 현명하다. 또한 매번 동일한 순서의 질문으로 스스로 테스트할 경우 답을 질문 순서와 연결해 기억할 수 있다. 예를 들어 34번 질문의 답은 35번 질문의 힌트가 될 수도 있다. 그럴 때 누군가 16번 다음으로 35번 질문을 던진다면 정답을 말하지 못할 것이다.

질문 순서를 무작위로 만드는 일은 디지털 플랫폼이나 섞을 수 있는 색인 카드를 사용한다면 어렵지 않다. 또한 노트를 사용해서 학습 가이드를 작성했다고 해도, 이리저리 왔다 갔다 하면서 질문의 순서를 무작위로 만들 수 있다. 하지만 자신이 어떤 질문을 던졌는지 추적하기 힘들다는 점에서 이상적인 방식은 아니다. 그러나 학습 가이드를 디지털이나 플래시 카드 방식으로만 작성해야 한다고 말할 만큼 큰 문제는 아니다.

한 줄 요약

학습 가이드를 이용해 스스로 질문을 던지는 일은 간단하다. 하지만 그 자료를 건성으로 보는 것이 아니라 숙고함으로써 공부 시간을 더욱 효율적으로 사용할 수 있다.

팁37 스스로의 학습법을 불신하지 마라

왜 개인의 학습 방식에 따라 공부법이 다를 수 있다는 이야기를 하지 않는지 궁금한 독자들도 있을 것이다. 그런데 모두가 다른 방식으로 배운다면 어떻게 모두를 위해 동일한 전략을 추천할 수 있겠는가? 이 주제와 관련해서 과학자들은 많은 실험을 했다. 그리고 그 연구 결과 개인의 학습 방식에 따라 다르게 공부해야 한다는 증거를 찾을 순 없었다.

이러한 이론들 중 하나를 검증해보는 일은 그리 어렵지 않다. 먼저 가장 일반적인 학습 방식 이론에 대해 생각해보자. 사람들은 시각적, 청각적, 운동 감각적(즉 동작을 통해)으로 학습할 때 가장 잘 배운다고 알려져 있다. 이를 검증해보기 위한 실험은 다음의 세 가지 단계로 이루어진다.

- 1단계 : 사람들을 시각적, 청각적, 운동 감각적 학습자로 구분한다.
- 2단계 : 사람들이 세 가지 방식 중 하나에 따라서 학습하도록 한다. 예를 들어 일부에게는 여러 가지 그림을 보게 하고, 다른 일부는 청각 자료를 통해 이야기를 들려주고, 그리고 나머지 일부는 설명을 최소로 한 채 이야기를 행동으로 옮기도록 한다. 여기서 중요한 부분은 일부 사람은 자신의 방식으로 학습을 하게 하고, 다른 일부는 그렇지 않은 방식으로 학습을 하게 하는 것이다.
- 3단계 : 이야기에 대한 사람들의 이해도를 테스트한다. 혹은 일정 시간이 흐른 후에 얼마나 기억하는지 테스트한다. 여기서 우리는 개인의 학습 방법과 실험 속 학습 방법이 일치했을 때, 사람들은 더 효과적으로 학습을 했을 것이라고 기대해볼 수 있다.

이는 우리가 예상할 수 있는 내용이다. 하지만 실험 결과는 그렇게 나오지 않았다. 개인의 학습 방식과 실시한 학습 방식이 학습 성과에 영향을 미치지 않은 것으로 드러났다. 실제로 학습 방식과 관련한 이론만 50가지가 넘는다. 시각과 청각 및 운동 감각 방식뿐 아니라, 선형적 및 총체적 스타일, 시각적 및 언어적 스타일 등등. 그러나 개인의 학습 방식을 고려함으로써 학습 성과에 도움을 줄 수 있다는 연구 결과는 없다.

상황이 이런데도 학습 방식에 대한 미신은 여전히 남아 있다. 실제로 미국인의 약 90퍼센트는 이와 관련해서 과학적 증거가 있다고 믿는다. 이와 관련해서 나는 여러 곳에서 글을 썼다. 내 이름과 함께 '학습 방식 learning styles'으로 검색을 해본다면 이와 관련해서 더 많은 정보를 확인할 수 있다.

> **한 줄 요약**
> 학습 방식 이론에 대한 과학적인 증거는 없다. 그러므로 자신의 "방식"에 따라 학습 방법을 수정해야 한다는 생각은 접어둬도 좋다.

팁38 빈손으로 스터디에 가지 마라

학생들은 함께 공부하도록 강요받지만, 연구 결과에 따르면 기억에 큰 도움을 주진 않는다. 내 생각에 **스터디 그룹원들과 함께 시험에 출제될 가능성이 높은 내용이 무엇인지 함께 논의하고, 학습 가이드를 외우고 암기한 뒤**(시험 48시간 전에) **다시 만나는 것**이 가장 좋은 방법이다.

그런데 이미 학습 가이드를 완성하고 이를 암기했다면 함께 만날 이유가 있을까? 우리는 그룹원들의 다양한 시각으로부터 도움을 얻을 수 있다. 나는 **그룹 구성원들이 짝을 지어 상대방이 작성한 학습 가이드의 질문에 답해보는 방법**을 추천한다. 우리가 아무리 포괄적인 학습 가이드를 만들기 위해 노력했다고 해도, 다른 사람은 아마도 우리가 놓친 부분을 짚어낼 수 있을 것이다. 그리고 다른 사람은 우리와 조금 다른 방식으로 질문을 표현할 것이다.

기억과 관련해서 한 가지 불만스러운 부분은 무언가 새로운 것을 배울 때 시야가 협소해지는 경향이 있다는 사실이다. 새로운 개념을 특정한 표현으로 배운다면 그 표현과 관련해서 중요한 것이 없다고 해도, 그것은 기억에 남을 것이다. 그렇기 때문에 스터디 그룹 구성원이 각자의 언어를 사용해서 우리가 이해해야 할 개념을 설명한다면, 개념의 의미에 대한 더욱 넓은 관점을 얻게 될 것이다.

> **한 줄 요약**
>
> 학습 가이드를 암기하고 나서 스터디 그룹을 만나 서로 퀴즈를 내보자. 이를 통해 조금은 다른 관점을 확인할 수 있고, 기억에도 도움이 된다.

팁39 벼락치기가 도움이 되지 않는 이유

"벼락치기를 하지 마라"는 말은 매우 익숙하다. '벼락치기'란 시험 기간에 닥쳐서 공부를 시작하는 방법을 말한다. 가령 금요일 아침에 있을 시험에 대비해 다섯 시간을 공부할 생각이라면, 벼락치기는 목요일 밤에 다섯 시간을 몰아서 공부하는 것을 말한다. 그 대안으로는 시험 전 5일에 걸쳐 하루에 한 시간씩 공부하는 방법이 있다. 공부의 양은 같지만 시간의 배치가 다르다.

연구자들은 지난 수십 년 동안 시간 배치와 관련된 연구를 해왔다. 그리고 시간 배치가 나중에 얼마나 내용을 잘 기억하는지에 중대한 영향을 미친다는 사실을 확인했다. 여기서 내가 특별히 좋아하는 최근 사례를 한

번 살펴볼까 한다. 이는 대학생들의 경험을 대단히 현실적으로 보여준다.

연구자들은 '심리학 입문' 과목을 신청한 학생들을 피실험자로 삼았다. 그들은 64개 핵심 개념을 선정한 뒤, 그중에서 추가로 학습할 32개 항목을 무작위로 선택했다. 선택한 32개로 플래시 카드를 만들어 학생들이 모든 항목의 정답을 맞힐 때까지 공부하게 했다. 그들은 그 작업을 몇 주 동안 총 세 번 진행했다.

다음으로 연구자들은 최종 시험에서 학생들의 성과를 분석했다. 여기서 그들은 플래시 카드로 만든 32개의 개념과 학생들 스스로 공부한 32개 개념을 구분했다(학생들이 학점을 받기 위해 들었던 실제 수업이었다).

연구자들이 학생들에게 언제 공부했는지 물었을 때, 대부분 시험 전날 밤에 공부했다고 대답했다. 즉 대부분 벼락치기를 했다. 벼락치기는 어느 정도 효과가 있는 것으로 드러났다. 최종 시험에서 '벼락치기로 한' 32개 항목과 관련해서, 학생들은 그리 나쁜 성과를 보이지 않았다. 학생들의 정답률은 72퍼센트였다. 이는 그들이 학기 중간에 플래시 카드로 학습한 항목의 정답률이 84퍼센트였던 것에 비해 그리 나쁜 수준은 아니었다. 다시 말해, 벼락치기는 '훌륭한' 성과로 이어지지는 않았지만, 그리 나쁜 결과로 이어지지도 않았다.

이 실험에서 연구자들이 정말로 알고 싶었던 것은 학생들이 최종 시험 이후에도 그 정보를 '지속적으로' 기억할 것인가였다. 그래서 연구자들은 일부 학생들에게 최종 시험이 끝나고 나서 3일 혹은 24일 이후에 교실로 돌아와 또 다른 시험을 치르도록 했다. 두 번째 시험은 동일한 개념에 관해 묻는 다른 질문들로 구성되었다.

3일 이후에 돌아온 학생들의 경우, '벼락치기로 한' 항목들의 정답률은 27퍼센트에 그쳤다. 반면 플래시 카드로 공부한 항목에 대한 정답률은

80퍼센트를 기록했다. 더욱 놀라운 사실은 약 3주가 지나서 돌아온 학생들 역시 플래시 카드로 공부한 항목은 64퍼센트의 정답률을 기록했다는 점이었다. 그렇다면 **시험 직후에 정보를 잊어버려도 상관없다면 벼락치기도 괜찮은 방법이다. 그러나 시간을 적절하게 배치한 공부는 우리를 빠른 망각으로부터 보호해준다.**

이러한 결과가 무엇을 의미하는 걸까? 어떤 상황에서 벼락치기하는지 그 이유를 이해할 수 있다. 어쩌면 단지 재미로 수업을 듣고 나중에 내용을 기억하는 데 별 관심이 없을 수도 있다. 그때 학습은 우선순위에서 맨 아래에 놓여진다. 나는 그러한 상황을 얼마든지 이해한다. 하지만 나중에 그 과목에서 배운 내용을 기억해야 할 필요가 있는 경우, 벼락치기가 얼마나 많은 추가 작업을 만들어내는지 생각해보자. 예를 들어 더 높은 단계의 과목을 수강하는 경우가 있다. 생물학 고급 과정을 수강할 생각인데 생물학 중급 과정 기말시험에서 벼락치기를 했다면, 스스로 더 많은 일을 만들어낸 것이다.

앞서 소개한 실험에서 분명하게 드러나지는 않지만, 그래도 꼭 알아둬야 할 것이 한 가지 더 있다. 그것은 **벼락치기가 꽤 효과가 있는 것처럼 느껴진다는 사실이다.** 이렇게 한번 생각해보자. 심리학 입문 수업에서 64개 개념에 대해 배운 두 사람이 있다. A는 5일에 걸쳐 저녁 시간 10분 동안 그 개념의 목록을 공부했다. A가 다시 공부를 시작할 때, 24시간 이전에 외운 것들의 일부를 잊어버린다. 이는 대단히 실망스러운 상황이다. 학습이 제대로 진행되고 있지 않다는 느낌이 든다. 하지만 복습은 기억을 지속 가능하게 만들어주는 탁월한 방법이다.

B는 A와는 달리 시험 전 날 밤에 50분을 공부한다. 50분을 공부하고 나자 좋은 느낌이 든다. 그 내용을 모두 알고 있는 듯하다. 두 사람 모두

마지막 날 저녁에 공부를 마친 이후에, B는 어쩌면 A보다 더 많은 것을 기억할지도 모른다. 하지만 이틀 후, B는 그 내용의 대부분을 잊어버릴 것이지만 A는 그렇지 않을 것이다.

여기서 자연스럽게 이러한 질문이 나올 것이다. "마지막 날 벼락치기를 하지 않으려면, 정확하게 어떤 방식으로 시간을 분배해야 할까?" 사람들은 가장 효과적인 시간 분배 방법을 알고자 한다. 실제로 내용을 얼마나 오랫동안 기억하기를 원하는지, 그리고 지금까지 암기 시험에서 얼마나 잘해왔는지를 바탕으로 시간 일정을 잡아주는 앱도 나와 있다.

그러나 최고의 시간 분배가 무엇인지 크게 걱정할 필요는 없다. 중요한 것은 암기 시간을 어느 정도 분배하느냐다. '완벽한' 시간 분배를 위해 일요일 새벽에 일어나 프랑스어 어휘에 대해 스스로 퀴즈를 내야 한다면, 머지않아 모든 것을 포기해버릴 것이다. **공부 시간을 적절한 수준으로 분배하자. 그리고 가능하다면 암기 시간을 다른 날에 분배하자.** 다시 말해, 수요일 아침과 수요일 저녁에 공부하는 것보다는 화요일 저녁과 일요일 아침에 공부하는 방법이 더 낫다. 수면은 학습에 도움이 된다. 이에 대해서는 11장에서 더욱 자세히 살펴볼 것이다.

> **한 줄 요약**
> 벼락치기는 장기적인 차원에서 학습에 관심이 없을 때만 선택할 수 있는 방법이다. 그렇지 않으면 공부 시간을 여러 날에 걸쳐 배치하자.

공부하고 있다는 착각

팁40 응용 문제에 대비하기 위해 사례를 비교하라

교사들은 종종 '응용' 문제를 시험에 출제하곤 한다. 응용 문제를 해결하기 위해서는 단지 기억에서 정보를 끄집어내는 것뿐 아니라 배운 것을 활용해야 한다. 이러한 응용 문제는 인간의 기억이 작동하는 방식으로 인해 특별한 도전을 안겨준다.

대부분 아마도 학교에서, 특히 수학 시간에 이러한 문제를 접했을 것이다. 도형 합동congruent shapes이라는 개념을 예로 들어보자. 사실 그것은 간단한 개념이다. 그런데 시험에는 대각선으로 자른 샌드위치와 냅킨에 관한 서술형 문제가 나온다.

대부분 이 문제를 보고 합동에 관한 지식을 적용해야 한다고 생각하지 못한다. 우리는 '합동'이라는 단어를 사용하는, 그리고 단순한 도형의 형태를 설명하는 문제를 통해 그 개념을 배웠다. 하지만 위와 같은 시험 문제를 읽을 때, 우리는 오로지 샌드위치와 냅킨에 대해 알고 있었던 내용만 떠올린다. 그리고 이러한 접근 방식은 문제 해결에 하나도 도움이 되지 않는다. 나중에 그 문제가 합동에 관한 것이었다는 사실도 깨닫지 못한다.

3장에서 우리는 기억의 실마리에 관해 살펴봤다. 샌드위치와 냅킨이 기억의 실마리인 이유는 적용될 수 있는 일반적인 원칙(도형 합동)이 숨겨져 있기 때문이다. 합동이라고 하는 근본 원리가 이 문제나 넓이의 계산 혹은 연역적인 논리 등에 적용 가능한지는 분명하지 않다. 하지만 샌드위치와 냅킨은 분명하게도 그 문제 안에 있으며, 우리는 '샌드위치'와 '냅킨'을 기억의 실마리로, 그리고 그것과 연결된 정보를 위한 출발점으로 바라봐야 한다.

문제는 수학에 국한되지 않는다. 예를 들어 나는 학생들에게 이반 파블로프의 유명한 실험에 대해 알려준다. 실험자는 종을 울리고 나서 개에게 먹이를 준다. 그리고 이를 반복할 때, 그 개는 종소리만 들려줘도 먹이를 떠올리게 되어 침을 흘린다. 나는 학생들이 아주 다른 상황(예를 들면 수학 시험을 망친 교실에 들어설 때 드는 불안감)도 동일한 사례라는 것을 알아차리길 바란다.

학습한 개념을 새로운 상황에 적용해야 하는 시험 문제에는 어떻게 대비하면 좋을까? 한 가지 전략은 **학습하고 있는 원리의 다양한 사례들을 비교해보는 것이다.** 위의 각 사례에서 학습자는 어쩔 수 없이 자동적으로 반응한다. 개는 먹을 때 침을 흘린다. 그리고 학생은 시험을 망칠 때 불안감을 느낀다. 여기서 반응을 자극하지 않는 것(교실)이 반응을 자극하는(종소리) 연결이 된다. 종소리는 음식과 연결되고, 교실은 망친 수학 시험과 연결된다. 이것이 반복적으로 발생할 때, 중립적인 자극(종소리나 교실)이 반응을 촉발하게 된다(침 흘리기나 불안감).

이러한 사례를 비교하는 것은 도움이 된다. 그 이유는 '기억은 생각의 잔유물이다'라는 원리를 활용하기 때문이다. 우리는 다양한 사례를 비교함으로써 그것들이 공통으로 품고 있는 것, 다시 말해 공유된 원칙에 대해 생각하게 된다. 원칙을 추상적으로 설명하면 이해하기는 힘들다. 하지만 이를 구체적인 상황의 맥락에서 설명할 때 우리는 더욱 쉽게 이해할 수 있다.

한 줄 요약

문제 속 원칙을 이해하기 위한 최고의 방법은 원칙에 따른 다양한 사례를
발견하고 그것들을 비교해보는 것이다.

팁41 변형 문제에 대비하기 위해 하위 목표를 설정하라

교실에서 배운 지식을 현실에 적용하는 한 가지 변형된 문제를 살펴봤
다. 이때 우리는 복잡한 상황을 바라보면서 이렇게 이해하지 못했다. "오,
이것은 그러한 유형의 문제군."

다른 경우에는 문제를 인식하는 것은 상대적으로 쉽지만, 해결책에는
몇몇 가능한 변형이 있을 수 있다. 그리고 우리가 배운 것은 교사가 예시
를 설명한 몇몇 단계에 불과하다. 심리학자 리처드 캣램본Richard Catrambone
이 제시한 것으로, 일반적으로 '업무 문제work problem'라고 알려진 사례를
한번 생각해보자.

> 톰은 2.5시간 만에 차고를 청소할 수 있다. 그런데 톰의 딸이 차고의 3분
> 의 1을 이미 청소했다면, 그가 청소를 마치는 데 얼마의 시간이 걸릴까?

아래는 풀이 과정이다.

$(\frac{1}{2.5} \times h) + 0.33 = 1$

$(0.4 \times h) + 0.33 = 1$

$0.4\,h = 0.67$

$h = 1.68$시간

여기서 h는 작업 시간이다.

이 사례를 바탕으로 우리는 결론을 내릴 수 있다. "작업 문제를 해결하는 방법은 1을 한 사람이 작업을 마치는 데 걸리는 시간으로 나누고 여기에 작업 시간을 곱한 후 이미 한 작업을 더해서 그 합이 1이 되도록 하는 것이다." 이러한 설명은 이 사례에 적합하다. 지금까지는 좋다.

그러나 이 일련의 단계는 비록 비슷해 보인다고 해도 또 다른 업무 문제에는 적용할 수 없다.

빌이 방에 페인트를 칠하는 데 3시간이 걸린다. 그리고 프레드는 5시간이 걸린다. 두 사람이 함께 일하면 몇 시간이 걸릴까?

앞서 우리는 아주 특정한 조건에만 해당하는 방식으로 첫 번째 문제를 설명했기 때문에 그것을 여기에 적용할 수는 없다. 그렇기 때문에 좀 더 추상적인 일련의 단계가 필요하다. 각 작업자가 한 일의 양에 대해 생각하고, 그것을 해야 할 일의 전체 양과 동일하게 만들어야 한다. 이는 하위 목표에 대한 개념적인 설명이다.

첫째, 각 작업자가 하는 업무의 양을 구해야 한다.

둘째, 그것을 해야 할 업무의 전체 양과 동일하게 만들어야 한다.

여러 단계를 거쳐 해답을 도출해야 할 때, 하위 목표를 설정한다면 원

공부하고 있다는 착각

칙을 생각해볼 수 있다.

다음으로 또 다른 사례를 살펴보자. 지메일 사용법을 배우는 과정에서 일정을 만드는 방법에 대해 알아보고 있다. 일정 사용 안내서는 일련의 단계를 보여준다.

1. 컴퓨터에서 지메일에 접속한다.
2. 일정으로 만들고자 하는 메시지를 연다.
3. 상단 아이콘바에서 세 개의 점으로 이루어진 아이콘을 클릭한다.
4. '일정 만들기'를 선택한다.
5. 구글 캘린더가 열리면서 이메일 제목을 제목으로 하는 일정을 만들고 그 이메일을 받은 모든 사람을 초대한다.
6. 일정의 일시를 지정한다.
7. 화면 오른쪽 위 '저장하기'를 클릭한다.

이 사례에는 업무 문제에서 살펴본 것과 동일한 약점이 있다. 이 사례에만 적용되는 단계를 담고 있다. 이 단계는 컴퓨터에서만 적용되고 스마트폰에서는 다를 것이다. 그렇기 때문에 구체적인 행동의 기반이 되는 원리의 개요를 염두에 두는 편이 더 낫다. 예를 들어 다음과 같이 만들어볼 수 있다.

• 메시지 찾기
1. 스마트폰에서 지메일을 연다.
2. 일정을 만들고자 하는 메시지를 연다.

- 일정 만들기

3. 메시지에서 밑줄이 쳐진 날짜나 시간을 탭한다.

4. 나온 메뉴에서 '일정 만들기'를 선택한다.

- 누락된 특성 완성하기

5. 창이 열리면서 이메일 제목과 그 이메일의 일시를 포함한 일정이 생성된다.

6. 필요한 경우 기간을 변경하자(일반적으로 한 시간으로 설정되어 있다).

7. 필요하다면 다른 사람들을 일정에 초대하자.

- 일정 저장하기

8. 화면 오른쪽 위에 있는 '추가하기'를 클릭하자.

하위 목표의 제목을 정하는 일은 사소한 변화처럼 보일 수 있다. 그러나 제목은 학습에 도움을 주는 두 가지 정신적인 과정을 촉진시킨다. 첫째, 단계들의 구성을 분명하게 한다. 둘째, 의미를 강조한다. 즉 각각의 단계를 수행해야 하는 이유를 분명하게 보여준다.

이 전략을 활용하기 위해서 교과서에서 특정 유형의 문제에 대한 사례를 살펴보자. 보다 요약하는 차원에서 그 과정을 설명하는 글을 살펴보자. 그리고 구체적인 단계를 통해 해결해야 할 하위 목표들의 제목을 정함으로써 그 두 가지를 일치시키자. 가능하다면 그 과정을 이해한 사람을 찾아 자신이 올바로 했는지 피드백을 받자.

공부하고 있다는 착각

학생들에게
공부 방법을 미리 알려주자

　이 장에서 소개한 학습 방법을 실행에 옮기는 일은 학습자에게 달렸다. 그렇다고 해도 교사가 그 과정을 더욱 원활하게 만들어줄 수 있는 몇 가지 방법이 있다.

　그중 한 가지는 무엇을 테스트하고 어떻게 테스트할 것인지를 학생들에게 공개하는 것이다. 학생들은 그 분야가 생소하기 때문에, 무엇이 정말로 중요한 정보인지, 그리고 무엇이 그냥 집어넣은 재미있는 정보인지 잘 판단하지 못한다.

　또한 내가 '기성 자료'라고 부른 것에 관하여 지침을 제시할 수도 있다. 학생들이 학습 자료를 찾을 때 검색하는 과정을 따라해보자. 그리고 발견한 자료의 수준에 대해 학생들에게 이야기하고, 왜 직접 자료를 만들어보는 것이 효과적인지를 상기시켜주자.

　학생들이 여기서 소개한 학습 팁을 활용하도록 권장하며 교사는 이렇게 말할 수 있다. "이러한 전략들은 좋다. 그리고 여러분이 활용하는 다른 전략은 덜 효과적이다." 하지만 학생들에게 부담감을 주지 않기 위해서 그들이 활용할 가능성이 높은 세 가지 학습 전략으로 시작해보자.

　학생들에게 그 방법을 말로 설명하기보다 그것을 활용하는 것을 보여준다면 더 효과적일 것이다. 이렇게 해보자.

- 수업 시간에 부담이 없거나 부담이 적은 퀴즈를 내서 인출 연습을 활용하자.
- 표시한 기간, 목표로 한 시간에 내용을 다시 보는 분산 연습_{distriuted prac-tive}을 활용하자(팁 39 참조).
- 학생들에게 관련 없어 보이는 사실들 사이의 연결 고리를 강조함으로써 의미의 힘을 활용하자(팁 34 참조).
- 학습 가이드 작성법을 학생들에게 설명하자(팁 32 참조). 몇몇 수업 후 시간을 할애해서 학생들이 그날 다룬 내용과 관련한 학습 가이드의 질문작성을 연습해보자. 바람직한 모범을 제시하고, 학생들이 스스로 작성한 질문과 답변을 공유하도록 하자.

수업 시간에 이러한 학습 팁을 활용함으로써 학생들의 이해를 높일 수 있다. 또한 팁 39에서 소개한 실험을 반복함으로써 같은 결과를 보여줄 수 있다. 학습 내용의 일부에 대해서 수업 시간에 학습 팁을 활용해보자. 다음 시험에서 교사가 학습 팁으로 삼은 내용과 그렇지 않는 내용에 대해 학생들의 성과를 구분해보자. 학생들이 그 내용을 얼마나 더 잘 이해했는지 보여주고 그 이유를 설명하자. 그리고 학생들 스스로 이러한 시도를 해볼 수 있다는 사실을 강조하자.

한줄요약
- 시험을 위해 무엇을 암기해야 할지 알려주자.
- '기성 자료'의 가치 및 신뢰성을 학생들에게 설명해주자.
- 학생들에게 공부 방법에 관한 조언을 주자.
- 분산 연습이나 인출 연습과 같은 방법을 수업 시간에 포함하자.

OUTSMART YOUR BRAIN

7장

시험 직전, 마지막으로 지켜야 하는 것들

How to Judge Whether You're Ready for an Exam

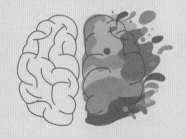

변호사 시험을 준비하는 사람은 공부해야 할 시간을 정해놨다고 해서 이를 무조건 지키지 않는다. 공부를 하면서 자신의 학습 성과를 판단하고, 어떤 내용을 다 숙지했다고 생각할 때까지 공부한다. 이런 점에서 학습자는 자신이 얼마나 알고 있는지 확신을 갖고 판단할 수 있어야 한다.

누구나 시험 준비를 철저하게 했지만 결과가 엉망이었던 경험이 있을 것이다. 그런 경우 사람들은 대게 시험이 잘못되었다며 비난한다. '나는 분명 그 내용을 알고 있었어. 그런데 내가 알고 있는 것을 보여주지 못했기 때문에 시험에 문제가 있는 게 틀림없어'라고 생각할 것이다. 그러나 '나는 그 내용을 알고 있었다'는 생각은 주관적은 평가이다. 어쩌면 교사가 실시한 중간 고사나 기말 고사가 아니라 단순한 테스트의 경우도 마찬가지다. 놀랍게도 사람들은 자신이 알고 있다고 착각할 수도 있다.

당신은 안다고 생각하겠지만 사실 모른다

예를 들면 생물 과목을 듣는 어떤 학생이 붉은손고함원숭이가 브라질에 서식한다는 것을 암기하려고 한다. 그 학생이 숙지했는지 어떻게 알 수 있을까? '붉은손고함원숭이는 어느 나라에 서식하는가?'라고 스스로에게 물어보면 바로 알 수 있다. 이제 어떤 답이 떠오르는지 살펴보자. 이 방법은 스스로 알고 있는지 판단할 수 있는 분명한 방법이다.

그러나 사람들은 흔히 **성과**performance**와 학습**learning**을 혼동한다.** 운동이 막 끝난 어떤 사람이 있다고 해보자. 그는 내게 자신이 팔굽혀펴기 연습을 해서 20개 정도 할 수 있다고 말한다. "대단하군요. 한번 보여줘요!"라고 말했지만 그는 답한다. "지금은 안 돼요. 운동이 막 끝나서 지쳤거든요." 그는 분명 팔굽혀펴기 20개 하는 방법을 배웠다. 하지만 지금 상황에선 그 학습이 성과로 나타나지 않을 것이다.

'성과'는 "붉은손고함원숭이는 어느 나라 출신입니까?"라는 질문에 "브라질"이라고 말하는 것을 의미한다. 아마 '지금 질문에 답했으니 확실히 알고 있다'고 생각할 것이다. 하지만 지금(특정한 조건 아래서) 대답할 수 있다고 해서 모든 상황에서 대답할 수 있다는 뜻은 아니다.

예를 들어 일본어 회화를 배웠다고 해보자. 그런데 입국관리소 직원과 대화할 때는 공부한 성과를 보여주지 못한다. 그 이유는 비행으로 인해 다소 지쳤으며 조금은 긴장했기 때문이다(어쩌면 입국관리소 직원과 대화할 때 아무런 이유 없이 긴장하는 사람은 나뿐일지도 모른다).

일반적으로 사람들은 자신이 알고 있는 것을 과대평가한다. 그 이유는 성과를 시험하는 방식으로 자신의 지식을 확인하기 때문이다. 그래서 스스로 퀴즈를 내고 좋은 성과를 올렸을 때, 그들은 무언가를 배웠다고 확

공부하고 있다는 착각

신한다. 하지만 사실 그들의 기억은 그렇게 확고하지 않다.

무언가를 배웠는지 판단할 때

두뇌가 하는 일: 성과와 학습을 혼동한다. 기억에서 무언가를 끄집어냈다면(기억을 바탕으로 무언가를 그려보지 않았다고 해도) 우리 두뇌는 자신이 충분히 공부했다고 결론을 내릴 것이다.

뇌 최적화의 기술: 성과를 뒷받침하지 않는 상태에서 자신의 지식을 시험해보자. 가장 쉬운 방법은 중간고사나 기말고사 환경을 그대로 재현하는 것이다.

이 장에서는 사람들이 자신을 시험할 때 충분히 학습했다고 착각하게 하는 세 가지 유형을 살펴볼 것이다. 그리고 독자들이 직접 할 수 있는 자가 테스트를 소개하고자 한다.

팁42 '안다'는 말은 무슨 뜻인가

400년경 아우구스티누스는 『고백록』에서 이렇게 말했다. "아무도 내게 질문을 하지 않는다면, 나는 안다. 내게 질문을 한 이에게 설명하고자 한다면, 나는 모른다."

이 말은 영원한 진리다. 교사들은 아마도 학생과 다음과 같은 대화를 나눠봤을 것이다.

학생 : 제 성적이 왜 그렇게 낮은지 이해할 수 없습니다. 열심히 공부했고 모든 내용을 알고 있습니다! 제가 보기에 몇몇 문제는 애매모호했어요.

교사 : 하지만 학생은 모든 내용을 안다고 했…

학생 : 그렇습니다!

교사 : 그러면 망각의 다양한 메커니즘에 대해 쉽게 설명할 수 있겠군요.

학생 : 물론이죠.

교사 : 좋아요. 우리가 얘기한 망각의 주요 이론에 대해 설명해보겠어요?

학생 : 좋습니다. 자극과 반응이 있습니다. 그리고 자극이 반응과 연결되면… 잠시만요… 아니… 아, 그래요. 자극과 반응이 끊어지면… 잠시만요, 끊어지는 게 아니라… 음, 글쎄요…. 알고 있는데 설명을 못 하겠습니다.

이 학생은 교사와 다른 의미로 '안다knowing'는 단어를 사용했다. 학생은 이렇게 생각할 것이다. '처음 망각이 어떻게 작동하는지 공부했을 때 나는 하나도 이해하지 못했어. 교과서 내용도, 수업도 이해하지 못했어. 하지만 책을 주의 깊게 읽었고, 같은 반 친구가 몇몇 개념에 대해 설명해줬어. 이제 망각 이론들을 들을 때 완벽하게 이해돼.'

우리는 그 학생이 스스로 이해한다고 느낀 이유를 짐작할 수 있다. 예전보다 더 나아졌기 때문이다. 다른 사람이 어떤 개념에 대해 이야기할 때 그 이야기를 따라갈 수 있다는 것은 교사가 기대하는 이해에 어느 정도 도달한 것이다. 그러나 그것만으로는 충분하지 않다. **시험을 치를 준비가 되었다는 것은 단지 누군가가 설명할 때 이해할 수 있는 정도가 아니라, 그 내용을 스스로 설명할 수 있다는 것을 의미한다.**

이 상황은 성과와 학습의 차이를 보여주는 좋은 사례다. 위의 학생은 자신의 성과에 대해 말한 것이다. "나는 그 이야기를 잘 따라가고 있어.

며칠 전만 해도 정말로 혼란스러웠는데!" 하지만 그는 성과가 반드시 완전한 학습을 의미하는 것은 아니라는 사실을 간과했다. 안타깝게도 많은 사람들은 그들이 알고 있다고 착각하게 만드는 방법으로 공부한다. 그렇다면 이제 어떻게 그런 일이 일어나는지 살펴보도록 하자.

> **한 줄 요약**
> '안다'는 것은 설명을 이해할 수 있다는 것을 의미하지 않는다. 그것은 다른 사람에게 설명할 수 있다는 것을 의미한다.

팁43 다시 읽을 때 우리는 안다고 착각한다

경영대학원에서 '혁신innovation'이라는 제목의 수업을 듣고 있다고 해보자. 오늘 수업은 심박수나 체온 같은 신체 정보를 수집하고 저장하는 의류나 장신구 등 웨어러블 기술에 대한 내용이다. 수업 내용은 대단히 흥미롭고 쉽다. 그런데 교수는 다음 시간에도 정확하게 똑같은 내용으로 수업한다. 신경질적인 웃음소리가 교실에서 새어나오지만 교수는 아랑곳하지 않는다. 곧 누군가 손을 들고 그 내용은 이미 설명한 것이라고 말한다. 그러나 교수는 이렇게 답한다. "알고 있습니다. 하지만 대단히 중요한 내용입니다. 반복할 만한 가치가 충분히 있습니다." 그리고는 지난 수업과 똑같은 내용을 계속해서 설명하기 시작한다. 똑같은 슬라이드와 똑같은 사례. 심지어 즉흥적인 농담도 똑같다.

어떤 생각이 드는가? 나라면 시간 낭비라고 생각할 것이다. '교수는 지난 시간에 같은 이야기를 했다. 나는 이 모두를 알고 있고, 어떤 새로운 내용도 없다'고 생각할 것이다.

그런데 교수가 이야기하는 내용을 정말로 알고 있는가? 그렇기도 하고 아니기도 하다. 나는 그 수업을 예전에 들었다는 것을 알고 있다. 이 판단은 이전 수업에 대한 기억에서 비롯된 것이다. 이러한 관점에서 나는 '알고 있다'. 하지만 교수가 설명한 것을 요약해서 누군가에게 들려주고자 한다면 잘하지는 못할 것이다.

많은 기억 연구자들은 기억에서 정보를 끄집어내는 과정을 두 가지로 나눈다. 하나는 빠르고 아주 약간의 주의만 필요한 과정으로 제한된 정보만 알 수 있다. 이 과정으로 무언가가 익숙한지 아닌지를 판단할 수 있다. 즉 예전에 본 적 있는지, 아닌지만 알려줄 뿐 언제, 어디서 봤는지 같은 정보는 알려주지 않는다. 다른 과정은 주의가 필요하며 느린 속도로 진행되지만, 더 많은 정보를 떠올릴 수 있다.

이제 이 두 가지 기억 과정memory process을 떠올릴 수 있다. 길에서 마주친 누군가에게 '아는 사람이다'라는 친숙함을 느낀다면, 더 많은 정보를 얻기 위해 다른 과정을 시도해보자. '이 사람의 이름은 무엇이고, 내가 어떻게 알고 있지?' 만약 이 정보들이 떠오르지 않는다고 해도 우리가 이 사람을 봤었다는 확신은 사라지지 않는다.

팁 30에서 다시 읽기는 가장 보편적인 학습 기술 중 하나라고 했다. 동시에 무언가를 기억하기 위한 효과적인 방법은 아니라고 지적했다. 기억을 끄집어내려면 의미에 대해 생각해야 한다. 하지만 다시 읽기는 그러한 과정을 뒷받침하지 않는다.

다시 읽기가 좋지 않은 학습 기술이라는 또 다른 이유를 생각해보자. **다시 읽기는 우리가 이렇게 착각하도록 유도한다. '나는 이걸 알고 있다.'**

공부하고 있다는 착각

즉 다시 읽기는 웨어러블 기술에 관한 수업을 다시 한번 듣는 것과 다를 바 없다. 다시 읽을 때, 우리는 이렇게 생각한다. '나는 이전에 모두 읽었다. 내겐 완전히 익숙하다.' 그러나 그것뿐이다.

이와 같은 '알고 있다'는 생각은 우리가 그것을 전에 본 적이 있는지를 평가하는 기억 과정에서 비롯되었다. 하지만 이전에 그것을 봤다고 해서 그 대상에 대해 설명하고 분석할 수 있다는 의미는 아니다. 그리고 여러 번 읽을수록 익숙함을 평가하는 기억 과정은 계속해서 이렇게 말할 것이다. "나는 이것을 이전에 봤다!"

다시 읽기는 이해의 차원에서는 분명 바람직한 활동이다. 무언가를 읽었는데 제대로 이해하지 못했다면 다시 한 번 읽어보자. 하지만 다시 읽기는 무언가를 기억해야 할 때는 좋은 방법은 아니다. 게다가 자신의 지식이 발전하고 있다는 착각을 불러일으킨다. 그렇다면 자신의 학습이 어떻게 진행되고 있는지 더욱 정확하게 평가하려면 어떻게 해야 할까?

한 줄 요약

다시 읽기는 익숙한 느낌을 주어 자신이 내용을 숙지했다는 착각을 심어준다. 그러나 무언가에 익숙하다는 것은 우리가 그것을 기억에서 떠올리고 다른 사람에게 관련된 정보를 설명할 수 있다는 의미는 아니다. 이는 우리가 시험을 위해 필요로 하는 바로 그것이다.

팁44 셀프 테스트를 해보자

이 장의 앞 부분에서 "자신이 알고 있는지 어떻게 확인할 수 있을까"에 대한 답을 쉽게 얻을 수 있다고 했다. 우리는 즉각적으로 기억 속에 정보가 있는지 확인할 수 있다. 그런데 문제는 익숙함을 감지하는 기억 과정 때문에 안다고 착각할 수 있다는 것이다. **우리에게 필요한 것은 주제에 대한 다양한 내용을 떠올리게 하는 기억 과정이다.**

학생들은 셀프 테스트를 통해 시험을 준비한다. 문제는 이들이 실제 시험에서 기억을 *끄집어내는* 방식대로 자신의 기억을 검증하지 않는다는 것이다. 이들은 방금 읽은 교과서 내용을 요약한다. 그리고 제대로 요약했다면, 자신이 그 내용을 숙지한 것이라고 판단한다. 이 방법은 이해도를 검증할 수 있는 좋은 방법이다. 방금 읽은 내용을 이해했다는 뜻이기 때문이다(하지만 요약이 정확한지 확인할 방법이 없기 때문에 완벽한 방법은 아니다). 자신이 무언가를 기억했는지 평가하고 싶다면, 이런 형태의 셀프 테스트는 세 가지 측면에서 잘못되었다.

첫째, 방금 읽은 자료를 대상으로 셀프 테스트를 해서는 안 된다. 이때 우리는 자신의 기억을 테스트하는 게 아니다. 그 내용이 여전히 자신의 단기 기억short-term memory 안에 머물러 있기 때문이다. 얼마의 시간이 지나야 한다는 엄격한 원칙은 없다. 그렇다고 해도 **어떤 내용을 읽고 그것에 대해 셀프 테스트를 진행하고자 한다면 적어도 30분 이상의 시간이 경과해야 한다.**

둘째, 요약은 셀프 테스트의 좋은 방법이다. 그럼에도 완전히 다른 내용과 관련해서 스스로 퀴즈를 내봐라. 즉 특정한 세부 사항에 대한 지식, 자신이 이끌어낼 수 있는 추론, 그리고 개념 사이의 비교 같은 문

공부하고 있다는 착각

제를 내보자.

셋째, 셀프 테스트를 진행할 때, 크고 분명하게 대답해야 한다. 머릿속으로만 대답한다면 흐릿하거나 불완전한 생각으로 끝나 그냥 넘어갈 수 있다. 우리는 완전한 대답을 크고 분명하게 말함으로써 스스로 내용을 정말로 이해했는지 확인할 수 있다.

독자들은 아마도 내가 셀프 테스트를 위해 마련해놓은 조건(최근에 답을 본 적이 없을 때 테스트하고, 다양한 질문을 활용하고, 크게 대답하고)이 6장에서 공부를 위해 활용하도록 제안한 과정 안에 포함되어 있다는 사실을 알아차렸을 것이다. 광범위한 질문과 대답을 적은 **학습 가이드**를 작성하고 셀프 테스트를 통해 공부한다면, 자신이 얼마나 많이 알고 있는지 객관적으로 파악할 수 있을 것이다.

한줄요약

자신이 정말로 무언가를 알고 있는지 평가하기 위해서는 최근 그 내용을 보지 않았을 때 셀프 테스트를 해야 하고, 큰 소리로 분명하게 답을 해야 한다. 이는 학습 가이드를 암기하기 위한 방법과 연결된다.

팁45 기출 문제로 얼마나 알고 있는지 확인하지 마라

학생들은 기출 문제를 구하기 위해 열심히 노력한다. 그러나 기출 문제를 푸는 일은 득보다 실이 많다. 적어도 내가 본 학생들이 그것을 활용하는 방식을 보면 그렇다.

학생들은 올해 시험이 이전 시험과 다를 것이라는 사실을 알면서도 시험 준비를 잘했는지 파악하기 위해 기출 문제를 활용한다. 그 이유는 얼핏 타당한 것처럼 보인다. 작년 시험지에서 90점을 맞았다면, 올해 시험 준비도 잘한 것으로 판단할 수 있다.

하지만 **기출 문제를 활용해서 자신의 준비 상태를 평가해서는 안** 되는 몇 가지 이유가 있다. 첫째, 작년 수업과 올해 수업은 정확하게 같지 않다. 읽기 과제는 바뀌었을 것이며, 과목의 진도는 더 빠르거나 느릴 것이다. 몇몇 내용에서 강조한 부분이 달라졌고, 어떤 내용은 보완되었을 것이다. 그리고 이러한 변화는 시간이 흐르면서 누적된다. 그러므로 지난 몇 년간의 기출 문제들은(어렵사리 구한 자료를 흡족하게 바라본다고 해도) 아마도 올해 수업 내용을 제대로 반영하지 못할 것이다.

당연히 학생들은 수업 내용이 어떻게 바뀌었는지 확인할 방도가 없다. 가령 '차폐_{blocking}'라는 심리학 용어는 2년 전 시험에는 출제되었지만 올해 수업에서 그 개념을 다루지 않았다면, 기출 문제에서 이와 관련된 문제를 확인한 학생들은 충격에 빠질 것이다. '왜 교과서나 노트에서 그 개념을 찾을 수 없을까?' 안타까운 상황이기는 하지만 그래도 이러한 문제는 쉽게 바로잡을 수 있다. 그 학생은 아마도 내게 차폐에 대해 물을 것이며, 나는 올해는 그 개념을 가르치지 않았다고 설명할 것이다(사실 나는 수업 초반에 블로킹에 대해 설명하고 나서, 이 개념은 올해 다룰 내용이 아니며 시험에 나오지 않을 것이라고 말해준다. 그렇다고 해서 학생들 사이에서 내 인기가 더 올라가는 것은 아니다).

이전 시험을 활용해서 자신의 준비 상태를 평가하는 방법에는 더욱 심각한 문제가 있다. 가령 올해 수업에서 1,000개의 개념을 다루었다고 해보자. 물론 그 1,000개의 개념을 묻는 모든 질문이 시험에 나오지는 않을

공부하고 있다는 착각

것이다. 학생들은 아마도 이렇게 생각할 것이다. '그중에서 900개를 공부했다. 그래도 나는 항상 운이 좋기 때문에 나머지 100개는 이번 시험에 나오지 않을 것이다.' 그러나 이것은 결코 좋은 전략이 아니다. 자신이 운이 좋을 것이라고 기대할 수 있는 근거가 없기 때문이다. 학생들은 수업에서 다룬 모든 개념을 공부해야 한다. 물론 그렇게 노력한다고 해도 어떤 개념은 다른 것들보다 더 잘 알 것이다. 어떤 시험 문제가 나올 것인지와 관련해 시험 점수에는 어느 정도 운의 요소가 있다.

이러한 운의 요소를 최소화하길 원한다면, **자신이 모든 것을 얼마나 잘 아는지를 기반으로 시험 준비 상태를 평가해야 한다.** 지난 시험을 활용해서 자신의 준비 상태를 평가한다면, 수업에서 다룬 내용의 일부만 평가하는 셈이다. 그럴 필요가 없음에도 우연히 공부한 게 출제되길 바라며 우연의 요소에 기대고 있는 것이다.

교사가 낼 시험 문제의 유형을 파악하기 위해 기출 문제를 참고하는 것은 현명한 전략이다. 하지만 그것을 활용해서 자신이 충분히 공부했는지를 평가해서는 안 된다. 자신이 작성한 학습 가이드의 내용을 얼마나 잘 숙지하고 있는지를 기준으로 시험 준비 상태를 평가하자.

한 줄 요약

기출 문제를 참고할 수는 있다. 그러나 이는 충분히 공부했는지 평가하기 위해서가 아니라 어떤 유형의 문제가 출제되는지 파악하기 위해서다.

팁46 115퍼센트로 과잉 학습하라

세계사 수업 때 교사가 월요일에 쪽지시험이 있다고 말한다고 가정해
보자. 이를 위해 학생들은 고대 중국 왕조의 이름과 연대를 외워야 한다.
그런데 외울 것은 16개뿐이어서 그리 힘들지는 않아 보인다. 그래서 일
요일 저녁에 왕조의 이름과 연대를 완벽하게 말할 수 있을 때까지 스스로
퀴즈를 내보았다.

이튿날에도 퀴즈에 나올 이름과 연대를 기억할 수 있을까? 학생들은
아마 '나는 스스로 퀴즈를 내봤고 모두 암기했다. 그러므로 분명하게 그
것을 알고 있다. 무슨 질문이 나올까?'라고 생각할 것이다.

이튿날, 학생들은 왕조들을 완벽하게 기억할 수도 있겠지만, 아마도
그렇지 못할 것이다. 약 18시간이 흐르면서 암기한 것의 일부를 잊어버
렸을 것이다. 앞서 학습과 성과의 차이에 대해 언급했던 것이 기억나는
가? 사람들은 특정 순간의 성과가 장기적인 학습을 나타낸다고 생각하는
경향이 있다. 그들은 이렇게 생각한다. '오늘 성과가 100점이라면, 내일도
100점을 맞을 것이다.' 100점이라는 숫자는 곧 내 지식의 상태를 나타내
는 것이기 때문이다.

이 문제를 해결하는 유일한 방법은 망각을 예상하는 것이다. 당신은
알 때까지 공부를 해야 하고, 그러고 나서도 계속해서 공부해야 한다. 과
잉 학습overlearning이라고 하는 이 방법은 광범위하게 연구되었다. 이 연구
와 관련해서 우리가 알아야 할 두 가지가 있다. 첫째, 과잉 학습은 기대만
큼 효과가 있다. 과잉 학습은 우리를 망각으로부터 보호해준다. 둘째, 과
잉 학습을 하는 동안에는 **그 효과가 잘 느껴지지 않는다.** 공부를 한 뒤에
도 계속해서 공부하는 것은 의미 없는 행동으로 느껴지며, 심지어 어리석

게 보이기도 한다. 플래시 카드를 모두 숙지했는데 계속해서 공부를 한다면 이런 생각이 든다. "이게 무슨 소용이 있을까?" 그러나 과잉 학습의 역할은 기억을 강화함으로써 망각하지 않게 우리를 지켜주는 것이다.

그렇다면 얼마나 과잉 학습을 해야 할까? 그것은 얼마나 정보를 오랫동안 기억하고 싶은지, 내용의 성격은 무엇인지, 주제와 관련해서 무엇을 알고 있는지 등 여러 요인에 달렸다. 나는 대학생 시절 유기화학 기말시험 주간에 시험 준비와 관련해서 친구와 이야기를 나누었다. 친구는 내게 이런 말을 했다. "나뭇가지에 흩날리는 나뭇잎이 유기 화합물처럼 보일 때, 나는 내가 준비가 되었다고 확신하게 돼."

친구의 말은 인상적이었고, 그 기억은 지금까지도 남아 있다. 경험에 비추어볼 때 내용을 이해하고 나서도 15퍼센트를 추가적으로 학습해야 한다. 이 수치는 특정 연구 결과에서 비롯된 것은 아니지만, 어쨌든 중요한 것은 안 후에도 과잉 학습을 하는 것이다.

> **한 줄 요약**
> 내용을 알 때까지 공부하고 알고난 후에도 중단하지 말자. 공부와 시험 사이에 망각이 일어나지 않도록 계속해서 공부를 이어나가자.

학생들이 무엇을 알아야 하는지 알려주자

이 장에서는 두 가지 핵심 개념을 살펴봤다. 첫째, 무언가를 '아는' 두 가지 다른 과정이 있다. 둘째, 무언가를 알고 있는지에 대한 판단은 잘못될 수 있다. 이 두 가지 개념은 학생들의 학습에 도움이 되며 수업 중 직접 보여줌으로써 학생들이 쉽게 받아들이도록 만들 수 있다.

학생들이 무언가를 아는 다른 과정이 존재한다는 사실을 이해하도록 도움을 주는 방법을 소개한다. 첫째, 학생들이 빈 종이에다가 3분 안에 미국의 주의 이름을 최대한 생각나는 대로 적도록 하자. 학생들은 나이에 따라서 20~30개 정도 이름을 적을 것이다. 다음으로 학생들에게 주의 경계만을 보여주는 미국 지도를 보여주자(미국이 아닌 나라의 경우, 이와 같은 적절한 지도를 활용하자).

학생들은 아마도 지도를 보고 있을 때 더 많은 주의 이름을 떠올릴 것이다. 교과서 다시 읽기는 이처럼 지도를 보면서 '모든 주의 이름을 적을 수 있다'고 생각하는 것과 같다. 반면 시험은 지도가 제공되지 않은 상태에서 주의 이름을 적는 것과 같다.

다음으로 학생들이 무언가를 '알고 있다'고 생각하는 인식이 잘못될 수 있음을 알려주는 방법이다. 학생들에게 복잡한 개념에 대해 설명할 때면, 그 차이가 두드러져 보일 수 있다. 학생들에게 질문이 있는지 묻고 나서(그리고 충분히 긴 시간을 기다리고 나서) 아무런 질문이 없을 때, 나는 학생들에게 이렇게 말한다. "좋습니다. 방금 살펴본 두 이론을 옆자리 학생과 서로 교대로 설명해봅시다." 언제나 대부분의 학생은 그것이 힘들다는 사실을 즉각 깨닫게 된다. 여기서 나는 지금의 상황에 대해 설명한다. 학생들은 다른 사람에게 설명할 수 있는 능력이 아니라, 누군가가 설명할 때 이를 알아들을 수 있는 능력을 기준으로 그들의 지식을 평가한다.

나는 이러한 방법이 퀴즈보다 더 효과적이라고 생각한다. 학생들이 퀴즈에서 무언가를 설명하지 못할 때 '이해하지 못했군'이라고 생각하지 않는다. 대신 그들은 퀴즈가 공정하지 않았다고 생각한다.

학생들이 일단 무언가를 아는 다른 과정이 존재한다는 사실을 이해하고, 알고 있다는 느낌이 착각일 수 있다는 사실을 이해했다면, 학생들을 위해 점들을 연결해보자. 다시 말해, 이것이 그들의 학습과 관련해서 무엇을 의미하는지 정확하게 설명하자. 학생들은 시험에서 자신의 지식을 어떻게 보여줘야 하는지 염두에 두고, 시험 준비를 할 때 그들의 학습을 평가하기 위해 신뢰할 수 있는 방법을 사용해야 한다. 학생들이 어떻게 그렇게 할 수 있는지 설명하자.

다양한 유형의 기억이 존재한다는 사실을 알고 있다면, 교사는 시험을 통해 무엇을 기대하는지 학생들에게 설명해야 한다. 나는 다가올 시험에 대해 학생들에게 아무런 이야기를 하지 않는 경향이 있다. 사실 이렇게 말하고 싶다. "내용을 숙지하고 있으면 좋은 성적을 올릴 것입니다." 하지만 기억 연구자로서, 지나치게 이상적인 말이라는 것을 알고 있다.

인식은 상기보다 훨씬 더 쉽기 때문에, 선택지를 주는 객관식 시험은 일반적으로 아주 구체적인 지식을 요구한다. 그러나 단답형 시험은 대개 구체적인 지식을 요구하지 않는다. 하지만 학생들은 눈앞에 보이는 선택지를 바라보며 생각하는 이익은 얻지 못한다. 그리고 논술의 경우에는 물론 광범위한 주제에 대한 지식이 필요하다.

학생들은 어떤 형식의 질문에도 답할 수 있도록 깊이 있는 지식을 갖춰야 한다. 나는 학생들이 알아야 할 지식에 대해 현실적인 기대치를 세우고, 그것을 학생들에게 말해주는 것이 더 현명한 방법이라고 생각한다.

시험을 힘겨워하는 학생은 자신의 준비 상태를 평가하는 데서 어려움을 겪는다. 자신의 지식을 평가하는 것이 어렵다는 사실을 알려주기 위해서는 인내심이 필요하다. 그러나 인내할 만한 충분한 가치가 있다. 학생들이 자신의 지식을 더욱 정확하게 평가할 수 있다면 더욱 효과적으로 시험 준비를 하게 될 것이기 때문이다.

한줄요약

- 학생들이 다른 사람의 설명을 이해하는 것과 스스로 설명하는 것의 차이를 이해할 수 있게 수업에서 그러한 상황을 직접 보여주자.
- 안다는 판단은 얼마든지 잘못될 수 있다는 사실을 학생들에게 직접 보여주자.
- 셀프 테스트를 하는 방법에 대해 설명하자.
- 교사가 시험에서 어떤 유형의 지식을 기대하는지 설명해주자.

8장

시험 볼 때,
뇌에서 정답을
이끌어내는 방법

How to Take Tests

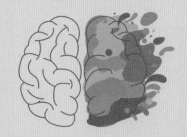

시험을 치를 때 우린 두 가지 일을 해야 한다. 하나는 기억에서 정보를 끄집어내는 것이고 다른 하나는 그 정보로 무엇인가 만들어내야 한다. 예를 들면, 문제를 풀거나 설득력 있는 글을 작성해야 한다. 학생들은 이 두 가지 일 중 어느 것이 더 중요한지 판단하는데, 이 과정에서 나는 학생들의 판단이 바뀌는 것을 목격했다. 시험 전 학생들은 얼마나 많은 것을 기억하고 있는지가 성적을 결정할 것이라고 생각한다. '공부하면, 통과할 수 있을 거야'라고 생각한다. 물론 시험이 끝난 후에도 공부한 양에 따라 시험 결과가 결정된다고 생각한다.

하지만 시험을 치르는 동안 학생들은 기억에서 정보를 꺼내는 일에 집중하지 않는다. 떠오른 기억을 효과적으로 사용하는 일에만 집중한다. 학생들은 교사가 원하는 것이 무엇인지, 질문이 무엇을 의미하는지 추측하는 데 많은 시간과 정신적 에너지를 소비한다.

이러한 방법은 일반적으로 '시험 치르기 전략test-taking strategy'이라고 불린다. 그런데 이러한 전략들은 종종 잘못된 길로 들어서곤 한다. 학생들은 시험 치르기 전략을 통해 질문이 실제로 묻는 것보다 더 미묘한 의미를 담고 있을 것이라고 추측한다. 혹은 '같은 표현이 들어 있는 대답은 일반적으로 틀린 대답이다'처럼 잘못 알려진 기술을 활용해서 객관식 보기들을 하나씩 지워나간다.

많은 학생이 실제로 시험 도중에 이런 미심쩍고 입증되지 않은 전략을 활용한다. 이는 그들이 기억에서 처음으로 이끌어낸 정보로부터 최대한 많은 가치를 얻어내려고 하기 때문이다. 그들은 시험 도중에 새로운 기억을 더 많이 이끌어내기 위해 노력하지 않는다. 그러한 노력이 별로 소용이 없을 것이라고 생각하기 때문이다. 그러나 틀렸다. 우리는 시험기간 내내 더 많은 기억을 떠올리기 위해 노력해야 한다.

3장에서는 기억이 머릿속에 들어 있지만 기억을 탐색하는 방식 때문에 발견하기가 어렵다는 사실을 살펴봤다(식료품점은 내가 이웃에게 줄 커피를 떠올리게 하는 좋은 실마리가 아니었다). 그러나 올바른 전략을 사용한다면 우리는 기억의 금고에서 좀처럼 나오려 하지 않는 정보를 끄집어낼 수 있다.

공부하고 있다는 착각

> ### 시험을 치를 때
>
> **두뇌가 하는 일**: 무언가를 알고 있다면, 그 기억을 성공적으로 끄집어낼 수 있다고 생각한다. 실제로 무언가를 기억해내려는 노력은 효과가 있다. 하지만 사람들은 기억으로부터 더 많은 것을 짜내기 위해 노력하는 대신, 쉽게 떠올릴 수 있는 기억에 비효과적인 전략을 적용하고자 한다.
>
> **뇌 최적화의 기술**: 원하는 대답을 즉각 얻을 수 없다고 해도 기억을 끄집어내려는 시도를 포기하지 말자. 시험 치르기 전략은 최후의 보루가 되어야 한다.

이 장에서는 좀처럼 떠오르지 않는 기억을 이끌어내기 위한 실마리를 만들어내는 몇 가지 방법을 살펴볼 것이다. 또한 시험 치르기 전략이나 기술을 활용하는 것이 일반적으로 좋지 않은 이유에 대해서도 설명할 것이다. 반면 우리를 체계적이고 차분한 상태로 유지하도록 만들어주는 전략은 유용하다. 먼저 이러한 전략들을 살펴보자.

팁47 실수로 아는 것을 틀리지 마라

답안지에 표시를 잘못했다는(가령 c에 표시를 해야 하는데 b에 한 것처럼) 사실을 발견할 때만큼 당황스러운 일이 있을까? 이러한 문제를 예방하기 위해 시험을 치르는 과정에 몇 가지 간단한 루틴을 만들어야 한다.

루틴 1: 시험에 대한 지시 사항이 있다면 처음 30초 정도는 이것을 읽자. 일반적으로 지시 사항에는 중요한 메시지가 담겨 있지 않다. 하지만 추측에 따른 감점이 있다거나, 공부한 내용을 모두 서술할 필요는 없다거나, 완전한 문장으로 작성할 필요는 없다는 점을 알려주기도 한다.

루틴 2: 다음 30초 동안에는 시험지를 훑어보면서 문제당 시간을 얼마나 할애해야 할지 가늠하자. 배점이 높은 질문에 더 많은 시간을 할애하자. 그리고 시간 계산을 빠르게 해 3분의 1이 지났을 때, 그리고 3분의 2가 지났을 때 어디까지 풀어야 할지를 미리 표시하자. 이러한 계산을 할 때, 최종 검토를 위한 약간의 시간을 남겨둬야 한다는 점을 명심하자.

루틴 3: 모든 질문을 신중하게 읽자. 학생들은 종종 질문을 제대로 이해하지 못한다. 그들은 질문의 절반만 읽고 무슨 의미인지 안다고 확신한다. 혹은 질문 전체를 읽지만 무슨 이유에서인지 '아닌 것$_{not}$'이라는 단어를 보지 못한다. 답을 알고 있다는 확신이 들 때, 잠시 여유를 갖고 그 질문이 자신이 생각한 것을 묻는 것인지 확인하자.

루틴 4: 마지막 몇 분 동안 답안을 검토하자. 실수로 질문을 잘못 읽지 않았는지 확인하자. 알아보기 힘들거나 빠트린 단어는 없는지, 완성하지 못한 문장은 없는지 살펴보자. 객관식 문제의 경우, 자신이 생각한 정답에 정확하게 표기를 했는지 확인하자. 수학이나 과학 시험을 치르고 있다면, 하나의 예시에 딸린 여러 문제들을 모두 마무리했는지 살펴보자. 답을 정확하게 표시해서 채점자가 쉽게 확인할 수 있도록 하자. 단위를 빼먹지 않았는지 점검하자. 그래프 축에 이름을 붙이자.

시험 점수를 보고 낙담하며 교사를 찾아온 학생들은 대부분 '바보 같은 실수'를 저지른 경우다. 그러므로 위의 루틴을 내 습관으로 정착시키자. 그러면 더는 바보 같은 실수로 점수를 깎이는 일은 없을 것이다.

공부하고 있다는 착각

팁48 시험 불안에 대처하는 법을 배우자

사람들은 시험을 치르는 동안 신경 과민 상태가 된다. 많은 사람 앞에서 말하거나 아는 사람이 없는 모임에 참석할 때도 그렇다. 특정 상황에서 불안을 느끼는 것은 일반적인 현상이지만, 이것을 대처하는 방법이 없는 것은 아니다. 신경 과민은 집중하지 못하게 하고 성적에 부정적인 영향을 끼친다(불안을 다스리는 데 많은 어려움이 있거나 시험을 치르는 것뿐 아니라 시험을 준비하는 동안에도 불안을 느낀다면 14장을 참고하자).

불안은 쉽게 사라지지 않는다. 시험을 치르는 동안 불안을 지나치게 느끼면 집중력이 흐트러지고, 대답을 떠올리기 어려워진다. 그리고 이런 상황은 다시 불안을 가중시킨다. 시험 중 불안을 통제하려면 이 악순환의 고리를 끊거나 애초에 악순환이 시작되지 않도록 만들어야 한다.

불안을 통제하는 몇몇 기술을 소개하면 다음과 같다. **먼저 시험 당일 카페인이 들어간 음료의 섭취를 줄여라.** 그리고 이 방법이 자신에게 맞는지 확인해보자. 어떤 사람은 시험을 치르는 다른 사람의 모습을 보면서 불안을 느낀다. 예를 들면 신경질적으로 다리를 떠는 사람이나 자신 있게 문제를 푸는 사람의 모습을 보며 심장의 두근거림을 느낀다. 이때는 **스스로를 격리시키자.** 가능하면 혼자 앉거나 교실 맨 앞자리에 앉는 것이 좋다. 혹은 귀마개를 착용하는 방법도 있다(귀마개를 착용해도 되는지 교사에게 먼저 물어보자). 이런 방법들을 통해 세상에 자신만 있는 듯한 느낌을 받을 수 있다.

어떤 이들은 자신이 얼마나 긴장했는지 혹은 이번 시험이 얼마나 중요한지 털어놓음으로써 불안감을 해소한다. 이러한 방법으로 기분이 나아질 수 있다. 하지만 다른 사람의 이야기를 듣는 것이 부정적인 영향을 미칠 수도 있다. 그럴 때는 **시험 직전에 잡담을 나누지 않는 편이 좋다.** 친구가 계속해서 말을 걸어온다면 혹은 그의 말을 외면하는 것이 쉽지 않다면, 공부한 것을 마지막으로 점검해야 한다고 말하고 시선을 노트로 돌리자(노트를 읽는 것이 마음을 편안하게 만든다면 읽어라. 그러나 오히려 긴장감을 높인다면 읽는 척만 하자).

어떤 이들은 시험 전에 **명상이나 기도**를 함으로써 마음을 가라앉히고 집중력을 높인다. 시험 도중에 공포에 휩싸이게 된다면 명상과 기도를 해보자. 이와 관련해서 규칙적인 훈련이 되어 있지 않는 사람들에게 도움이 될 만한 간단한 세 단계 방법을 소개한다. (1) 눈을 감는다. (2) 천천히 숨을 들이쉬면서 일곱까지 세고 숨을 내쉬면서 일곱까지 센다. (3) 그 과정을 두 번이나 세 번 혹은 몸이 이완되는 것이 느껴질 때까지 반복한다. 이러한 방법이 별 도움이 되지 않거나 화장실에 갈 시간이 허락된다면, 잠시 걷는 것도 기분 전환에 도움이 된다.

생각에 사로잡혀 긴장을 풀기 어려울 수도 있다. 이때는 이 호흡법을 한 후, **현실적인 자기대화**self-talk를 해보는 것이 도움이 된다. 연속으로 전혀 예상 못 했던 문제들이 나와 불안해졌다면, 다른 사람들도 같은 배를 타고 있다는 사실을 떠올리자.

시험을 제대로 준비하지 못해서 불안에 휩싸였다면, 이번 시험이 자신

공부하고 있다는 착각

의 미래는 물론 자신의 정체성을 결정하는 게 아니라 사실을 명심하라. 이번 시험을 망친다고 해도 얼마든지 만회할 수 있으며, 나중에 만회할 계획을 충분히 세울 수 있다는 자신감을 갖자. 그리고 이 계획을 도와줄 누군가를 떠올려보자. 만회할 계획을 세우자고 스스로와 약속하며, 다른 사람들이 도와줄 것이라는 확신을 가지면, 불안에서 벗어나 지금 앞에 놓인 시험에 최선을 다할 수 있게 된다.

때로는 성공한 자신의 모습을 시각화함으로써 불안에 대처할 수 있다. 하지만 이 방법이 언제나 유효한 것은 아니다. 가령 내가 토론자로 행사에 참석했는데, 별로 말을 많이 안 했음에도 입을 뗄 때마다 사람들이 바보를 바라보는 듯하다. 그래서 입을 다물고 더 이상 참여하지 않는다. 이러한 상황이라면 내가 정말로 기발한 이야기를 해서 사람들이 놀라는 표정으로 나를 바라보는 모습을 시각화해볼 수 있을 것이다. 하지만 그러한 상상을 진심으로 믿지는 않을 것이다.

자신이 성공하는 모습을 시각화하는 방법이 효과가 없다면 다른 대안이 있다. 자신을 응원해주는 누군가가 함께 있다고 상상해보자. 나는 토론자로서 성공적인 모습을 보여주는 자신을 상상할 수는 없지만, 아내가 옆에 있는 상황은 쉽게 상상할 수 있다. 이러한 상상은 내게 도움이 된다. 이를 통해 나는 아내의 눈으로 내가 말하는 것을 바라본다. 아내의 시각은 나의 시각보다 더 현실적이다. 나는 아마도 지금 당장 최고의 모습을 보여줄 수는 없겠지만, 끔찍한 상황을 만들어내지는 않을 것이다. 즉 사람들의 반응에 연연해서 입을 꾹 다물고 있는 대신 최선을 다해서 노력할 것이다. 그게 나를 초대한 사람들에 대한 책임이다.

또한 나는 아내가 그 상황에 대해 들려줄 이야기를 떠올릴 수 있다. "당신이 말할 때 몇몇 사람들이 꽤 관심을 보이더군요. 특히 세 번째 줄에 앉아 있던 여성 말이에요. 그녀는 고개를 끄덕이더군요. 그런데 토론자 테이블 맨 끝에 앉아 있던 사람은 대체 누군가요? 왜 그렇게 말이 많죠? 분명히 당신 말이 더 흥미로웠어요."

시험을 치르를 때 불안감이 든다면, 자신을 **응원하는 누군가가 곁에 있다고 상상해보자.** 자신감을 더욱 북돋아주기 위해 무슨 말을 해야 할지 항상 알고 있는 바로 그런 사람 말이다.

지금까지 부주의한 실수를 저지르지 않는 방법, 그리고 불안을 다스리는 방법에 대해 이야기했다. 간단하게 말해서 상황이 잘못 돌아가지 않도록 통제하는 방법에 대해 살펴봤다. 그렇다면 시험 성적을 높여주는 방법도 있을까? 이제 기억의 금고로부터 정보를 이끌어내는 몇 가지 기술에 주목해보자.

> **한 줄 요약**
> 시험을 치르는 동안 자신을 긴장하게 만드는 상황을 피하고, 또한 스트레스가 밀려올 때 마음을 가라앉히는 기술을 활용함으로써 불안감에 맞설 수 있다.

팁49 교실을 내 방이라고 상상하자

학생들은 교실에 앉아 시험을 치른다. 교실은 내가 시험 공부를 한 곳은 아니다. 공무원 시험이나 자격증 시험을 준비 중이라면, 아마 한 번도 가보지 않은 곳에서 시험을 치뤄야 할 것이다. 이처럼 공부했던 곳과 다른 장소에서 시험을 치를 때, 우리의 기억력은 더 나빠진다.

그 이유는 '상황 정보contextual information' 때문이다. 무슨 일이 어디서, 언제 벌어졌는지 아는 것은 중요하다. 예로 마트 주차장에 주차를 하고 그 위치를 기억하고 싶지만, 항상 같은 자리에 주차하는 것은 아니다. 즉 특정 시간과 특정 장소를 연결해 기억해야 하기 때문에 내 차가 어디에 있는지 찾기 어렵다. 우리는 오늘, 어디에 주차했는지 기억해내려고 하지만 다른 날 같은 주차장(혹은 비슷한 주차장)에 주차한 기억과 헷갈리기 쉽다.

공부할 때, 우리는 자신의 기억이 주변 상황과 연결되기를 원치 않는다. 가령 빌헬름 분트Wilhelm Wundt가 최초의 실험심리학자라는 사실을 배웠을 때, 우리는 부엌에 있었을 수도 있다. 그러나 우리는 '부엌'이 그 기억과 연결되기를 원치 않는다. 우리가 거실이나 교실에 있다고 해도 분트는 여전히 최초의 실험심리학자다.

그러나 우리가 원치 않을 때도 시간이나 장소는 기억 속으로 들어온다. 연구자들은 이러한 사실을 간단한 실험으로 입증했다. 그들은 피실험자들에게 기억력을 시험하고 있으며, 큰 소리로 읽어주는 단어들을 주의 깊게 듣도록 지시한다. 실험은 큰 창문이 있는 작은 교실에서 이루어지며, 좀 헐렁한 옷을 입은 젊은 남성이 그 단어들을 읽어준다. 그리고 이틀 후 피실험자들은 다시 돌아와 그 단어들을 기억해내려 한다. 일부 사람들은 동일한 교실에서 시험을 치르고 동일한 젊은 남성이 시험을 감독한다. 반면 다른 사람들은 어지럽혀져 있는 작은 사무실에서 시험을 치른다. 그리고 말쑥하게 차려입은 나이 든 여성이 시험을 감독한다. 이들은 모두 시험에서 그리 좋은 성적을 올리지 못했다.

장소를 바꾸는 것은 기억에 큰 영향을 끼치지 않는다. 예를 들면 생일을 축하하기 위해 가족과 함께 어느 레스토랑에 갔는데, 그 레스토랑에 다시 들어가야지만 그날의 기억이 떠오르는 것은 아니다. 물론 학생들은 학습에 영향을 끼칠 수 있는 모든 것을 고려하고, 방해가 되지 않도록 해야 한다.

기억과 달리 학습은 장소나 시간에 영향을 받을 수 있다. 예를 들면, 서유럽의 주요 강들을 시각화하기 위해 거실 벽에 나 있는 금을 활용하는 경우다. 이는 기억이 생각의 잔유물이라는 사실을 말해주는 또다른 사례다. 따라서 공부 내용을 공부 환경과 연결짓지 않는 게 좋다.

그럼에도 주변 환경은 여전히 우리의 기억 속으로 침입할 수 있다. 그러한 요소를 공부 과정에 의식적으로 포함하려 하지 않았는데도 말이다. 이런 상황을 유리한 방향으로 활용할 수도 있다. 시험을 치르는 동안 기억을 떠올리는 데 어려움을 겪는다면, 공부한 장소를 시각화해보자. 다시 말해 **자신이 지금 그 장소에 있다고 상상해보자.** 그곳에 특정한 소리나 냄새가 있었다면 그 요소를 마찬가지로 상상 속으로 집어넣자. 이러한 노력을 통해 잃어버린 기억을 되찾을 수 있다.

> **한 줄 요약**
> 공부한 내용을 떠올리는 데 어려움을 겪는다면 공부한 장소를 시각화해
> 보자.

팁50 시험 문제에서 답을 길어 올려라

작은 실험을 해보자. 60초 안에 얼마나 많은 동물의 이름을 댈 수 있는

지 시도해보자(더 이상 이름을 댈 수 없다면 중단하자).

어떻게 했는가? "농장에서 볼 수 있는 동물"처럼 내가 힌트를 줬다고 해보자. 새로운 동물의 이름을 댈 수 있는가? "호주에서 볼 수 있는 동물들"이나 "서커스 동물" 혹은 "반려동물 매장에서 볼 수 있는 동물"이라는 힌트는 어떤가?

기억은 주제나 덩어리로 조직되는 경향이 있다. 그리고 같은 방식으로 인출되기도 한다. 1977년 심리학자 제임스 피처트James Pichert와 리처드 앤더슨Richard Anderson은 이 원리를 잘 보여주는 한 가지 실험을 진행했다. 그들은 피실험자들에게 마크와 피트라는 두 소년에 대한 똑같은 설명문을 읽게 했다. 두 소년은 학교를 빼먹고 피트의 집에서 놀고 있다. 대신 일부는 자신이 강도라고 생각하고, 일부는 집을 구매하고 싶은 사람이라고 생각하고 그 글을 읽으라고 했다. 그리고 나서 피실험자들이 같은 글을 어떻게 기억하는지 확인했다.

강도의 관점에서 이야기를 읽은 사람들은 그 집으로 들어가는 옆문이 언제나 잠겨 있지 않았고 그의 아버지는 희귀한 동전을 수집한다는 이야기와 같은 것들을 기억했다. 반면 집 구매자의 관점을 취한 이들은 외벽은 새것처럼 보였지만 지붕에 물이 새고 있었다는 사실을 기억했다. 왜 이런 결과가 나왔는지 쉽게 이해할 수 있다. 강도처럼 생각하라는 말을 들었다면, 글을 읽을 때 강도가 관심을 가질 만한 세부적인 것들을 인식했을 것이다. 마찬가지로 집 구매자처럼 생각했을 때는 그것과 관련된 세부 사항을 파악했을 것이다.

이제 좀 더 흥미로운 상황에 대해 생각해보자. 피실험자들의 관점을 바꾸어보도록 했을 때(강도라고 생각했던 이들에게는 집 구매자의 관점으로 생각해보도록, 그 반대도 마찬가지), 그들은 다른 관점과 관련 있는 정보를 기억해냈다. 강도라고 생각한 피실험자에게 집 구매자처럼 생각하라고 요청했을 때, 그들은 이렇게 생각했다. '음. 집 구매자는 무엇을 관심 있게 보지? 좋은 이웃? 집의 수리 상태? 맞아. 지붕에서 물이 샌다는 말이 있었어.'

시험을 치를 때 이 원리를 어떻게 활용할 수 있을까? 나는 이 방법이 잊어버린 기억의 조각을 떠올리게 할 것이라고는 생각하지 않는다. 예를 들어 "베르사유 조약은 언제 체결되었나?" 같은 구체적인 문제가 나왔을 때처럼 말이다. 하지만 광범위한 주제에 대한 생각은 논술 시험에 종종 등장하는 통합적인 질문에서 유용하게 사용될 수 있다. 가령 "1920년대에 베르사유 조약이 프랑스에 미친 중요한 영향은 무엇이었나?"와 같은 질문이 그렇다.

또한 광범위한 주제에 대한 생각은 알고 있는 내용을 구체적인 상황에 적용해야 하는 문제에서도 도움을 줄 수 있다. 예를 들어 "롤러코스터 탑승을 시뮬레이션하는 가상 현실을 개발하기 위한 접근 방식을 간략히 설명하라"와 같은 질문이 그렇다. 이러한 유형의 질문에서 우리는 자신이 배운 방대한 양의 정보 중에서 어떤 부분이 대답과 관련이 있는지 제한적인 실마리를 얻는다.

내가 "60초 안에 얼마나 많은 동물의 이름을 댈 수 있는가 확인해보자"라고 말했을 때 했던 것처럼, 우리는 아무런 지침 없이 기억을 검색해야 한다. 아마도 이렇게 생각할 것이다. "내가 이것과 관련해서 무언가를 배웠던가?" 혹은 조금 관련이 있으며 글의 시작으로서 아주 적합해 보이지는 않는 몇 가지를 떠올릴 것이다.

자신이 배운 것 중 어느 부분이 질문과 관련이 있는지 파악하는 데 어려움을 겪는다면, **종이나 시험지 여백에 자신이 배운 주제들의 목록을 적어보자.** 이는 호주의 동물이나 농장의 동물 등처럼 내가 제시한 힌트와

공부하고 있다는 착각

똑같은 기능을 하게 될 것이다. 베르사유 조약에 관한 질문의 경우, '전쟁의 재정적 영향', '그 조약을 통해 획득한 영토', '군인들의 사회 재건' 등이 그러한 기능을 할 것이다. 최대한 많은 주제의 목록을 작성했다면, 하나씩 살펴보면서 대답에 도움을 주는 기억이 떠오르는지 확인해보자.

당연하게도 이 과정에는 시간이 걸린다. 그러므로 시험의 나머지 시간을 이용하거나, 골치 아픈 문제를 다시 살펴볼 시간이 있을 때 시도해야 한다.

한 줄 요약

몇몇 시험 문제는 기억에 대한 아주 보편적인 실마리만을 제공하며, 하나 혹은 더 많은 주제를 제시하지는 않는다. 그러한 경우, 기존에 다루었던 자료의 주제 목록을 작성해봄으로써 문제와 관련 있는 모든 내용을 고려해보자.

팁51 답을 쓰고 난 후에도 계속 다시 보자

또 하나의 사고 실험이 있다. 실험 참여에 동의한 사람에게 평범한 사물(물고기나 꽃 등)에 대한 그림 44점을 각각 5초 동안 보여준다. 그리고 그 과정을 한 번 더 반복한다. 24시간 후, 그에게 종이를 주고 5분 동안 앞서 봤던 사물의 이름을 최대한 많이 적도록 한다. 다음으로 3분 동안 관련 없는 과제(간단한 수학 문제)를 수행하면서 그림에 대해 생각하지 않도록 한다. 그리고 다시 종이를 주고 기억나는 대로 최대한 많이 사물의 이름을 적어보도록 한다. 그리고 다시 3분 동안 수학 문제를 푼 뒤에 똑같이 전날 본 사물들의 이름을 최대한 많이 적게 한다.

첫 번째와 두 번째, 그리고 세 번째 시도의 결과는 어떻게 나왔을까? 점점 발전했을까? 아니면 더 나빠졌을까? 아니면 그대로일까?

첫 번째 시도에서 사람들은 평균적으로 19개의 사물을 기억했다. 그리고 두 번째 시도에서는 20개를 기억했다. 세 번째에서는 21개를 기억했다. 매우 전형적인 결과다. **사람들은 기억하려고 시도할 때마다 조금씩 더 잘 기억한다.**

이러한 현상은 수십 년에 걸쳐 많은 실험을 통해 관찰되었다. 그러나 왜 이런 현상이 나타나는지는 아직 분명하게 밝혀지지 않았다. 적어도 그 효과의 일부는 인출 연습 때문이다. 기억 속에서 무언가를 찾으려는 노력은 비록 발견하지 못했다고 해도 더 기억에 남는다(6장 참조).

우리가 좀 더 많이 기억할 수 있는 것은 동일한 실마리가 다른 시각에 따라 조금은 다른 방식으로 작용하기 때문이다. 포켓볼 게임에서 브레이크샷을 하는 장면을 떠올려보자. 당구공들은 항상 동일한 삼각형 안에 들어 있는 것처럼 보이지만 미세한 차이가 존재한다. 그래서 당구공을 동일한 방향으로 친다고 해도 결과는 언제나 다르게 나타난다.

"카르발라 전투는 어떤 종교가 두 종파로 나뉘는 데 결정적인 역할을 했는가?"와 같은 질문을 기억 속으로 던진 후 어떤 대답이 나오는지 지켜보는 것은 당구공을 때린 뒤 다른 15개의 공이 어디로 가는지 바라보는 것과 비슷하다. 그 질문을 던질 때마다 항상 똑같아 보인다고 해도 미세하게 다를 것이다. 그리고 그 미세한 차이로 인해 실마리는 필요한 대답을 이끌어낼 것이다.

하지만 질문을 읽고 나서 대답을 떠올리지 못했는데도 곧바로 다시 그

공부하고 있다는 착각

질문을 읽는 것은 의미가 없다. 그것은 기억이 5초 전과 똑같기 때문이다. 하지만 5분이나 10분 뒤 다시 그 질문으로 돌아간다면, 기억은 조금 다른 상태일 것이다. 그 시간 동안 다른 문제에 대해 생각하고 있었기 때문이다. 그래서 카르발라 전쟁 문제에 대해 다른 대답을 내놓을 수 있다.

시험을 치를 때, **각각의 질문에 대해서 30초 정도 대답을 떠올려보자. 대답이 떠오르지 않을 경우 그 문제는 표시를 해두고 5분이나 10분 뒤 다시 들여다보자.** 시험 시간을 다 쓰거나 시험을 마무리할 때까지 계속해서 그렇게 하자.

이 조언에 따라 대답을 바꾸는 것이 현명한 선택인지, 아니면 처음 떠오른 답을 고수하는 것이 올바른 선택인지에 관한 질문을 제기한다. 많은 연구자들은 1960년대부터 동일한 기술을 활용해서 이 질문을 연구했다. 그들은 시험지에서 지운 흔적을 추적해서 각각의 수정을 (1) 오답에서 정답 (2) 정답에서 오답 (3) 오답에서 또 다른 오답으로 분류했다. 그 결과 연구자들은 학생들 대부분 오답에서 정답으로 수정했다는 사실을 발견했다.

학생들에게 답변을 수정한 이유를 물었을 때, 실수로 잘못 표기했다는 사실을 깨달았기 때문이라고 대답한 경우는 거의 없었다. 대부분의 수정은 문제에 대한 지속적인 생각에 따른 것이었다. 학생들은 기억을 떠올리기 위해 계속해서 노력했고, 그 과정에서 새로운 통찰력이나 추론을 이끌어낼 수 있었다.

예를 들어 카르발라 전쟁에 관한 질문에 "불교"라고 답했다고 해보자. "카르발라"라는 단어를 봤을 때 "불교"가 마음속에 떠올랐기 때문이다. 그런데 다른 문제를 푸는 동안 많은 독실한 시아파 무슬림은 이름이 기억나지 않는 어떤 인물을 추모하기 위해 검은 옷을 입는다는 교사의 설명이 떠올랐다. 그리고 그 인물이 카르발라 전쟁에서 순교했다는 사실이 아주 확실하게 떠올랐다. 이제 답은 "불교"가 아니라 "이슬람교"라는 사실이 95퍼센트만큼 확실하다. 이러한 경우라면 답을 바꿔야 한다.

그런데 그만큼 확신이 들지 않는다면? 이러한 상황은 특히 객관식 문제에서 일반적으로 벌어진다. 객관식 문제에서는 한 개 이상의 지문이 정답으로 보인다. 똑같이 정답처럼 보이는 두 가지 답변 사이에서 갈등하고 있다면, 첫 번째 직감을 따라야 할 것인가, 아니면 두 번째 추측으로 바꿔야 할 것인가? 사실 이런 세부적인 질문에 답변하고자 했던 연구는 아직 보지 못했다. 그리고 솔직히 말해서, 이러한 질문에 대해 모두를 위한 보편적인 대답이 있을지 잘 모르겠다. 이를 위해서는 우리가 시험을 치르는 특정한 방식을 살펴봐야 할 필요가 있다고 생각한다. 그것을 어떻게 평가할 것인지는 9장에서 살펴보자.

한 줄 요약

정답이 떠오르지 않는다면 5분이나 10분 뒤 그 질문으로 돌아가자. 첫 번째 직감이나 두 번째 추측이 더 정확하다고 생각하지는 말자. 정답에 대한 자신의 확신을 믿자.

팁52 바로 떠오르는 '팝 지식'을 의심하라

어떤 문제는 공부한 내용에 대한 직접적인 설명을 요구한다. 예를 들어 철자 퀴즈를 볼 때, 학생은 퀴즈와 자신이 공부한 것 사이에 정확한 연결 고리가 있다는 것을 안다. 그는 많은 단어의 철자를 공부했고 시험 문

공부하고 있다는 착각

제는 바로 그것을 묻는다. 하지만 다른 문제는 종종 우리가 공부한 것에 대한 해석이나 응용을 요구하기도 한다.

응용 문제를 풀 때 학생들은 틀리지는 않지만 주어진 질문에 대한 정확한 답변이 아닌 것을 선택할 수 있다. 예를 들어 교사가 이런 질문을 던졌다고 해보자. "철학의 낭만주의 운동은 그 시기 영국 시에 어떤 영향을 미쳤는가?" 그러면 학생은 낭만주의 철학과 시에 관한 사실로 가득한 글을 쓴다. 하지만 그 두 가지를 연결하지는 않는다. 하지만 이 두 가지를 연결하는 것이 그 문제가 요구하는 답이다.

왜 이러한 질문에 올바로 대답하지 못하는 것일까? 때로 대답을 모르기 때문이다. 우리는 그저 주제에 관해 알고 있는 것들을 쓰고서 좋은 점수를 받기를 기대한다. 하지만 종종 한두 가지 핵심 용어를 보고서 '내가 아는 내용이군!'이라고 생각하고는 질문을 미처 다 읽기도 전에 급하게 답안을 작성하기 때문이기도 하다. 나는 이것을 '팝 지식Pop Knowledge'이라고 부른다. **질문을 보고 마음속에 어떤 정보가 떠올랐을 때, 우리는 그것이 정말로 질문에 대한 답인지 평가해볼 필요가 있다.**

객관식 질문에서도 똑같은 상황이 벌어질 수 있다. 예를 들어 전기기사 자격증 시험에 나온 다음의 문제를 보자.

- 전압계를 DC 회로에 연결할 때 무엇에 주의해야 하는가?

A. 역률

B. 실효치RMS

C. 저항

D. 극성

정답은 "극성"이다. 즉 회로의 어느 쪽이 플러스이고 어느 쪽이 마이너스인지에 주의해야 한다. 이것이 바로 우리가 주목해야 하는 부분이다. 그런데 전압계는 일반적으로 "저항"을 측정하는 데 사용된다. 미래의 전기기사는 시험 공부를 하는 동안 "저항을 측정하기 위해 전압계를 사용한다"라는 문장을 종종 만나게 된다. 그래서 질문에 "전압계"라는 단어가 포함되어 있고 보기 중 하나가 "저항"일 때, 수험자의 두뇌는 즉각적으로 이렇게 소리친다. "그 두 가지는 항상 함께 간다!" 그리고 그것은 틀린 말은 아니다. 하지만 질문은 그것을 묻는 게 아니다. 이러한 '팝 지식'은 정확할 수 있고 학습 자료에서 빈번하게 등장하지만, 실제로 주어진 문제에서는 나쁜 조합일 수 있다.

시험 문제를 푸는 최고의 방법은 물론 질문을 신중하게 읽는 것이다. 그리고 추가로 말해서, 핵심 용어들을 살펴볼 때 '팝 지식'을 떠올리는 두뇌의 경향에도 주의를 기울일 필요가 있다.

> **한 줄 요약**
> 시험 준비를 충분히 마쳤을 때, 어떤 개념들은 강력한 연결 고리를 갖게 될 것이다. 하지만 개념 A를 볼 때 개념 B가 즉각적으로 마음속에 떠오른다고 해서 개념 B가 정답이라는 것을 의미하지는 않는다.

팁53 문제가 애매하다면 교사에게 물어봐라

교사가 예상치 못한 방식으로 어떤 개념 문제를 출제할 때, 잘 기억나지 않을 수 있다. 사람들은 새로운 개념을 특정한 설명으로 배운다. 그렇기 때문에 개념을 처음 배울 때와 다른 방식으로 설명하면, 무슨 설명인지 알아차리지 못한다. 그런 이유로 스터디 그룹은 도움이 된다. 동일한 개념을 사람마다 다른 방식으로 표현하는데, 스터디 그룹을 통해 다른 사람의 표현을 접할 수 있다(팁 38 참조).

시험 문제가 애매모호할 때도 있다. **질문의 의도를 파악하기 힘들다면 교사에게 물어볼 수 있다.** 그런데 교사들은 이와 관련해서 상당히 다양한 반응을 보인다. 일부 교사는 시험 중 질문에 절대 답하지 않는다. 어떤 대학 교수들은 심지어 시험장에 들어오지도 않는다. 그들은 조교를 통해 시험을 관리하고 자신은 다른 일을 처리한다.

시험 중 교사가 있을 때, 문제에 대한 교사의 시각을 이해한다면 도움을 얻을 수 있다. 하지만 교사들은 시험 중 질문에 대해 모순된 감정을 갖고 있다. 한편으로는 학생들이 자신이 어떤 개념을 설명하는 특정한 습관 때문에 질문을 오해하길 원치 않는다. 그래서 어떻게든 그 질문에 대해 정확한 설명을 제시하고자 한다. 다른 한편으로 교사들은 대답에 대한 어떠한 힌트도 주지 않는다. 공정하지 않을 수 있기 때문이다. 바로 이러한 이유로 교사는 시험 중 '질문'에 대단히 민감하다. 이는 교사가 의도하지 않게 힌트를 발설할 수 있기 때문이다.

그렇기 때문에 학생의 질문이 힌트를 얻으려는 계략이 아니라는 확신을 보여준다면 아마도 좋은 대답을 얻을 수 있을 것이다. 그렇게 하기 위해서는 **자신이 느끼는 혼란을 설명해야 한다.** 이렇게 묻지 말자. "4번 문제가 무슨 말인지 모르겠어요" 혹은 "4번 문제를 다시 설명해주시겠어요?" 그 대신 자신이 느끼는 혼란에 대해 설명하자. 간략하면서도 자신이 이해하는 것을 보여줄 수 있을 만큼 구체적으로 설명하자. 예를 들어 이렇게 말해보자. "국가의 교육 과정에서 무엇이 잘못되었는지를 설명하라고 말하고 있는데, 우리는 홍콩이나 싱가포르, 한국처럼 학생들의 성적이 우수한 국가의 교육 과정에 관한 여러 가지 사례를 논의했기 때문에 혼란스럽습니다."

이렇게 질문하면 교사는 아마도 학생이 제대로 인식하지 못한 몇몇 단어를 주의 깊게 봐야 한다고 말하거나 문제의 설명이 명확하지 않다고 판단하고 새로운 표현으로 설명해줄 것이다. 또는 학생이 올바르게 이해하고 있으며 혼란은 단지 신경 과민에 불과하다고 말하거나 전혀 도움이 되지 않는 이야기를 들려줄 수도 있다. 가령 "최선을 다해서 질문에 답하세요"처럼 말이다.

자신이 이해하는 바를 정확하게 설명하지 않으면 교사는 최선을 다하라는 대답을 내놓을 것이다. "의미를 잘 모르겠어요"라고만 한다면, 교사는 학생이 시험 도중에 도움을 요청하고 있다고 생각할 것이며, 따라서 도움이 되는 정보는 줄 수 없을 것이다.

한줄요약

문제가 애매모호하다면 교사에게 분명하게 설명해줄 것을 요청하자. 그러나 자신이 느끼는 혼란을 구체적으로 설명하고 자신이 이해하는 바를 제시함으로써, 원하는 것이 힌트가 아니라 질문에 대한 명확한 설명임을 분명하게 알리자.

공부하고 있다는 착각

팁54 과하게 생각하지 마라

이 장의 앞부분에서 사람들은 시험을 치를 때 두 가지 일을 해야 한다고 언급했다. 그것은 '기억으로부터 정보를 이끌어내기', 그리고 '그 정보를 활용하기'이다. 우리는 자신의 기억으로부터 올바른 정보를 얻을 수 있는 다양한 방법을 살펴봤다. 그렇다면 그러한 정보를 어떻게 활용해야 할까?

여기서 사람들은 종종 실수를 범한다. 특히 객관식 문제에서는 더욱 그렇다. 자신의 대답에 100퍼센트 확신이 없을 때, 사람들은 시험 치르기 전략을 활용하기 시작한다. 그러나 이 전략은 오답으로 유인하는 방법일 뿐이다. 이제 허술한 객관식 전략과 불확실성에 대처하는 방식에 관한 몇 가지 사례를 살펴보자.

사람들은 때로 지나친 생각에 몰두한다. 특히 객관식 시험을 볼 때 더 그렇다. 그 이유는 지나친 생각을 유도하는 질문 때문이다. 예를 들어 우리는 A가 옳다는 것을 안다. 그리고 B와 C가 분명히 틀렸다는 것도 안다. 그런데 D를 보고 이렇게 생각한다. "음. 어쩌면 D가 정답일 수도 있어." 그리고 자신이 무엇을 하고 있는지에 대한 이해가 없는 상태에서 D에 주목하기 시작한다. 즉 D를 정답으로 만들어줄 근거를 생각하려고 애쓴다. **그 과정에서 종종 질문에 가정을 추가하고, 거기에 들어 있지 않은 내용을 읽으려고 애쓴다.**

예를 들어 일상적인 사건(레스토랑에 가기)의 기억에 관한 문제가 나왔다고 해보자. 그리고 한 학생은 외식이 대단히 감성적인 사건이라고 가정했고 이와 관련된 대답을 골랐다. 그는 이렇게 말했다. "나는 당신이 감성과 기억을 얻기 위해 애쓰고 있다고 생각했으며, 외식은 당신을 정말로 기쁘게 만들어준다고 생각했습니다." 하지만 이후에 그는 그러한 추론이 말이 되지 않는다는 사실을 깨달았다.

두 가지 대답 사이에서 선택할 수 없을 때, 스스로 이렇게 물어보자. 보기 중 하나를 답으로 만들기 위해 가정을 추가해야 할까? 보기 중 하나는 특정한 상황에서만 올바른가? 이 질문에 대한 답이 하나는 '그렇다'이고 다른 하나는 '아니오'라면 정답을 발견한 것이다.

다른 때에도 학생들은 의식적으로 지나치게 생각한다. SAT와 같은 표준화된 시험을 치를 때 그들은 객관식 문제에 답을 하나씩 지워나가는 기술을 배운다. 예를 들면 "'항상 진실이다'라거나 '절대로 그렇지 않다'라고 말하는 보기는 피하라." 혹은 "하나의 보기에서 긍정적으로 설명되고 다른 보기에서 부정적으로 설명되었다면, 긍정적인 보기가 일반적으로 정답이다"라는 기술을 배운다. **그러나 이러한 기술은 최후의 수단일 뿐이다.** 모든 다른 방법을 다 써버린 절박한 상황에서 시도해야 한다. 이러한 방법이 어쨌든 효과가 있는지는 논의의 대상이다. 하지만 이러한 기술을 옹호하는 사람들조차 이를 모든 질문에 적용해서는 곤란하다고 말한다. 이는 스스로를 오답으로 밀어 넣는 방식일 뿐이다.

객관식 질문에서 보기를 읽기 '전에' 마음속으로 대답을 해보자. 내놓은 대답이 보기 중에 있다면, 그것을 선택해도 좋다. 그러나 대답이 즉각적으로 떠오르지 않을 때, 일반적인 전략은 보기들을 분석해서 하나씩 지워나가기 시작하라고 말한다. 어떤 보기가 가장 먼 것으로 보이는가?

이는 바람직한 조언이 아니다. **대답을 모를 때, 우리는 질문에 더 많은 시간을 투자해야 한다.** 대답은 기억에서 *끄*집어내야 하며, 질문은 기억에 대한 실마리다. 대답을 얻어내기 위해서 질문을 더 집중적으로 들여다보자. 제임스메디슨대학교의 학습 전문가 데이비드 대니얼David Daniel은 이와 관련해서 '80/20 법칙'을 제시했다. 학생 대부분 질문에 20퍼센트의 시간을 보내고 대답을 생각하는 데 80퍼센트 시간을 보낸다. 하지만 대니얼은 그 비중을 거꾸로 해서 질문에 80퍼센트의 시간을 투자한다면 더 좋은 결과를 얻을 수 있다고 말한다.

> **한 줄 요약**
> 시험 치르기 전략은 효과가 없으며, 오히려 종종 스스로를 속이게 한다.

팁55 논술 문제를 풀 때는 3단계 계획을 세워라

객관식 문제보다 논술 문제를 풀 때 더 많은 전략을 세워야 한다. 그러나 학생들은 논술 문제에 답을 쓰기 전에 충분히 고민하지 않는다. 논술 문제는 광범위하며, 종종 도발적이기 때문에 몇몇 생각이 즉각적으로 떠오른다. 학생들은 이 떠오르는 생각을 메모하고, 아주 조금만 더 고민한 후 답을 쓰기 시작한다. 또 학생들은 시험이라는 압박감 때문에 충분히 생각하지 않고 더 빨리 답을 작성하려고 한다.

영화나 문학 작품을 쓰는 작가들은 이 유혹에 자주 휩싸인다. 한 작가가 다른 작가에게 자신이 멋진 작품을 쓰고 있다고 말하면 상대방은 "결말은 뭐야?"라고 묻는다. 작품 속 인물을 창조하고, 그들에 대한 흥미로운 이야기를 써나가는 일은 매우 어렵다. 하지만 청중을 만족시킬 결말을 완성하는 것은 가장 어렵다.

논술 시험도 마찬가지다. 공부를 충분히 했다면 아마도 글을 쓸 수 있도록 해주는 몇몇의 거대한 조각을 떠올릴 수 있을 것이다. 그러나 결론을 만들어내고 그것을 효과적으로 조직화하기는 훨씬 힘들다.

나는 글쓰기와 관련해서 세 단계 과정을 추천한다. 가령 다음과 같은 문제를 만났다고 해보자. "현상$_{appearance}$과 실재$_{reality}$라는 핵심 주제를 중심으로 「햄릿」을 살펴보는 글을 쓰시오. 햄릿이 현실을 직시하지 못해 파멸에 이르렀다고 생각하는가?"

1단계: 답에 포함되어야 한다고 생각하는 모든 항목을 메모지에 작성하자. 머릿속의 정보들을 끄집어내자. 하지만 끄집어낸 모든 정보가 이 문제와 관련된 것은 아니다. 주제와 별 관련이 없는 많은 내용이 「햄릿」 안에 들어 있다. 다만 그것을 알고 있기 때문에 활용하고픈 유혹을 느낀다.

메모지에 적은 모든 사실을 정리하고 답과 관련된 사실을 추리기 위해서 그것들을 **하위 질문에 따라 분류하자.** 위 사례에서 하위 질문은 다음과 같다. (1) '현상과 실재'라는 주제에 대한 고찰 (2) 현실을 직시하지 못하는 햄릿의 무능함.

하위 질문에 따라 정리함으로써 우리는 이러한 하위 질문에 대한 답을 뒷받침하는 증거를 찾을 수 있다. '적어도' 각각의 하위 질문에 대해 두 가지 증거 자료를 확보해야 한다. 물론 서너 개면 더 좋을 것이다. 주장이 'A가 B를 일으킨다' 혹은 'A는 B의 한 가지 유형이다'라면, 그렇게 말할 수 있는 여러 가지 근거를 갖춰야 한다.

또한 머릿속에서 정보를 끄집어내면서 수직 체계의 차원에서 생각하자. 이는 수업과 읽기 과제에서 내가 설명했던 것과 같다. 학생들은 사실과 주제, 개념의 목록을 작성한다. 이것들은 수직 체계에서 동일한 위치에 있지 않다. 결론은 수직 체계에서 맨 위에 놓여 있다. 그 아래에는 결론을 지지하는 근거와 기준이 있다. 자신이 어떤 구성으로 쓰고 있는지

공부하고 있다는 착각

글 안에서 분명하게 밝히자.

마지막으로 질문에 어느 정도의 시간을 할애할 수 있는지 판단하자. 시험에서 열 개의 문제가 아니라 세 개의 문제가 있을 때, 더욱 세부적인 내용을 답안에 집어넣어야 할 것이다.

2단계: 개요를 작성하자. 1단계에서 많은 사실을 적었다. 그리고 그러한 사실이 문제의 어느 부분과 관련이 있는지, 그리고 이러한 사실들을 어떻게 체계적으로 정리할 것인지를 고려함으로써 연결을 시작해볼 수 있다. 이제 그것들을 바탕으로 개요를 작성하자. 물론 시간은 넉넉지 않다. 그럼에도 체계적인 글을 써야 하고, 또한 잘 정리된 문장을 써야 한다. 하지만 두 가지 요소(논리적인 구조와 명확한 문장)를 동시에 고려할 수는 없다. 그렇기 때문에 먼저 개요를 작성함으로써 생각을 정리해보자.

개념들의 연결 고리에 대해 생각해보자. 하나의 개념에서 어떻게 다음 개념으로 넘어갈 것인가? 또한 개요를 작성하는 과정에서 논리적인 허점, 그리고 구체적으로 설명해야 할 대목을 발견할 수 있다. 그리고 써야 할 결론에 대해 생각해볼 수 있다. **글이 어떻게 끝날 것인지 이해할 때까지 글쓰기를 시작하지 말자.**

3단계: 글을 쓰자. 자신이 만족하는 개요를 작성했다면 질문의 답은 더 이상 생각할 필요가 없다. 개요 안에 포함되어 있기 때문이다. 이제 최대한 명확하게 글을 쓰는 작업에 집중해야 한다. 용어 선택을 고민하고, 단락을 다듬고, 문장의 길이를 다양하게 만들자.

교사들은 때로 중요한 것은 글쓰기가 아니라 사고의 수준이라고 말한다. 어쩌면 다른 교사는 나보다 더욱 효과적으로 학생들의 답안을 평가할 것이다. 사실 나는 글쓰기와 사고를 구분하기가 정말로 어렵다고 생각한다. 답안을 읽으면서 혼란을 느낄 때, 나는 개념들의 일관성이 없는 것인지, 아니면 글쓰기가 나쁜지 판단해야 한다. 그러나 그 구분이 항상 쉽지만은 않다. 비록 글쓰기가 중요하지 않다고 해도, 최선을 다해 글을 써서 손해 볼 일은 없다.

모든 준비를 마치고 시험을 치를 때, 우리는 성공 가능성을 극대화할 수 있다. 물론 상황이 항상 잘 흘러가지 않을 수도 있다. 아마도 해당 주제에 대한 배경 지식이 많지 않아 불리한 지점에서 출발할 수도 있다. 혹은 시험 운이 따라주지 않을 수도 있다. 아니면 공부하고 시험을 치르는 방식을 여전히 더 다듬어야 할 필요도 있을 것이다. 다음 장에서는 자신의 시험 결과를 검토함으로써 앞으로 어디로 나아가야 할지 파악하는 방법에 대해 살펴보겠다.

한 줄 요약

글쓰기는 많은 즉흥적 사고를 요구한다. 그러므로 3단계 계획을 바탕으로 체계적인 글을 빠른 시간에 완성하자.

공부하고 있다는 착각

학생이 도저히
풀 수 없는 문제를 내지 마라

  교사에게 채점은 유쾌한 일은 아니다. 게다가 자신이 출제한 시험 문제가 학생들의 지식을 평가하는 데 적절했는지 확신할 수도 없다. 적정 수준의 시험 문제를 만드는 전문가들은 문제의 모호성이나 결함이 없는지 검사하는 데 많은 시간을 들인다. 하지만 우리는 그러한 전문가도 아니며 게다가 시간도 없다. 그래도 도움이 될 만한 몇 가지 간단한 지침이 있다.

  올바른 질문 형태를 선택하자. 객관식 질문은 개념들 사이의 세부적인 차이를 시험하기에 좋다. 괄호 채워 넣기 문제나 단답형 문제는 학생들이 간단한 개념을 떠올리도록(단지 인식하는 것이 아니라) 하는 데 좋다. 논술은 분석적, 비판적 사고 능력을 시험하기에 좋다. 객관식 문제로 학생들의 비판적 사고 능력을 평가할 수 있다고 스스로 속이지 말자. 미국에서 최고의 시험 문제를 만들어내는 사람들 중 일부는 국립교육과정평가원 National Assessment of Educational Progress에서 일한다. 그들 역시 계속해서 시도하고 실패한다.

  지시 사항을 이해하는지 평가하지 말자. 학생들은 다른 시험과 마찬가지로 이 시험을 치러야 한다고 생각한다. 그 문제에서 설명되어야 하는 부분을 분명하게 설명하자. 예를 들어 단답형 질문에서 글쓰기를 원치 않고 근거의 목록을 작성하기를 원한다면, 그러한 요구 사항을 분명하게 밝히자. 그리고 '아닌 것'이라는 표현이 질문을 이해하는 데 핵심이라면, 그것을 굵은 글씨체로 표기하고 밑줄을 쳐놓자.

학생들의 운이나 직관을 시험하지 말자. 어떤 유형의 문제가 나올지 학생들에게 알려주자. 이름이나 날짜를 암기해야 하는가? 읽기 과제와 수업에서 어느 정도 비중으로 시험 문제가 출제될 것인가? 적절히 준비할 수 있도록 알려주자.

수업 내용과 관련 없는 지식을 평가하지 말자. 기발한 언급(예를 들어 "바트 심슨은 무게가 없고 분당 50킬로미터 속도로 움직인다")은 해당 내용을 알지 못하는 학생들을 어리둥절하게 만든다. 또한 복잡한 구문이나 불필요하게 긴 질문, 혹은 "A와 B"나 "정답 없음"과 같은 다중 선택 보기를 내지 말자. 이러한 것들은 학생들이 얼마나 많은 정보를 한꺼번에 생각할 수 있는지 능력을 평가하는 것이다.

학생들이 애매모호한 문제를 해석할 수 있는지 평가하려고 하지 말자. 완벽한 질문을 낼 수는 없기 때문에 학생들이 시험을 치르는 와중에 정보를 명확하게 이해할 수 있도록 도움을 줄 필요가 있다. 가령 시험장에 직접 와 있거나, 아니면 학생들이 왜 답안을 작성하지 못했는지를 시험지 여백에 작성할 수 있도록 하자.

내가 여기서 제시한 조언들이 어쩌면 학생들에게 너무 많은 도움을 주는 것으로 생각될 수 있다. 그러나 교사가 평가하고자 하는 바를 시험을 통해 알 수 있도록 도움을 주는 방법이라고 이해하는 편이 더 정확하다.

한줄요약
- 문제 유형을 평가하고자 하는 지식의 유형에 맞게 출제하자.

- 시험의 일반적인 규칙에 대한 학생들의 예상에서 벗어났다면 그 내용을 분명하게 설명하자.
- 시험을 위해 어떤 내용을 알아야 하는지 학생들에게 사전에 알려주자.
- 질문과 관련 없는 내용을 문제에 담지 말자.

OUTSMART YOUR BRAIN

9장

반드시
망친 시험지를
들여다봐라

How to Learn from Past Exams

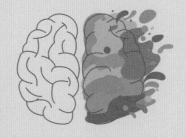

시험을 망쳤다면, 시험을 준비하는 방식에서 무언가를 바꿔야 한다. 그렇다면 무엇을 바꿀 것인가? 사람들은 대부분 이렇게 결론짓는다. "공부를 더 해야겠어." 하지만 전혀 구체적이지 않은 이 결론은 아무런 도움이 되지 않는다.

아래는 시험을 망친 여러 이유들이다.

1. 관련 내용을 보지 못했다. 해당 수업에 빠졌거나 관련된 읽기 과제를 하지 않았기 때문이다.
2. 그 내용을 본 적이 있지만 이해하지 못했다.
3. 그 내용을 이해했지만 노트에 적어놓지 않았다.
4. 노트에 필기를 했지만 학습 가이드에 포함하지 않았다.
5. 학습 가이드에 포함했지만 암기하지 못했다.

6. 암기를 했지만 시험을 치르는 도중에 순간적으로 기억이 나지 않았다.

7. 기억을 해낼 수 있었지만 문제를 잘못 해석했다.

8. 정답을 알고 있었지만 실수로 답안지의 다른 보기에 표시하고 말았다.

아마도 학생들은 이와 같은 실수를 종종 저지를 것이다. 망친 시험을 다시 들여다보는 일은 결코 유쾌한 작업은 아니지만, 그럼에도 가장 필요한 작업이다. 그래야 앞으로 어느 방향으로 노력할 것인지 정할 수 있기 때문이다.

시험을 망친 이유를 평가할 때

두뇌가 하는 일: "공부를 더 해야 해"라는 자신만의 진단을 내린다.

뇌 최적화의 기술: 망친 시험을 거들떠보지 않으려는 충동을 이겨내고 무엇이 문제였는지 분석하자. 이러한 분석을 통해 다음 시험에선 무엇을 더 노력할지 정할 수 있다.

이 장에서 소개할 팁들은 지난 시험을 바탕으로 자신의 학습 문제를 확인하고 다음 시험에 대비하는 방법이다. 그리고 이러한 분석을 시도할 때 학생들이 겪게 되는 몇 가지 공통적인 문제들 또한 해결할 수 있다.

팁56 왜 틀렸는지 원인을 분류하라

시험에서 무엇이 잘못되었는지 이해하기 위해 풀지 **못했거나 운 좋게**

찍어서 문제들을 표시하자. 찍어서 맞은 문제도 제대로 푼 것은 아니다. 여기선 객관식, 괄호 채우기, 수학이나 과학 시험에 나오는 계산 문제 등 시험 출제자가 구체적인 대답을 요구한 문제를 살펴보자. 자신의 실수를 평가하는 방법은 두 가지다.

첫째, 자신이 틀린 문제의 내용을 분석하자. 이를 위해 주제를 중심으로 분류해보자. 특정 주제와 관련된 문제를 많이 놓쳤는가? 읽기 과제나 수업에서 나온 문제들을 많이 놓쳤는가? 사실과 세부 사항에 관한 문제, 혹은 거시적인 주제에 관한 문제를 놓쳤는가? 자신이 놓친 문제의 내용 패턴이 보인다면, 노트와 학습 가이드를 더 완벽하게 작성하는 데 주의를 기울여야 할 것이다. 이를 스터디 그룹을 통해 점검하자.

자신이 놓친 내용이 노트와 학습 가이드 안에 포함되어 있는지 점검해보자. 만약 없다면, 노트와 학습 가이드를 완벽하게 작성하지 못한 것이다. 다음번에는 그 안에 모든 것을 포함하도록 하자. 자신이 놓친 문제가 구체적인 정보의 직접적인 기억을 요구했는가, 아니면 그 정보를 새로운 방식으로 활용하도록 요구했는가? 응용 문제는 언제나 더욱 까다롭다. 하지만 그러한 질문에 더 잘 대답하는 방법이 있다(6장 참조).

둘째, 시험에서 틀린 각각의 문제를 살펴보면서 머릿속에 어떤 생각이 떠올랐는지 분석해보자. 다음은 사람들이 틀린 문제를 검토할 때 갖게 되는 여덟 가지 공통적인 생각과 그러한 생각이 의미하는 바다.

1. **그 문제가 시험에 나왔다는 사실에 깜짝 놀랐다** : 이 말은 내용을 완전히 빠트렸거나(즉 자신의 노트 안에 들어 있지 않았다) 그 내용이 중요하지 않다고 판단해서 학습 가이드에 포함하지 않았다는 사실을 의미한다. 이러한 이유로 한두 문제를 놓치는 것은 일반적인 현상이다. 그러나 바로 그

이유로 여러 문제를 놓쳤다면 대책은 분명하다. 학습 가이드를 완성하는 과정에 더욱 신경을 쓰는 것이다.

2. 내가 보기에 어느 항목도 정답이 아니다(객관식 문제의 경우) : 이 경우 아마도 그 개념을 이해했지만 학습 가이드에 포함하지 않았거나, 혹은 그 개념을 이해한다고 생각했음에도 실제로는 이해하지 못한 것일 수 있다. 그러나 가장 가능성이 높은 시나리오는 자신의 노트나 학습 가이드에 들어 있는 내용이 정확하지 않았다는 것이다. 그럴 때는 그 내용에 대한 자신의 이해와 다른 사람의 이해를 비교해보는 방법이 도움이 될 수 있다(팁 23 참조).

3. 대답이 시험 당시에는 떠오르지 않았다 : 이 경우는 학습 가이드를 따라 충분히 공부하지 않은 것이다. 그렇다면 앞으로는 과잉 학습을 해야 할 것이다(팁 50 참조). 기억을 떠올리게 도와주는 8장의 팁들을 살펴보자.

4. 문제가 특정한 개념을 물었고, 그 개념에 대해 공부했지만 당시에는 그것이 어떻게 연결되어 있는지 이해하지 못했다 : 앞서 정보의 직접적인 상기와 개념의 적용에 대해서 이야기를 했다. 어떤 개념이 다른 개념과 관련되어 있다는 사실을 이해하지 못하는 것은 응용과 관련된 문제다. 파블로프의 개가 어떻게 종소리를 듣고 침을 흘리게 되었는지 공부했고, 몇몇 다른 환경에서 그러한 유형의 개념(고양이에게서 상처를 입은 아이는 나중에 고양이를 무서워하게 된다)을 공부했지만, 시험 문제에 등장한 상황(매력적인 여성이 어떤 향수를 뿌려서 그 향수를 좋아하게 되었다)이 동일한 유형의 개념이라는 사실을 이해하지 못했다. 이처럼 대단히 까다로운 유형의 문제가 있다. 그리고 이에 대처하는 방법은 6장에서 자세히 다뤘다.

5. 어리석은 실수를 저질렀다 : 질문을 읽고 핵심 용어를 파악하고 무엇에 관한 내용인지 확인했다. 그리고 간략하게 답변을 작성했다. 그런데 그만

질문 속에 들어있던 '아닌 것'이라는 표현을 보지 못했다. 혹은 수학 시험에서 $(x+y)^2$을 계산하려고 했는데 그만 제곱을 잊어버리고 말았다. 이러한 실수는 가장 실망스러운 유형의 실수다. 하지만 이는 그다지 심각한 문제는 아니다. 8장에서 설명하고 있는 것처럼 자신의 결과물을 점검해야 한다는 조언을 더 진지하게 받아들이자.

6. 답변이 틀린 이유가 아직도 이해가 가질 않는다: 아마도 노트 혹은 학습 가이드 안에 충분히 세부적인 정보가 들어 있지 않았을 것이다. 부분적으로 해당 개념을 이해했지만, 중요한 세부 사항을 놓치면서 자신의 대답이 왜 과녁을 벗어났는지 이해하지 못한 것일 수도 있다. 더 많은 정보를 얻기 위해 교사와 함께 점검해보자.

7. 지나치게 많은 생각을 했다: 시험 전략을 활용할 때 종종 지나치게 생각한다. 이로 인해 오답으로 빠져버렸거나 질문의 내용을 생소한 방식으로 해석했을 것이다(팁 54 참조).

8. 교묘한 질문이었다: 어떤 내용을 알고 있고 그 내용에 대한 직접적인 질문이 주어졌다면 분명히 정답을 맞혔을 것이다. 하지만 질문이 잘못된 정신적 과정으로 유도한 것이다. 그것은 질문의 표현이 오해를 불러일으키는 것이었기 때문이다. 이러한 문제에 대해서는 이 장의 후반부에서 다시 살펴보자.

시험 실수들이 한두 가지 항목에 해당된다면 다행이다. 이제 어떤 노력을 해야 할지 이해하게 되었기 때문이다. 이 책에서 관련된 장의 팁들을 읽고, 그 조언이 다음 시험에 도움이 되는지 확인해보자.

분석 결과, 한두 가지 문제가 아니었다는 사실이 밝혀지면(즉 많은 문제를 여러 가지 이유로 인해 틀린다면) 근본적인 문제는 아마도 계획 수립과 조직화에 있을 것이다. 이러한 문제는 10장에서 다룰 것이다.

한 줄 요약

답변을 작성하려고 할 때 무슨 생각이 들었는지 떠올려봄으로써 틀린 이유를 분석해보자. 이러한 노력을 통해 시험을 준비한다면 어느 단계가 잘못되었는지 이해할 수 있다.

팁57 논술 문제에서 감점되는 다섯 가지 이유

논술 문제에서 무엇이 잘못되었는지 분석하기란 별로 어렵지 않을 것 같다. 객관식이나 참 혹은 거짓, 괄호 채우기 문제일 때 교사는 가장 낮은 수준의 피드백을 준다. 반면 논술 문제의 경우, 더욱 세부적인 피드백을 줄 수 있다. 물론 항상 그런 피드백을 얻을 수 있는 것은 아니다. 이러한 피드백을 제공하는 것은 교사의 입장에서 많은 시간을 투자해야 하는 일이다.

논술 문제를 출제할 때, 나는 가급적 자세한 피드백을 제공하려고 한다. 하지만 제한된 시간 안에 80명의 답안지를 처리해야 할 때는, 학생이 쓴 긴 답안 옆에 단지 "애매모호함"처럼 별 도움이 되지 않는 언급만 달게 된다("20세기 미국 문학" 과목의 기말시험에서 교수가 내 논술 답안에 썼던 피드백이 아직도 기억난다. 그 교수가 적은 것은 "아님. C+"가 전부였다).

이처럼 최소 수준의 피드백을 받았다면, 교사에게 더 많은 정보를 요청할 수 있다. 그게 현실적으로 힘들다면, 자신이 어렵다고 생각했던 논술 문제에서 좋은 점수를 받은 학생의 답안을 살펴보자. 좋은 평가를 받은 글을 살펴봄으로써 자신의 답변에서 무엇이 빠졌는지 확인할 수 있다. 예를 들어 친구가 더 구체적인 사례를 제시했거나, 더 많은 주제로부터 증거를 제시했다는 사실을 볼 수 있다. 그럴 때 다음 시험에 더욱 효과적으로 준비하는 방법을 깨달을 수 있다(표준화된 시험의 경우에는 어떤 점수를 받았는지, 설명이 포함된 샘플 답안으로 확인할 수 있다).

다음으로 **어떤 유형의 글을 써야 할지 고민할 필요가 있다.** 논술 문제에서는 두 가지 유형의 질문이 지배적이다. 하나는 특정한 내용을 자세히 설명하도록 요구한다. 가령 미시경제학 과목에서 경제적 변수들의 탄력성에 대한 공부를 하면서 하루를 보냈다고 하자. 그리고 시험에서 다음과 같은 논술 문제가 나왔다. "'탄력성'의 개념을 정의하고, 그것을 측정하는 세 가지 방법과 더불어 각각의 장단점을 설명하시오." 이러한 문제는 내용에 대한 직접적인 기억 즉, 학습 가이드에 적어놓고 암기해야 할 내용에 대한 기억을 요구한다. 이러한 문제는 점수를 매기기 쉬운 유형이다. 출제자는 자신이 어떤 대답을 원하는지 정확하게 알고 있다. 또한 대답을 이루는 각각의 부분(정의, 세 가지 방법, 각각의 장단점)에 평가 점수를 정해놓았다.

이 문제에서 점수를 얻지 못했다면, 무엇이 잘못되었는지 어렵지 않게 평가할 수 있다. 객관식이나 단답형 문제에서 그랬던 것처럼 그 내용이 노트와 학습 가이드에 포함되어 있었는지, 그리고 암기를 했는지 등을 확인해야 할 것이다.

두 번째 유형인 논술 문제에서는 특정한 주장이나 가상의 상황 등 새로운 내용을 평가해야 한다. 이러한 유형의 문제에서 잘못을 범하게 되는 몇 가지 유형이 있다.

첫째, 교사는 특정한 답변을 마음속에 품고 있지만 학생은 이를 이해하지 못한다. 교사가 되기 위해 공부하는 학생은 독서 지침에 관한 수업을 들을 것이다. 그리고 기말고사에 이러한 문제가 나온다. "여덟 살 아이에게 여름방학 동안 책을 읽을 때마다 1달러씩 주는 것은 좋은 아이디어일까?"

아마도 이러한 질문에 대해서는 한번도 생각해보지 못했을 것이다. 그래서 마음속에 떠오르는 중요한 개념들을 언급하면서 어떻게든 일관적인 답변을 작성해보고자 한다. 이 질문에는 '보상'이나 '동기부여'와 같은 용어가 전혀 없기 때문에 수업 절반에서 보상과 동기부여의 관계(사람들이 특정 행동을 하도록 보상을 제공하는 방법은 역효과를 일으킬 수 있으며, 보상을 받은 행동에 대해 동기부여가 줄어들 수 있다는 개념)를 다루었다는 사실을 잊어버렸을 것이다.

이 질문은 6장에서 다루고 있는 사례와 비슷하다. 그리고 특정한 조건(독서와 돈)을 넘어서서 그 뒤에 숨겨진 근본 원리(동기부여와 보상)를 간파하도록 요구한다. 다음 시험에서 이와 같이 깊이 있는 문제가 나올 것으로 예상된다면, 6장에서 제시하는 팁들을 참조하자.

두 번째는 올바른 정신적 경로를 따라가더라도 답안이 결국 좋지 않은 글로 끝나는 경우다. 그 이유는 주장을 담지 않았거나 두서가 없거나 혹은 전환을 활용하지 않아서 교사가 전체적인 내용이 어떻게 구성되어 있는지 파악하지 못한다. 글 안에 많은 사실을 적었지만, 그것들을 제대로 조합하지 못해서 글이 장황하게 길어졌다.

여덟 살 아이들에게 돈을 보상으로 주는 방법에 관한 사례에서는 그 아이디어에 대한 결론을 내려야 한다. 먼저 돈을 지불하는 방법의 장점과 단점에 대해 거론한 뒤 마지막 부분에서 근거를 바탕으로 그것이 '좋은 아이디어인지' 혹은 '나쁜 아이디어인지' 결론을 내려야 한다. 그러한 결론이 빠져 있거나 근거가 빈약하다면 좀 더 보완해야 할 것이다.

세 번째는 관련된 많은 내용을 기억하고 이를 답안에 적지만, **관련 없는 것들로 글을 어지럽게 만드는 것이다.** 보상과 동기부여에 관해 언급해야 한다고 생각하면서 교사가 다른 무언가를 생각하고 있을 가능성도 고민해야 한다. 그리고 답안에 다른 내용을 포함하는 것도 크게 문제가 되지 않을 것이다. 결국 독서가 학업 성과에서 중요한 이유를 쓰고, 여덟 살 아이들의 상황과 관련한 발달심리학 내용을 요약하고, 행동주의 심리학자들이 이론 내에서 보상을 활용하는 방식에 대해서도 언급해야 한다.

학생들은 종종 이렇게 생각한다. "아는 것을 더 많이 보여줄수록 더 유리할 것이다." 그럴 때도 있겠지만 일반적으로는 그렇지 않다. 점수를 딸 목적으로 답안과 관련 없는 내용을 적어 넣으면 감점을 하겠다고 공식적으로 말하는 교사도 있다. 비록 그러한 정책을 세우지 않았다고 해도 채점을 하는 과정에서 답안에 담긴, 주제와 아무런 상관없는 세 개의 주장과 네 개의 사실을 읽어내기란 쉽지 않다. 그건 아이스크림에 소고기 육즙 소스를 얹어서 건네는 것과 같다.

"뭐가 문제인가? 당신은 육즙 소스를 좋아하지 않는가?"
"좋아한다. 그러나 아이스크림과 함께는 아니다."

이러한 문제를 피하는 방법은 개요를 작성할 때 무엇을 포함할지 더욱 엄격하게 판단하는 것이다.

네 번째는 글에는 문제가 없지만 질문의 핵심에 적합하지 않다. 예를 들어 문학 과목의 기말시험에 셰익스피어의 사랑에 대한 시각과 그리스

희곡의 사랑에 대한 시각을 비교하라는 문제가 나왔다고 하자. 교사는 학생들이 「로미오와 줄리엣」을 중심으로 이야기를 풀어나가길 기대한다. 그런데 어떤 이유에서인지 그 작품은 거의 언급하지 않고 자신이 예전에 읽은 셰익스피어 작품인 「햄릿」을 중심으로 답안을 작성한다면, 그것이 나쁜 글은 아니더라도 처음부터 잘못된 정신적 경로에 들어선 것이다. 여기서 학생에게 필요한 일은 글을 쓰기 전, 그리고 개요를 작성하기 전에 더욱 오랫동안 생각하는 것이다. 학생은 아마도 「햄릿」이 먼저 머릿속에 떠올랐을 것이며 다급한 마음에 글을 써내려갔을 것이다.

마지막으로 허술한 글쓰기에 대해 생각해보자. 채점자 대부분 문법이나 맞춤법 실수, 용례 오류 등으로 감점을 하지는 않는다. 그러나 비공식적으로 부적절한 표현을 답안에 사용한다면 1~2점을 감점할 것이다. 가령 다음과 같은 답변이 그런 경우다. "사람들은 칸트를 깊이 있고 뭐 그런 사람이라고 생각하지만, 막상 그의 책을 읽어보면 그냥 미친 놈이다."

만약 답안에 문법 오류가 많고 학생의 점수가 두 등급 사이에 있다면, 채점자는 이런 글을 무의식적으로 좋게 보지 않을 것이다. 그러므로 논술 문제에서 성적이 좋지 않았다면 단지 이렇게 결론을 내리지는 말자. "내 글이 마음에 안 드나 보군." 교사들은 많은 경험을 했으며 다양한 문체에 익숙하다. 그러므로 최후 교정에 좀 더 시간을 투자하자.

> **한 줄 요약**
> 채점자가 점수에 대한 피드백을 거의 주지 않는다고 해도, 논술 문제에서 실패하는 일반적인 패턴을 알고 있다면 자신의 점수가 왜 나쁜지 이해할 수 있다. 그리고 다음에 어떻게 개선해야 할지 알 수 있다.

공부하고 있다는 착각

팁58 교묘한 질문에 속지 마라

수수께끼를 하나 내보겠다. 우리는 지금 가라앉고 있는 보트에 타고 있다. 아무리 둘러봐도 육지는 보이지 않는다. 물속에는 굶주린 상어들이 우글대고 있다. 이제 무엇을 할 것인가? 정답은 바로 '상상을 멈출 것'이다.

왜 사람들은 이런 수수께끼를 들으며 신음할까? 사람들은 수수께끼로 가정한 세계가 현실 세계와 똑같다고 상상하며, 그 안에서 문제를 해결하려고 한다. 그 규칙이 없다면 사실 수수께끼는 무의미하다. 누군가 나에게 상어가 우글거리는데 배가 가라앉고 있다면 무엇을 할 것이냐 물으면, "주머니에서 헬리콥터를 꺼내서 타고 간다"고 답할 것이다.

시험에서 출제되는 교묘한 문제는 이 수수께끼와 닮았다. 내용을 아는 사람은 교묘한 질문에 '이러한' 방식으로 대답을 하겠지만, 교사는 또 다른 대답에 대한 기만적인 근거를 갖고 있다. 만약 학생이 "2+3=?"라는 문제를 보고 "5"라고 답을 썼는데 교사는 이렇게 말했다고 가정해보자. "그것은 더하기 기호가 아니라 곱하기 기호가 회전한 것이다. 그러므로 정답은 6이다."

나는 시험에서 이와 같은 교묘한 질문이 등장하는 경우는 대단히 드물다고 생각한다. 출제자는 학생이 무엇을 알고 있는지 파악하고자 한다. 그들이 교사라면 학생들이 그 과정을 즐기고 그 주제를 이해하기를 원한다. 그러나 교묘한 질문으로는 이 두 가지 목표를 달성하지 못한다.

교사가 미묘한 해석을 요구하는 문제를 많이 출제한다고 예상한다면, 스터디 그룹 내 다른 사람들과 함께 검토해보자. 어쩌면 내가 애매모호하다고 생각했던 문제에 대해 다른 사람은 명백하다고 생각할지 모른다. 물론 그들 모두는 '스스로' 애매모호하다고 생각하는 한두 가지 문제를 저마다 갖고 있을 것이다. **어떤 질문이 애매모호해 보일 때, 문제는 질문의 표현이 아니라 그 내용에 관한 학생의 이해에 있다.** 예를 들어 다음과 같은 문제가 나왔다고 해보자.

- 서유럽 낭만주의 시대 그림들은
  A. 풍경에 주안점을 두었으며 인간의 형상은 거의 포함하지 않았다.
  B. 작품에서 종종 자연의 힘을 드러냈으며 인물 형상을 포함했다.
  C. 그리스 신화에서 가져온 주제에 주목했다.
  D. 전반적으로 종교적이었다.

학생은 낭만주의가 고전주의와 다르며, 이전과 비교해 종교적이지 않다는 사실을 알고 있다. 그러므로 C와 D는 정답이 아니다. 또한 낭만주의는 자연을 강조했다는 사실도 알고 있다. 그러나 A와 B 사이에서 갈등을 한다. 그리고 결국 A로 결정한다. 그것은 인간 형상이 없다는 것은 자연을 더 강조했다는 의미로 보이기 때문이다. 하지만 정답은 B다.

학생은 혼란을 느낀다. 그 두 가지 대답은 아주 비슷하게 보이고, B는 낭만주의 시대와 관련해서 자신이 알고 있는 것과 조화를 이루지 않기 때문이다. A와 B 사이의 주요한 차이점은 인간의 형상이 포함되는지, 거의 포함되지 않는지이다. 그렇다면 "거의 ~ 않았다"라는 표현의 의미가 중요한데, 이는 대단히 주관적인 표현이다.

하지만 여기서 학생의 해석이 완전히 옳지는 않았다. 그 이유는 관련 내용에 대한 지식이 충분히 깊지 않았기 때문이다. 학생은 낭만주의 화가들이 자연을 추구했다는 사실을 알고 있었다. 하지만 그들이 경외심을 불러일으키는 힘에 주목했다는 사실은 미처 알지 못했다. 사람들은 그림 속에서 자연의 위대함에 감탄하는 구경꾼으로 등장했다. 여기서 인물의 형상이 대단히 작았다는 사실이 중요하다. 그것은 인간의 미천함을 강조하는 것이기 때문이었다.

또 '팝 지식'이 힘을 발휘했다는 점에서 질문은 교묘해 보일 수 있다. 예를 들어 교사가 수업 중에 "밤의 장막이 걷혔다"라는 표현을 은유의 한 가지 사례로 거론했다고 해보자. 학생들 대부분 그 표현을 노트에 적었고, 공부했다. 그런데 시험에서 다음과 같은 문제가 나온다.

- "밤이 부드러운 눈처럼 내렸다"는 무엇의 사례인가?
A. 직유
B. 은유
C. 유추
D. 정답 없음

"밤의 장막이 걷혔다"를 은유의 사례로 공부했다는 것은 그 개념을 통합적으로 기억했다는 것을 의미한다. 그래서 "밤이 … 내렸다"라는 표현을 시험 지문에서 읽을 때, 학생의 머릿속에는 '은유'라는 단어가 먼저 떠오른다. 하지만 여기서는 '처럼'이라는 표현이 사용되었기 때문에 정답은 은유가 아니라 직유다. 나는 이처럼 '팝 지식'이 학생을 오답으로 유도하는 질문을 가급적 출제하지 않으려고 한다. 그러나 학생들은 시험에서 그러한 문제를 만나게 될 것이다(팁 52 참조).

때로 교사는 두 개의 정답을 가진 객관식 질문이나 표현이 오해를 불러일으키는 질문을 출제하기도 한다. 훌륭한 교사라면 자신의 잘못을 인정하고 두 가지 대답에 모두 점수를 줄 것이다. 그러나 누군가에게만 정답으로 보일 경우에는 그러한 일이 일어나리라고 기대할 수 없다. 결국 학생은 정답에 가까운 보기를 선택할 만큼 공부했지만, 확실한 정답을 고를 정도로 깊이 알지는 못한 채 감점될 가능성이 크다.

> **한 줄 요약**
> 질문이 애매모호하거나 혼란을 야기한다고 생각하는 경우는 대부분 내용에 대한 지식이 충분히 깊지 않기 때문이다.

팁59 자신이 잘한 것도 인정하라

시험에서 자신이 부족했던 부분을 찾으려고 노력한다고 해서 잘했던 부분을 무시하거나 평가하지 않고 넘어가지 말자. 비록 최선을 다하지 않았거나 점수에 실망했더라도 학생은 분명 무엇인가를 배웠다. **자신의 성취를 인정하자.** 사람들은 자신의 노력이 (1) 실현되지 않거나 (2) 앞으로의 노력에 동기부여 되지 않거나 (3) 지루한 일일 때 실망하거나 좌절한다.

그러나 이는 단지 기분이나 동기부여에 관한 문제만은 아니다. 지금까지 우리는 무엇을 하지 말아야 할지 알기 위해 틀린 문제를 분석했다. **또한 정답을 맞힌 문제도 분석함으로써 앞으로 어떤 노력을 계속해나가야 할지도 알아내야 한다.** 세부 사항을 잘 파악했는가? 읽기 과제를 잘 수행했는가? '팝 지식'에 속아 넘어가지 않을 만큼 충분히 신중했는가? 무엇이든 자기 자신을 인정하고 계속해나가자. 특히 학습 과정에서 새로운 것을 시도해 좋은 결과를 얻었다면 더욱 그렇다.

공부하고 있다는 착각

정답을 맞힌 문제를 분석함으로써 **앞으로 노력해야 할 부분을 알 수 있다.** 예를 들어 틀린 문제를 검토하면 여러 수업에서 배운 내용을 통합해서 풀어야 했음을 깨달을 것이다. 정답을 맞힌 문제를 다시 보면, 마찬가지로 여러 수업 내용을 통합하는 문제가 많다는 사실을 눈치챌 것이다. 그렇다면 맞힌 문제와 틀린 문제 사이에 다른 점이 있는가?

학생들은 학기 초반엔 이 질문들에 매우 잘 대처했을 것이다. 하지만 점점 바빠지면서 노트를 정리할 때 수업 내용을 통합해 생각할 시간이 없었을 것이다. 그러나 자신의 강점을 평가함으로써 약점에 대한 이해를 더 날카롭게 만들 수 있다. 앞으로 무엇을 바꿔나가야 할지 알려면 자신이 거둔 성공과 실패 모두를 이해해야 한다.

한 줄 요약

자신이 잘한 부분에 주목하자. 이를 통해 용기를 얻고 앞으로 계속해서 노력해야 할 부분에 대한 이해를 높일 수 있다.

팁60 좌절하고 포기하지 마라

나는 종종 지옥이 과연 어떤 모습일지 사람들과 이야기를 나누곤 한다. 오랫동안 내가 생각한 지옥은 악마를 따라 들어간 작은 방에 놓인 낮은 의자에 앉아서 누군가 내 대학 졸업논문을 큰 소리로 읽어주는 것을 영원히 듣는 것이다. 학생들이 망친 시험을 분석해야 한다는 생각에 우울함을 느끼는 것과 같을 것이다. 미국의 성직자 노먼 빈센트 필Norman Vincent Peale

은 대부분의 사람이 "비판으로 구제받기보다 칭찬으로 타락한다"라고 말했다. 그럼에도 우리는 시험에서 잘못된 부분을 들여다보고 싶지 않은 감정을 극복할 수 있다.

일부 사람들은 실패한 시험에서 잘못된 결론을 이끌어낸다. 그것은 그들이 교육과 지성에 대해 왜곡된 생각을 갖고 있기 때문이다. 그들은 이렇게 믿는다.

1. 인간은 똑똑하거나 그렇지 않게 태어난다. 그리고 그것을 바꿀 수는 없다.
2. 똑똑한 사람은 실수하지 않는다.

이러한 믿음이 사실이라면, 그리고 실수를 저질렀다면, 그것은 자신이 똑똑하지 않다는 사실을 세상에 보여주는 것이다. 그리고 그러한 사실을 바꾸기 위해 할 수 있는 일은 없다. 똑똑함은 타고나는 것이기 때문이다. 자신의 실수를 들여다보는 것이 '자기감sense of self'에 심각한 위협을 가하는 일이라고 여기는 이유는 충분히 이해할 수 있다. 그러나 다행스럽게도 이러한 믿음은 사실이 아니다.

이제 지능의 변화 가능성에 대한 연구 결과를 살펴보자. 지능은 두 가지 요소로 이루어져 있다. 자신이 얼마나 많은 것을 알고 있는지, 그리고 머릿속에서 정보를 얼마나 쉽고 빨리 이동시키는지이다. 여기서 두 번째 요인('정신적 속도'라고 부르는)은 아마도 바뀌지 않을 것이다. 사람들은 이를 개선하기 위한 훈련 프로그램을 개발하기 위해 노력했지만 아무도 성공하지 못했다. 적어도 지금까지는 말이다.

그러나 다른 요인(우리가 알고 있는 것)은 쉽게 변할 수 있다. 더 **많은 정**

공부하고 있다는 착각

보를 얻을수록 우리는 더 똑똑해진다. 학습은 때로 우리를 좌절하게 만든다. 정신적 속도가 빠른 이들은 특히 새로운 과제에 착수할 때 다른 사람보다 더 나은 모습을 보인다. 가령 두 명이 체스를 배울 때, 정신적 속도가 빠른 사람은 그 게임을 더 빨리 배울 것이며, 정신적 속도가 느린 이를 금방 이길 것이다. '그러나' 두 번째 사람이 열심히 공부한다면, 그는 체스에 관한 많은 지식(예를 들어 일반적인 초반 전략)을 얻을 것이며, 이를 통해 정신적 속도가 빠르지만 지식이 부족한 상대방을 이길 것이다. **누구나 자신이 원하는 분야에서 더 똑똑해질 수 있다.** 그 분야에 대해서 더 많은 것을 배우기만 하면 된다.

두 번째 믿음(똑똑한 사람은 실수하지 않는다) 역시 분명히 잘못되었다. 실수하지 않는 사람이 어디 있단 말인가? 물론 스스로 똑똑하다고 여기는 사람이 많은 실수를 저지르지 않을 수 있다. 하지만 그것은 그가 열심히 노력했기 때문이다.

종종 자신이 읽기 과제를 하지 않았으며 시험 공부도 하지 않았다는 식으로 말하곤 하는 사람이 있다. 그 이유는 똑똑한 사람은 당연히 똑똑하며 열심히 노력할 필요가 없다는 그들의 믿음 때문이다. 나는 말 그대로 평생 배우는 사람이자 가르치는 사람으로 학교에 있었다. 그렇기 때문에 학교에서 성적이 좋은 학생은 열심히 노력하는 학생이라고 자신 있게 말할 수 있다. 지극히 극단적인 예외를 제외하고 말이다.

학교에서 해야 할 노력은 자신이 잘하지 못한 것을 인식하고, 그것에 에너지를 집중하는 것이다. 모든 과목에서 A를 받는 학생은 실수로부터 배우는 일을 두려워하지 않는 사람이다. 시험에서 저지른 **실수를 들여다보고 있으면 스스로 멍청하게 느껴질 수 있겠지만, 우리가 하고 있는 일은 실제로 똑똑한 사람들이 하는 일이다.** 우리는 이 점을 명심해야 한다.

명심해야 할 것은 또 있다. 자신이 어디까지 왔는지 스스로 상기하자. 어쩌면 우리는 목표 달성에 필요한 것을 과소평가했을 수도 있다. 하지만 그렇다고 해서 그것이 우리의 성취를 무효화하지는 않는다. 우리가 열심히 노력하지 않았다면 무슨 일이 일어났겠는가? 또한 우리는 과정 수료나 자격증 시험 등이 우리 자신에게 어떠한 의미가 있는지 스스로 상기시켜야 한다. 우리의 꿈은 이번 시험에서 A를 받는 것이 아니다. 우리에겐 더 크고 더 장기적인 목표가 있다. 우리는 지금도 그 목표를 향해 달려가고 있고, 한 번의 후퇴가 목표를 향한 지속적인 노력을 가로막아서는 안된다.

망친 시험을 다시 들여다보려는 시도가 여전히 끔찍한 일처럼 부담이 된다면, 이를 시작하는 데 도움이 될 만한 방법을 소개한다. 가장 먼저 할 일은 자신이 저지른 실수를 그저 분류하는 것이다(팁 56 참조). 이때는 정답을 찾거나 자신이 제시한 답에 대해 변론할 필요가 없다. 그저 실수한 문제들의 유형을 분류하기만 하면 된다.

틀린 문제에 대해 자책하는 마음이 들기 시작한다면, 큰 소리로 이렇게 말하자. "나는 시험이 끝난 후 똑똑한 사람이 하는 일을 하고 있다. 기분 좋은 일은 아니지만 그래도 당연히 해야 할 올바른 일이다." 혹은 나중에 읽기 과제와 노트를 다시 들여다볼 수 있을 것이다(필요할 경우).

그리고 이를 통해 틀린 문제에서 그 이유를 정확하게 확인해볼 수 있을 것이다. 그러면 그 실수를 어떤 범주에 집어넣어야 할지 생각이 바뀔 수도 있다. 혹은 이후에 자신이 저지른 실수의 일관성을 평가해볼 수 있을 것이다. 이러한 일을 여러 시간에 나눠 하는 것은 어쩌면 직관에 반하는 것처럼 보일 수 있다. 하지만 이러한 일을 여러 시간으로 쪼개면, 덜 두려울 것이다.

공부하고 있다는 착각

좌절한 학생들의 고민을
과소평가하지 마라

　왜 특정한 대답이 옳고 나머지는 틀렸는지 설명하지 않더라도 수업 시간에 채점된 시험지를 훑어보는 일은 가치가 있다. 앞서 팁 56과 57에서 언급했듯이, 나는 이를 통해 학생들이 저지른 실수의 유형을 분석하도록 도움을 주고자 한다. 많은 학생은 이러한 분석 방식을 생소하게 느낄 것이다.

　학생들은 대답이 맞거나 틀린 이유에 대해 교사의 구체적인 설명을 듣고자 한다. 그들은 개인적인 방문이나 온라인 대화 혹은 시험지에 써놓은 메모를 통해 그러한 설명을 들을 수 있다. 그중 나는 피드백을 원하는 학생을 개별적으로 만나는 방법을 선호한다. 그 과정에서 그들의 학습을 방해하는 요소에 관해 더 깊이 있는 대화를 나눌 수 있고, 또한 학생들의 학습 방법이나 노트 필기 등에 관해 다양한 이야기를 나눌 수 있기 때문이다.

　그러나 일부 교사들이 이러한 방식을 좋아하지 않는다. 학생들이 다분히 감정적일 수 있기 때문이다. 피드백을 원하는 학생들은 주로 시험을 망친 학생들이다. 그들이 교사를 만나고자 하는 이유는 학습과 관련한 추상적인 조언을 듣기 위해서가 아니라 자신에게 재앙이 닥쳤기 때문이다. 그래서 그들은 대부분 화가 나 있다.

　학생들은 때로 다른 무엇보다 자신의 감정 때문에 교사를 만나려고 한다. 그들은 하소연하고 싶어 한다. 자기 자신에게 잔뜩 화가 났으며, 교사가 어떻게 해주기를 기대하지 않는다. 그들이 바라는 것은 단지 자신의 성과에 대단히 실망해 있다는 사실을 교사가 이해해주는 것이다.

혹은 시험은 그저 핑계일 수 있다. 학생들은 삶에서 벌어지고 있는 심각한 문제 때문에 교사를 찾는다. 나는 대부분의 학생이 유복한 가정에서 자란 대학에서 가르치고 있다. 그러나 최근 몇 년 동안 부모가 지원을 중단하면서 학교를 계속 다니기 위해 저녁에 바텐더로 일을 해야 하는 학생, 형제가 약물 문제를 겪는 바람에 조카를 돌봐야 하는 학생, 버스 정류장에서 살고 있는 학생, 초기 혹은 중증 우울증이나 불안 증세로 고통 받고 있는 많은 학생을 만났다.

낮은 시험 점수는 때로 삶의 환경이 힘든 학생들이 교사를 찾도록 만드는 자극제가 되기도 한다. 하지만 그러한 학생들은 학습에 대한 도움을 요청하면서도 자신이 처한 환경에 대해서는 좀처럼 입을 열지 않는다. 교육자라면 학생이 왜 자신을 찾아왔는지 파악하기 위해 눈과 귀를(그리고 마음을) 활짝 열어놓아야 한다.

그리고 학생이 찾아왔을 때, 말의 힘을 결코 과소평가하지 말자. 교사가 오랫동안 학생들을 가르쳤다면, 아마도 옛 제자가 찾아와 자신은 기억조차 하지 못하는, 그러나 학생에게는 큰 영향을 끼쳤던 대화에 대해 자세하게 이야기한 경험이 있을 것이다. 교사는 이러한 이야기를 사랑한다. 그것은 교사가 영웅의 역할을 하기 때문이다. 때로 나는 부정적이거나 성급하게 무언가를 이야기해서 학생들의 기억에 남을 만한 순간을 얼마나 많이 만들어냈는지 걱정한다. 학생들이 얼마나 상처를 쉽게 받는 존재인지 항상 명심하자.

한 줄 요약

- 수업 시간을 이용해서 시험 문제를 분석하는 사례를 보여주자.
- 학생들이 문제와 답변에 관한 구체적인 정보를 얻을 수 있는(즉 왜 특정한 대답이 옳은지, 혹은 틀렸는지를 알 수 있는) 대안이 되는 통로를 마련하자.
- 학생과의 일대일 면담은 많은 시간을 필요로 하지만, 그들의 학습을 가로막는 장애물에 관해 깊이 있는 대화를 나눌 수 있는 효과적인 방법이다.
- 남들에게 말하고 싶지 않은 심각한 생활고 때문에 수업을 따라가기가 벅찬 학생들이 있다는 사실을 기억하자.
- 교사의 말이 학생들에게 큰 영향을 미칠 수 있다는 점을 명심하자.

공부하고 있다는 착각

10장

공부 계획을 세우는 것부터 공부다

How to Plan Your Work

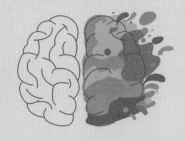

이 장은 공부를 계획하는 습관을 아직 들이지 못한 사람들을 위한 장이다. 놀랍게도 대부분의 대학생이 이에 속한다. 이들을 대상으로 설문조사를 실시한 결과 "공부할 때 무엇을 해야 할지 어떻게 선택합니까?"라는 질문에 대한 가장 공통적인 대답은 다음과 같았다. "다음에 해야 할 것을 한다."

　계획 수립에는 두 가지 측면이 있다. 공부해야 한다는 것을 기억하는 것과 공부를 위한 충분한 시간을 확보하는 것이다. 미래에 어떤 것을 하겠다고 생각했다가, 그것을 잃지 않고 나중에 기억하는 것을 **'미래 계획 기억**prospective memory**'**이라고 한다. 예를 들어 아침에 가스gas가 떨어졌다는 사실을 확인하고 이후 "오늘 저녁 퇴근길에 가스를 사야겠어"라고 생각하는 것을 미래 계획 기억이라고 한다. 다른 예로는 약국에서 약을 구매한후, 5일 동안 3회 약을 먹어야 한다는 것을 떠올리는 것이 있다.

물론 이러한 미래 계획 기억은 실패할 수 있다(가스를 구입하는 것을 잊어버리거나 정해놓은 시간에 알약 복용을 잊어버린다). 이러한 경우 해결책은 명백하다. 자신의 기억에 의존하지 않는 것이다. 대신 **적절한 시간에 행동하도록 도움을 주는 리마인더**reminder**를 사용하면 된다.** 가령 퇴근길에 잊지 않고 확인하기 위해 자동차 핸들에 메모를 붙이거나 약을 잊지 않고 복용하기 위해 휴대전화에 알람을 설정할 수 있다. 그것은 좋은 전략이다. 그러나 그러한 리마인더를 활용하고자 한다면, 이것의 설정 방법을 일관성 있게 유지해야 한다.

계획 수립의 두 번째 요소는 활동을 마칠 때까지 얼마나 오랜 시간이 걸릴 것인지 판단하는 것이다. **사람들은 어떤 과제에 걸리는 시간을 과소평가하는 경향이 있다.** 이를 일컬어 '계획 오류planning fallacy'라고 한다. 가장 최근에 읽은 공공 건설 프로젝트에 관한 기사에 따르면 일반적으로 공사 프로젝트는 연기되고 예산을 초과한다. 예를 들어 시드니 오페라하우스는 700만 호주 달러(약 6억 원)의 비용을 들여 1963년에 개장할 예정이었다. 그러나 공사는 그 이후로 10년 동안이나 이어졌고 예산은 1억 200만 호주 달러(약 900억 원)가 투입되었다.

물론 프로젝트를 계획하는 사람들이 멍청해서 그런 것은 아니다. 그러나 그들은 어려운 문제에 대한 해결책이 효과가 있을 것이라고 과신하는 경향이 있다. 예를 들어 오페라하우스를 지을 때 발생한 하나의 문제는 빗물 처리 시스템이 제대로 작동하지 않는 것이었다. 게다가 사람들은 가능성이 낮은 잠재적 문제를 외면하려는 경향이 있다. 마치 합리적인 생각처럼 보인다. 일어나지 않을 사건을 왜 걱정을 한단 말인가? 그러나 문제는 복잡한 프로젝트를 연기시킬 수 있는 대단히 많은 요소가 존재한다는 것이다. 그 요소들은 일어날 가능성이 낮고 그래서 우리는 그 위험성

공부하고 있다는 착각

을 쉽게 무시한다. 하지만 전체적으로 봤을 때, 수많은 요소 중 하나가 실제로 발생할 가능성은 상당히 높다.

계획 오류는 쉽게 해결할 수 있다. 일단 계획 오류가 실제로 존재한다고 받아들이면, 자신이 필요하다고 생각하는 것보다 더 많은 시간을 공부에 할당하게 될 것이다. 미래 계획 기억의 실패를 예방하는 방법은 좀 더 까다롭지만 그 처방은 쉽게 설명할 수 있다. 해야 할 공부를 적는 습관과 그 목록을 점검하는 습관을 들이는 것이다. 하지만 **이러한 습관을 들이기 위해서는 많은 인내심이 필요하다.**

공부 계획을 세울 때

두뇌가 하는 일: 공부를 완수하는 데 충분한 시간을 할당하지 않는다. 그리고 공부 수행을 계획했다는 사실을 잊어버린다.

뇌 최적화의 기술: 어떤 공부를 언제까지 마무리지어야 하는지 분명하게 인식하기 위한 간단한 일련의 습관을 구축하자.

이 장에서는 계획 수립의 문제점을 해결하기 위한 방안을 제시하고자 한다. 일정 수립은 대단히 단순해야 한다. 각각의 공부 시간을 계획하는 대신 매일 일정한 시간을 공부하는 방식으로 계획을 세울 때 계획 수립은 단순해질 수 있다.

팁61 잠자는 시간을 아끼지 마라

사람들, 특히 학생들은 잠을 선택적인 활동으로 치부하는 경향이 있다. 수면 부족은 어떻게든 해결될 것이며, 주말에 밀린 잠을 보충할 수 있다는 이상한 가정을 하면서 말이다. 그들이 먹기나 숨쉬기처럼 다른 기본적인 활동에 하지 않을 실험을 수면에 한다.

하지만 수면은 인지 능력에 직접적인 영향을 미친다. **수면 부족은 사고력과 집중력을 저해한다.** 또한 기분을 불안정하게 만들어 주변에 있는 사람들을 힘들게 한다. 더 놀라운 사실은 수면 부족은 전날의 학습을 망치기도 한다는 것이다. 오늘 배운 내용은 오늘 기억 속으로 들어간다. 그러나 그러한 기억이 '자리를 잡는 것', 즉 보다 견고한 상태로 형성되기 위해서는 또 다른 과정이 필요하다. 그리고 그 과정은 **수면을 취하는 동안에 이루어진다. 수면 부족은 전날의 학습 성과를 망칠 수 있다.**

미국 질병통제예방센터CDC에 따르면, 10대는 매일 8~10시간의 수면을, 그리고 성인은 7~9시간의 수면을 취해야 한다. 이 지침보다 적게 자는 사람은 연구마다 다르게 나타나지만, 일반적으로 50퍼센트를 넘지 않는다.

대부분의 사람은 충분한 수면을 취하지 않는다. 그 이유는 너무 늦게 잠자리에 들기 때문이다. 즉 알람이 울리기도 전에 일찍 일어나는 것이 문제가 아니다. 우리는 종종 잠을 자야 할 시간이 훌쩍 지났음에도 졸음을 느끼지 못한다. 그 이유는 무엇일까?

우리의 몸은 '잠을 잘 시간'을 알려주는 두 가지 신호에 민감하게 반응한다. 그중 하나는 신체의 내부 시계다. 좀 더 구체적으로 말해서 이는 코르티솔cortisol이라고 하는 호르몬의 생성을 말한다. 코르티솔은 알람과 같은 기능을 한다. 우리의 몸은 아침에 다량의 코르티솔을 생성하고 저녁에는 적게 생성한다. 우리가 이러한 신체 시계의 존재를 가장 두드러지게 확인하는 경우는 시간대를 벗어날 때다. 가령 런던 사람이 토론토로 여행할 때, 그는 오후 6시에 졸음을 느낀다. 그 이유는 그의 몸이 오후 11시라고 생각하기 때문이다. 십대 시절에는 코르티솔 생성의 최고치와 최저치가 그리 크지 않다. 그래서 10대 때는 대개 밤에 많이 졸리지 않고 아침에 일어나기 힘들다.

우리 몸은 외부 신호에 주의를 기울인다. 예를 들어 자기 전 루틴이 있다면(양치질과 세안을 하고, 잠옷으로 갈아입고, 조명을 어둡게 해놓고 잠시 책을 읽는 것처럼) 몸도 그러한 루틴을 학습한다. 그리고 루틴을 실행했을 때, 몸은 이제 잠을 잘 시간이라는 사실을 알게 된다.

앞서 언급한 연구는 더 나은 수면을 누리기 위해 취해야 할 구체적인 방법에 대해서 말해준다. 아침에 일어나는 시간을 늦추는 것은 어렵다. 그러므로 잠을 더 많이 자려면 잠자리에 일찍 들어야 한다. 또한 우리는 외부의 신호를 상대적으로 쉽게 바꿀 수 있다. 내부 신호는 변화의 속도가 느리기는 하지만, 결국에는 외부 신호에 보조를 맞추게 된다. 시차에서 회복될 때 바로 그러한 과정이 일어난다. 그렇다면 외부 신호를 바꾸는 몇 가지 방법을 살펴보자.

1. **일관적인 루틴을 만들자** : 잠들기 전 루틴을 만들면 조금은 바보 같다는 느낌이 들 수도 있고, 또한 몸이 그것을 배우기까지는 시간이 걸린다. 하지만 일단 익숙해지면 더 빨리 잠 드는 데 도움이 된다. 루틴의 일부는 정해진 시간에 잠을 자러 가는 것이다. 우리의 내부 시계는 훈련을 통해 그 시간에 맞추게 되며, 그래서 우리의 몸은 언제 잠이 들어야 하는지 알

게 된다.

2. **잠들기 한두 시간 전부터 화면을 멀리하자** : 화면에서 나오는 빛은 지금 시간이 실제보다 한낮에 더 가깝다고 알려주는 신호다. 이는 내부 시계를 혼란스럽게 만든다. 사람들은 쉽게 잠들지 못할 때 종종 잠이 안 와서 휴대전화를 들여다본다고 생각한다. 하지만 진실은 반대다. 전화기를 들여다보고 있기 때문에 잠을 자지 못하는 것이다.

3. **그냥 누워 있자** : 이 말은 좀 이상하게 들릴지도 모른다. 자신의 몸에게 혼란스러운 메시지를 보내서는 안 된다. 잠을 자야 할 시간을 정했다면, 그것을 지키자. 5분 동안 누워 있다가 잠이 안 온다고 일어나지는 말자. 눈을 감고 조용히 누워 있자. 그리고 어쨌든 휴식을 취하는 것이라고 생각하자.

4. **상식적으로 잠잘 시간을 정하자** : 잠드는 시간을 새벽 2시에서 밤 11시로 바꿔보려 한다고 생각해보자. 그럴 때, 10시 59분에 침대에 가서 그냥 누워 있지 말자. 대신 잠드는 시간을 기존 시간에서 30분이나 15분 정도 앞당기자. 일주일 혹은 규칙적으로 빨리 잠자리에 들 수 있게 될 때까지 새벽 1시 45분에 침대에 누워 있도록 하자. 그러고 나서 새벽 1시 30분으로 시간을 당기자. 그렇게 계속해서 이어나가자.

5. **가능하다면 낮잠을 자자** : 일부 사람들은 낮잠을 자는 데 어려움을 느낀다. 몸이 따라주지 않기 때문이다. 밤늦게 해야 할 일이 있는 경우, 낮잠을 통해 수면 시간을 확보하는 것은 좋은 방법이다. 낮잠에서 깼을 때 정신을 차리기가 힘들다면 그것은 숙면을 취했다는 신호다. 그렇다고 20분 이상 자지 말자. 안락의자처럼 완전히 편안하지는 않은 자세로 잠을 잔다면 너무 깊이 잠에 빠지는 것을 막을 수 있다.

공부하고 있다는 착각

팁62 공부할 시간을 미리 정해라

공부하기 위해 책상에 앉은 학생들은 무슨 공부를 할지 전력적으로 결정하지 않고, 코앞에 닥친 일부터 처리한다. 그러나 이러한 방법은 계획이라고 부르기 어렵고, 사태를 수습하는 것에 불과하며 세 가지 결과를 초래한다.

첫째, 벼락치기를 하게 된다. 화요일이 수요일까지 해야 하는 공부로 가득 채워져 있고 수요일이 목요일까지 해야 할 공부로 가득 채워져 있다면, 목요일 저녁이 되어서야 금요일 시험 공부를 시작할 수 있을 것이다.

둘째, "내일까지 해야 할 일이 뭐가 있을까?"라는 질문을 스스로 던지고 "아무것도 없다"는 답을 나올 때 이렇게 생각하게 된다. "그것은 오늘이 휴일이라는 의미다." 그러면 스스로 해야 한다고 말한 것보다 훨씬 덜 공부하게 될 것이다.

셋째, 외적인 마감 시간(시험과 같은)을 공부에 대한 기준으로 활용하는 방식은 일단 학교를 벗어나게 되면 깨뜨리기 힘든 습관이 된다. 그렇게 하면 동기부여를 받기 위해 마감을 찾게 될 것이다. 가령 장기적인 차원에서 경력에 도움이 되기 때문에 프로그래밍을 공부한다고 해보자. 학교에서 시험이 임박했을 때만 공부하는 습관을 들였다면, 그러한 응급상황이 없을 때 공부 시간을 내기는 대단히 힘들 것이다.

더 나은 전략은 과제가 아니라 시간을 기준으로 학습하는 계획을 세우는 것이다. 다시 말해, 매일 학습에 투자해야 할 시간을 계획하자. 내일이나 다음 며칠까지 처리해야만 하는 일이 없다면, 그 이후에 해야 할 과제에 시간을 투자하자.

이렇게 정해둔 시간을 절대 바꿀 수 없는 것으로 생각하자. 그 시간에 약속을 잡지 말자. 혹은 더 중요한 일이 있다고 하루를 건너뛰지 말자. 그 시간을 반드시 출근해야 할 근무 시간이라고 생각하자. 그러므로 반드시 지킬 수 있는 시간으로 계획을 잡도록 하자. 시험이 아닌 시간을 기준으로 계획을 세움으로써 중요한 이득을 얻을 수 있다.

- 여러 날에 걸쳐서 공부를 한다면 훨씬 더 잘 기억날 것이다. 그것은 방금 살펴본 수면의 긍정적인 효과, 그리고 공간 효과_{spacing effect}(팁 39 참조)의 산물이다. 시간을 기준으로 나눠서 공부를 한다면 동일한 시간에 더 많은 공부를 하게 된다.
- 시간 간격을 두고 공부할 경우, 시간이 얼마나 걸릴지 잘못 계산했다고 하더라도, 혹은 일어나지 말아야 할 일이 일어난다 하더라도(가령 룸메이트가 방문을 잠그고 며칠 동안 고향에 내려간 경우) 유연하게 대처할 수 있다. 전날까지 기다렸다가 과제를 처리한다면, 예상치 못한 일이 발생할 경우 시간이 예상보다 더 늘어나거나 심각한 문제로 이어질 것이다. 그러나 마감 시한이 며칠 남았다면 충분히 대처할 수 있다.

계획 오류에 대한 한 가지 보호 장치는 다른 일이 끝났다면 마감일에

공부하고 있다는 착각

앞서 과제에 착수하는 것이다. 매일 충분한 공부 시간을 마련해놓는다면, 이 방법은 분명히 효과가 있다. 다행히 자신이 충분한 공부 시간을 할당해놨는지 판단하는 확실한 방법이 있다. 가령 이틀 뒤 수학 시험이 있다는 것을 일정에서 확인한다고 해보자. 그런데 오늘 그 퀴즈에 대비하여 준비를 전혀 하지 않았고, 할당된 공부 시간은 이미 끝이 났다. 그렇다면 어떻게 해야 할 것인가?

이러한 경우, 비록 공부 시간이 끝났다고 해도 시험을 위해 좀 더 공부를 해야 할 것이다. 그리고 공부 시간을 15분이나 30분 정도 늘려야 할 것이다. **과제를 앞서나가도 결코 후회하지 않을 것이다. 이는 계획 오류에 대한 보험이다.**

매일 같은 시간에 같은 양의 공부를 하는 루틴이 익숙해졌다면, 무엇을 공부해야 할 것인지는 어떻게 결정할까?

한 줄 요약

과제를 기준으로 공부 계획을 세우는 것이 아니라, 시간을 기준으로 공부하는 습관을 들이자.

팁63 달력을 활용하라

공부 계획은 시험 아니라 시간을 기준으로 세워야 한다. 매일 특정한 시간만큼 공부에 할애하자. 예를 들면 두 시간 동안 공부할 마음으로 저녁 7시 30분에 자리에 앉아서 스스로 이렇게 묻는 것이다. "오늘은 무슨 공부를 할까?"

이 질문에 대답하려면 어떤 과제가 주어졌는지(혹은 스스로 부여했는지), 그리고 언제 끝내야 할지 알아야 한다. 해야 할 모든 것을 볼 수 있도록 그러한 정보를 한 자리에서 작성할 필요가 있다. 과제 읽기나 노트 정리하기, 시험 준비하기 등 해야 할 일이 많은 때는 특히 그렇다.

계획표를 활용하는 방법을 인터넷에서 검색하면, 계획표 정리를 정말로 좋아하는 부류의 사람이 쓴 지침을 발견하게 될 것이다. 그들이 올린 영상은 네 가지 색상의 형광펜을 사용해서 서로 다른 유형의 활동을 눈에 잘 띄게 만드는 방법이다. 그리고 화살표와 경계선을 그리고 대문자에 음영을 넣음으로써 강조하는 방법도 함께 보여준다. 또한 다양한 목록(일간·주간·월간 해야 할 일의 목록, 생일, 학술지 읽기, 선물 아이디어, 쇼핑 등)을 지속적으로 작성해야 한다고 강조한다. 계획 세우기를 좋아하는 사람이라면 이러한 일을 통해 만족감을 느낄 것이다.

나의 아버지가 바로 그런 부류였다. 덕분에 나는 계획 세우기와 정리하기의 장점이 무엇인지 목격할 수 있었다. 그러나 나는 그런 부류가 아니다. 내 본성은 무질서와 혼돈에 가깝다. 대학원에 들어갈 때까지 나의 시간 관리 시스템은 닥치는 대로 시간을 쓰고, 사과하고, 변명을 대는 일의 혼합이었다.

그러나 대학원에 들어가자 모든 일의 속도가 더 빨라졌고, 그만큼 더 체계적으로 일을 처리해야 했다. 그리고 과제들을 머릿속으로 처리하려고 하기보다 달력을 활용하는 것이 큰 도움이 된다는 사실을 발견했다. 그 방법이 너무나 만족스러워서 나는 내 단순한 시스템을 좀 더 복잡하게 만드는 시도도 해봤다. 하지만 그렇게 해서 얻은 이득은 아주 적었고, 나는 곧 예전의 단순한 달력으로 복귀했다.

공부하고 있다는 착각

달력을 활용하기 위해서는 두 가지 기본적인 원칙을 따르면 된다. 다른 일은 필요없다.

- **원칙 1 : 달력을 항상 들고 다니자.** 과제나 모임, 공항 픽업 등의 일정이 언제 생길지 모르기 때문에 달력을 항상 들고 다녀야 한다. 이러한 점에서 달력을 휴대전화에 저장하는 것은 좋은 방법이다. 우리는 이미 휴대전화를 들고 다니기 때문이다. 그래도 어떤 이들은 커다란 형태 혹은 종이 특유의 느낌과 관련해서 그들이 좋아하는 무언가가 있기 때문에 종이 달력을 더 선호한다. 또한 어떤 경우는 수업 시간에 전자 장비 사용을 금하기도 한다. 그럴 때 휴대전화 달력은 좋은 선택이 아니다. 어쨌든 자신이 습관적으로 들고 다니는 것과 더불어 달력을 활용하자. 종이 달력을 들고 다니길 원하지만 매번 가지고 나가야 한다는 것을 잊어버린다면, 자기 전에 현관에 달력을 놓아두자(팁 6 참조).
- **원칙 2 : 일정이 생기면 즉각 달력에 표시를 하자.** 나중에 무언가를 기억할 것이라고 장담할 수 없기 때문에 새로운 일정이 생긴 순간에 기록해야 한다. 기억하기가 힘들다고 생각한다면, 수업 종료 후 2분이 지난 시점에 알람이 울리도록 휴대전화를 설정하자. 알람이 울리면, 달력에 표시해야 할 새로운 과제가 수업 시간에 있었는지 떠올리게 될 것이다. 이를 통해 적어도 수업 시간에 주어진 과제는 꼼꼼히 챙길 수 있다.

준비하는 데 하루가 넘는 과제를 위해 일간 달력에 메모를 추가할 수 있다면 하나의 달력만 있어도 된다(주간, 월간 달력이 없어도 된다). 가령 교사가 9월 28일에 수학 퀴즈가 있다고 했다면, 즉각 그 일정을 달력에 적어넣자. 그리고 23일에 "5일 후 수학 퀴즈"를, 25일에 "3일 후 수학 퀴즈"

를 집어넣자. 다가오는 일정에 대한 메모는 중요하다. 이를 통해 계획 오류를 피할 수 있다.

이러한 일정을 해야 할 일의 목록에 따로 기입할 필요는 없다. 그냥 달력에 입력하면 된다. 공부를 기한과 분리하는 것은 옳지 않다. 공부를 하기 위해 자리에 앉을 때, 이 질문에 대한 결정을 내려야 한다. "지금 최고 우선순위는 무엇인가?" 각 공부의 기한은 계산에서 분명하게도 중요한 요인이다. 그런데 왜 해야 할 일과 마쳐야 할 일정을 따로 분리한단 말인가?

학기를 시작하면서 과제를 한꺼번에 받는다면, 받자마자 달력에 기입하자. 읽기 과제와 노트 정리를 위한 칸을 달력에 추가하자(4장 참조). 학기 일정을 받아서 방학 및 주요 학교 일정 등을 기입하자. 매일 공부하기로 선택한 시간을 표시하자(팁 62 참조).

모임을 달력에 기록하는 것의 중요성을 무시하지 말자. 이는 단지 파티와 같은 비공식적인 모임이나 친구들을 만나는 약속에만 적용되는 것은 아니다. 가령 자신이 좋아하는 풋볼 시합이 있거나, 좋아하는 아티스트가 음악을 출시하는 날도 표시를 해놓자. 그러면 달력을 보며 모든 일정을 확인할 수 있다.

이러한 두 가지 습관(달력을 항상 들고 다니기, 그리고 과제와 약속이 생길 때마다 기록하기)을 익혔다면, 무엇을 언제 해야 할지 분명하게 판단할 수 있을 것이다. 그리고 처음에 시작했던 문제(공부하기 위해 앉아서 무엇을 해야 할지 결정하는 것)는 대부분 해결될 것이다. 하지만 달력에 기록하는 방법을 바탕으로 하루 공부를 계획하는 방법으로 넘어가는 과정에는 좀 더 주의를 기울여야 한다.

공부하고 있다는 착각

팁64 '오늘의 공부 리스트'를 작성하라

매일 할 일 목록을 작성하는 것은 유용할 것이다. 나는 이러한 목록을 활용한 적은 없다. 앞서 말했듯이 나는 그리 체계적인 사람이 아니다. 나는 할 일 목록이 아니라 양말이 다 떨어졌다는 것을 깨닫고 세탁을 할 때가 되었다고 생각한다.

그러나 각각의 공부 시간에 대해서는 할 일 목록을 작성해야 한다. 즉 그날 공부해야 할 과제 목록을 작성해야 한다. 공부 시간마다 해야 할 일 목록을 작성함으로써 시작하자. 이를 하나의 의식처럼 생각하자. 해야 할 일 목록을 작성하는 습관을 들이기 힘들다면, 다음 방법을 참조하자.

1. 해야 할 일 목록에서 첫 번째 항목은 언제나 '오늘 해야 할 일 목록 작성하기'이다. 이는 반드시 해야만 하는 과제다.
2. 어제의 해야 할 일 목록, 끝내지 못한 항목을 오늘 목록에 추가하자.
3. 과제를 위한 달력을 확인하고, 해야 할 일 목록에 적절하게 추가하자. 달력을 꾸준히 잘 작성하고 있다면, 다가올 과제에 대한 메모를 최근 일정에 포함해야 한다. 가령 "일주일 후 정치학 시험, 7-11장"이라고 적어 넣자. 이는 다가오는 과제들을 표시했는지 이중 점검을 하기 좋

은 시점이다. 다가올 두 주를 분명하게 확인하자.

4. 커다란 과제를 작은 규모의 조각으로 적절하게 구분하자(이에 관련해서 더 자세한 사항은 11장 참조).

5. 해야 할 일 목록을 훑어보고 과제들을 수행하고자 하는 순서를 결정하자.

6. 공부 중에 새로운 과제를 발견했다면 그것을 목록에 추가하자. 예를 들어 시험을 준비하면서 학습 가이드를 작성하고자 한다면, 수업 노트를 정리해야 한다는 것을 잊어버렸다는 사실을 발견한다면, 그것을 해야 할 일 목록에 추가하자.

이 일련의 단계는 할 일 목록 작성을 실제보다 더 복잡해 보이게 만든다. 작성은 10분 이상 걸려서는 안 된다. 다음에 무엇을 해야 할지 항상 알 수 있기 때문에 결국에는 **시간을 절약해줄 것이다.** 해야 할 일 목록을 작성하지 않을 때, 과제를 마칠 때마다 이렇게 자신에게 물어야 한다. "좋아. 다음은 뭐지?" 그러한 의사결정을 매번 계속해서 하는 것보다 한 번에 결정하는 편이 더욱 효과적이다.

중요한 순서대로 과제를 적어라. 그리고 그 순서를 따라라. 많은 학생이 아마도 목록에 적은 모든 과제를 처리하지는 못할 것이다. 그리고 모두 처리했다고 해서 그 시간이 끝났다는 것을 의미하지는 않는다. 과제가 끝났다는 것은 다음에 무엇을 할지 확인해야 한다는 것을 의미한다.

해야 할 일 목록을 활용하면 공부 스트레스의 한 가지 원인은 제거할 수 있다. 한 가지 과제를 공부하는 동안 그것보다 더 중요한 과제가 있는 것은 아닌지 궁금해할 필요가 없다. 단기적인 과제들을 모두 살펴봤으니, 지금 가장 중요한 과제에 대해 공부하고 있다고 스스로 확신할 수 있다.

공부하고 있다는 착각

또한 해야 할 목록을 작성함으로써 동기부여 문제에 맞서 싸울 수 있다. 대부분의 학생은 공부 시간이 끝나고 나서 어디에도 도달하지 못한 것처럼 느낄 것이다. 아마도 예상치 못한 일련의 사소한 문제를 해결하는 데 많은 시간을 허비해야 할 것이다. 혹은 완전히 끝냈다고 생각한 과제가 사실 더 많이 공부해야 할 필요가 있는 과제였을 수도 있다. 다시 말해, 열심히 공부했는데도 출발점에서 그리 멀리 나아가지 못했다는 느낌을 받을 것이다.

해야 할 일 목록은 이와 같은 문제를 마술처럼 해결해주지는 않지만, 적어도 나중에 이렇게 말할 수 있도록 해줄 것이다. "내가 기대했던 단계에 도달하지는 못했다. 그러나 다른 것을 해치워야만 했다." 해야 할 일 목록은 무엇을 성취했는지 보여줌으로써 학생을 격려한다. 그렇기 때문에 **하나의 계획이 끝날 때마다 해야 할 일 목록을 검토하자.** 자신이 성취한 모든 일로부터 자부심을 갖는 것을 사소한 의식으로 만들자.

마지막으로 할 일 목록을 작성함으로써 미루려는 성향에 맞서 싸울 수 있다. 그러나 이를 위해서는 그 목록을 특정한 방식으로 작성할 필요가 있다. 이에 관한 논의는 11장에서 더욱 자세히 다룰 것이다.

한 줄 요약

각각의 공부 시간을 위해 해야 할 일 목록을 작성하면 더욱 집중할 수 있고, 가장 중요한 과제를 공부하고 있다는 확신을 얻을 수 있으며, 무엇을 성취했는지 확인할 수 있다.

팁65 인생을 위한 장기 목표를 세워라

이 책에 실린 내용들은 대부분 몇 주에 걸쳐 학습의 효과를 높이는 데 주안점을 두었지만, 계획과 관련된 내용은 몇 년에 걸쳐 학습해야 할 지적인 과정이다. 몇몇 학생은 시간이 지날수록 공부에 대한 책임이 커진다는 것을 느끼지 못해 계획의 필요성을 제대로 인식하지 못한다.

그러나 **숙고 및 계획의 노력이 없다면 중요한 기회를 날려버리고 말 것이다.** 가령 수학을 싫어하는 고등학생은 최소 졸업 요건을 채우자마자 수강을 멈출 것이다. 하지만 대학 원서를 넣을 때, 가고 싶어 하는 디자인 스쿨이 높은 수준의 수학 성적을 요구한다는 사실을 알게 될 수 있다.

그러므로 **장기적인 목표를 세울 필요가 있다.** 앞으로 10년 동안 어떤 분야에서 일하고 싶은가? 아직 정하지 않았다면 구체적으로 대답할 필요는 없다. 다만 광범위한 차원에서 생각해보자. 비즈니스나 기계공학 혹은 예술 분야? 흥미를 느끼는 분야가 워라밸work and life balance과 양립 가능한가? 원하는 경력을 어디서든 추구할 수 있는가, 아니면 일자리가 있는 곳으로 떠나야 하는가?

목표와 함께 **목표를 성취하기 위해 배워야 할 것들을 적어보자.** 이는 거꾸로 계획을 세운다는 의미다. 도달하고 싶은 목표가 있다면 필요한 것을 실천해야 하고, 그러려면 다른 것을 준비해야 한다. 그리고 그것을 준비하기 위해선 또 다른 것을 준비해야 한다. 다음 목표에 다가가기 위해 밟아야 할 한두 가지 **구체적인 단계를 적어보자.** 가령 전문가와 면담하기나 관련된 책 읽기, 혹은 온라인 수업을 듣기가 될 수 있을 것이다.

그렇다고 삶의 계획을 빼곡하게 세워야 한다는 것은 아니다. 윈스턴 처칠은 이렇게 말했다. "계획은 중요하지 않다. 그러나 계획을 세우는 일

공부하고 있다는 착각

은 대단히 중요하다." 그의 생각은 옳다. 처칠은 자신이 그려보는 구체적인 계획이 거의 수정되리라는 사실을 알았다. 상황이 매번 바뀌기 때문이다. 그럼에도 우리는 계획을 수립하는 행위로부터 도움을 얻을 수 있다. 계획을 세우는 과정에서 자신의 목표와 역량 및 활용 가능한 자원을 돌아볼 수 있기 때문이다.

이러한 조언(계획을 세우되 유연함을 유지하라)은 추구하는 목표뿐 아니라 목표에 도달하는 데 필요한 단계에도 그대로 적용이 된다. 최악의 공부 슬럼프를 겪는 대학생들은 계획을 세우고 효과가 없는데도 그것을 엄격하게 고수하려고 한다. 예를 들어, 무리하게 많은 과목을 신청한 탓에 결국 한 과목에서 낙제한 학생이 있다고 해보자. 그 학생은 이렇게 생각할 것이다. '안 돼. 나는 늦었어!' 다음 학기에 그는 지난번의 실패를 만회하기 위해 더 많은 과목을 신청한다. 그리고는 이렇게 생각한다. '목표를 지켜야 해. 더 열심히 공부해야 해!' 무슨 일이 일어날지 우리는 쉽게 예상할 수 있다.

유연성과 더불어, 계획을 수립하는 과정에서 충분한 회의주의를 발휘하자. 인터넷은 멋지지만 우리는 그 내용을 완전히 신뢰할 수 없다. "어떻게 소프트웨어 엔지니어(혹은 프로 농구 선수나 심리학과 교수)가 될 수 있을까?"라는 질문으로 검색했을 때 제시되는 웹사이트는 실제로 그 분야에서 일하는 사람이 작성한 것이 아닐 것이다. 그것으로 돈을 벌려는 누군가가 쓴 것이다.

자신이 추구하는 분야에서 실제로 활동하는 사람과 이야기를 나눔으로써 온라인 정보를 보완하자. 학생들은 자신이 알지 못하는 사람에게 그러한 요청을 하는 것을 대단히 불편해한다. 하지만 그렇게 생각할 이유는 없다. 일반적으로 사람들은 자신에 관해 이야기하는 것을 대단히 좋아하며, 다른 사람을 기꺼이 도와주려고 한다. 물론 너무 바쁘거나 이러한 요청을 너무 많이 받았을지도 모른다. 그러니 처음에는 몇 번 거절당할 마음의 준비를 하자. 거절당한다고 해서 부적절하거나 이상한 요청을 한 것은 아니다.

6개월에 한 번씩 자신의 목표를 점검하자. 여전히 그 목표를 추구하고 있는가? 6개월 전에 어떤 단계를 밟으려고 했던가? 지금 어떻게 되었는가? 자신의 경로에 대해 다시 생각하고 다음에 해야 할 일에 관해 더 많은 정보를 끌어모아야 할 시간인가? 연구 결과에 따르면, **자신의 발전 과정을 점검하는 이들이 그렇지 않은 이들에 비해 목표를 더 많이 달성한다.** 이는 우리가 밟고자 하는 구체적인 단계들을 적어보는 것이 중요한 이유다. 이를 통해 우리는 자신이 목표와 관련해서 나아가고 있는지 더욱 쉽게 평가할 수 있다.

시간은 우리의 예상보다 빨리 흘러간다. 학습 및 경력 목표와 관련해서 장기적인 계획 수립에 시간을 투자함으로써 빨리 지나가는 시간을 최대한 활용하자.

한 줄 요약

경력 및 꿈과 관련해서 장기적인 학습 계획을 수립하고 6개월마다 점검함으로써 자신이 발전해나가고 있는지, 혹은 목표를 수정해야 하는지 판단하자.

공부하고 있다는 착각

팁66 어떤 직업을 가질지 목표 정하는 법

무슨 직업을 선택할지 어떻게 목표를 세워야 할까? 여기서 우리는 세 가지 요소를 고려해야 한다. 첫째, 장기적으로 스스로 만족감을 줘야 한다. 둘째는 자신의 역량, 셋째는 시장이다. 세 가지 요소 모두 중요하다. 예를 들어 음악가로서 사는 삶이 대단히 만족스러울 것이라 생각하는 사람이 있다. 그는 상위 5퍼센트 안에 들 정도로 재능이 있다. 그런데 전문 음악가를 위한 고용 시장은 아주 작다.

이러한 상황에서 일반적인 조언은 "열정을 따르라"는 것이다. 즉 스스로 만족감을 주는 것에 무게를 두라는 말이다. 동시에 시장성을 고려해 기회가 많은 분야인 행사 기획이나 음악 치료사로 일하는 것에 대해 생각해보라고 말한다.

이와 같은 일반적인 조언을 제시하는 이들은 세 가지 요소 사이에서 균형을 잡기가 대단히 어렵다는 사실을 인정한다. 그러나 문제는 또 있다. 다른 영향으로 인해 계획이 얼마든지 틀어질 수 있다. 그러한 문제를 명확하게 확인하고 해결할 수 있는 방법에 대해 한번 생각해보자.

첫째 "열정에 따르라"는 말보다 **"당신의 목적에 따르라"는 말이 더 좋다.** 연구에 따르면 가장 행복한 사람들은 자신의 일에서 목적을 찾는 사람들이다. 이 사람들은 자신의 일이 타인의 삶에 긍정적인 영향을 미친다고 생각하며, 자신이 하는 일에 열정을 가지고 있을 때 일에도 목적이 있다고 느낄 가능성이 높다. 따라서 열정은 목적을 달성하는 데 기여한다. 그럼에도 불구하고 가장 우선시 해야 할 것은 목적이 아닌 목표다.

열정에 주목했을 때 생길 또 다른 문제는 자신의 결함을 무시하게 된다는 것이다. 자신의 결함은 많은 이야기를 들려준다. 스스로 많은 시간을 할애하는 활동은 자신이 정말로 무엇을 좋아하는지 말해준다. 그리고 이는 목표 지침이 될 수 있다. 가령 자신이 너무 말이 많다고 생각한다면, 교사처럼 말을 많이 할 필요가 있는 일을 해야 할 것이다. 항상 관심의 중심에 서야 한다면, 많은 청중을 대상으로 프레젠테이션을 하는 일을 맡아야 할 것이다. 혹은 모든 상황에서 부정적인 가능성을 본다면, 위험 평가와 관련된 일을 해야 할 것이다. 사람들은 종종 자신의 결함을 어떻게든 없애버리고자 한다. 그러나 우리의 결함은 우리의 정체성에 깊이 뿌리를 내리고 있으며, 그렇기 때문에 그것을 제거하기보다 새로운 방향으로 나아가게 만드는 것이 더욱 타당하다.

두번째는 목표는 개인적인 것이기 때문에 주변 환경을 무시하게 된다는 것이다. 하지만 다른 사람들은 목표를 달성하는 데 영향을 미친다. 함께 일하는 동료, 지인, 학교 친구를 통해 우리는 새로운 것을 배우고 발견할 수 있다. 따라서 주변 사람들이 내 계획을 모른다고 하더라도 그들은 내 목표에 영향을 끼칠 수 있다. **그리고 그 환경은 내 목표에 도움이 될 수도, 그저 그럴 수도, 독이 될 수도 있다.**

예를 들어 내가 1990년대 초 윌리엄스칼리지에서 학생들을 가르쳤을 때, 아주 많은 학생이 조깅을 했다. 내가 이야기를 나눠본 많은 학생은 고등학교 시절에 조깅을 하지 않았다고 했다. 그러나 그들이 윌리엄스칼리지에 입학했을 때, 모든 사람들이 조깅을 하고 있다는 사실을 발견하고 그들도 그렇게 했다고 말했다. 사회적 압력이 그 이유의 일부임은 분명하다. 그러나 이와 더불어 윌리엄스칼리지에서 조깅은 '쉬운' 일이었다. 즉 함께 달릴 사람을 발견하고, 좋은 경로와 장비에 관한 조언을 구하고, 달리기 클럽에 가입하기가 쉬웠다.

환경을 선택할 때(예를 들어 대학이나 직장을 선택할 때)는 자신이 들어가

공부하고 있다는 착각

게 될 환경에 대해 신중하게 생각할 필요가 있다. 그곳 사람들은 자신의 목표를 공유하고 있는가? 그 조직은 어떤가? 그리고 단지 말뿐이 아니라는 실질적인 증거가 있는가? 예를 들어 많은 기업은 개인의 성장을 지원하고, 직원들이 새로운 기술을 익히고, 새로운 경력으로 성장하도록 적극적으로 도와준다고 말한다. 그렇다면 우리가 들어가고자 하는 사업부에서 지난 몇 년간 그러한 지원 및 성장의 사례가 있었던가? 이를 지원하는 기업 정책이 있는가? 관련 교육 프로그램에 대한 수업료 지원이나 직업 개발을 위한 유급 휴가 제도가 있는가?

셋째, **사람들은 감정이 계산을 흐리게 만들 수 있다는 점을 과소평가한다.** 우리는 열정이 더 중요하다고 생각한다고 해도, 자신이 세운 목표가 현실적이기를 바란다. 예를 들어 우표 수집에 대단히 열정적이라고 해서 수집가들에게 우표를 판매하는 비즈니스를 시작했을 때 자신이 벌어들일 돈에 대해 지나치게 낙관적인 전망을 가져서는 안 될 것이다.

이러한 문제에 대처하는 놀랍도록 간단하면서도 효과적인 방법이 한 가지 있다. 우리는 다른 사람에게 조언할 때 훨씬 더 이성적으로 되는 경향이 있다. 걱정거리를 붙든 채 괴로워하는 친구가 있는데, 정작 내가 보기에 그 해결책이 분명한 경우에 대해 생각해보자. 가령 이런 식이다. "너를 세 번이나 속인 약혼녀와 결혼을 해서는 안 돼." 여기서 나는 선택에 감정을 이입하지 않기 때문에 객관적일 수 있다. 나는 그녀를 사랑하지 않기 때문이다.

삶의 목표에 관해서 분명하게 생각하는 과정에 감정이 끼어들지 않게 하기 위해서 **자신이 다른 누군가인 것처럼 스스로 조언을 하자.** 제삼자의 시선으로 자신과 자신이 처한 환경에 대해 분명하게 이야기하도록 하자. "댄, 너는 공대에서 사범대로 편입하는 것을 생각하고 있어. 고등학교 물리 교사가 되기 위해서지. 먼저 사범대학 입학위원회에 자신을 매력적인 학생으로 보이도록 만들려면 네가 했던 노력의 목록을 작성해보자고. 그러고 나서 사범대가 얼마나 힘든지, 그리고 취업 전망은 어떤지 생각해보도록 해. 다음으로 현재 학위 프로그램의 장단점에 대해 이야기를 나눠보자."

목표 수립은 복잡하며, 우리 자신이 인식하지 못한 요소에 영향을 받을 수 있다. 그러나 그 결과는 대단히 중요하기 때문에 우리는 목표를 세우는 과정에서 최대한 신중해야 한다.

한 줄 요약

장기적인 장래 목표를 생각할 때, 그러한 목표가 자신의 목적의식에 기여하도록 하고, 자신을 둘러싼 환경이 목표 달성을 위한 자신의 역량에 어떤 영향을 미치는지 파악하고, 또한 감정이 자신이 세운 목표에 영향을 미치지 않도록 하자.

팁67 장기 계획을 발전시켜라

목표를 구체적으로 수립했다면 첫 단계를 위한 계획을 세워야 한다. 그런데 실제로 그 단계들을 밟아나갈 가능성을 극대화하려면 어떻게 해야 할까? 이러한 유형의 목표는 달성하기 쉽지 않다. 부차적인 것처럼 보이기 때문이다. 즉 달성하면 좋지만 지금 반드시 해야 할 일은 아닌 추가적인 무언가로 보일 수 있다. 달성하지 못해도 나쁜 일이 일어나지는 않

공부하고 있다는 착각

을 것이다.

단계를 실행에 옮길 가능성을 더 높여주는 두 가지 방법에 관한 연구가 있다. 가장 먼저, **계획을 더욱 구체적으로 만들자.** 단지 "6개월 안에 골동품 매장 소유주들과 이야기를 나누고 싶다"라고 말하기보다, 이 과제를 위해 더욱 구체적인 일정을 잡을 수 있다. 가령 다음 달에 하나의 면담 일정을 잡고, 그 첫 사람으로부터 다음에 면담할 사람을 추천받겠다고 계획을 세울 수 있다. 부동산 중개인을 꿈꾸고 있다면, 부동산 사업을 막 시작한 지인을 점심에 초대해볼 수 있을 것이다. 그리고 그다음에는 부동산과 관련된 세 개의 온라인 입문 수업을 확인해볼 것이다.

더 나아가 **플랜 B를 세우자.** 나와 이야기를 나누려는 골동품 도매상을 찾기가 힘들다면 지역 비즈니스 공동체에서 활동하는 친척에게 도움을 요청해보자. 그리고 부동산 중개업자 지인이 큰 도움이 되지 않았다면, 그에게 최대한 많은 정보를 구하려 하고 있다고 설명하면서 나와 15분 동안 이야기를 나눠줄 동료가 있는지 물어볼 것이다.

이러한 임시 계획은 외부 장애물에 대비한 것이지만, **내부 장애물에 대한 계획을 세우는 일이 훨씬 더 중요하다.** 즉 실행에 옮기지 못하도록 방해하는 문제를 해결해야 한다. 예를 들어 부동산 중개인 지인에게 점심을 함께하자고 부탁을 하는 데에서는 아무런 어려움이 없는데, 자신이 정말로 관심을 갖고 있는 주제로 대화를 이끌어나가지는 못할 수 있다. 그 해결책은 미리 계획을 세워보는 것이다. 연구 결과에 따르면 **가정법의 형태로 계획을 세워보는 것이 도움이 된다.** 예를 들어 이렇게 생각해볼 수 있을 것이다. "웨이터가 주문을 받으러 오면 자연스럽게 대화가 중단될 것이다. 그때까지 내 계획에 대해 설명하지 못했다면, 웨이터가 자리를 뜨자마자 설명할 것이다."

그런데 왜 구체성이 도움이 될까? 이것은 기억의 강점, 문제 해결 능력에 약점에 관한 사례이기도 하다. "나의 목표다"라고 결심한 순간 많은 에너지와 정신적 여유를 갖게 된다. 목표를 설정하는 순간 피곤하거나 의욕이 떨어질 수도 있고, 이런 상태에선 문제 해결 능력이 힘을 발휘하지 못한다. 하지만 기억력은 기분이나 에너지의 영향을 크게 받지 않는다. 그래서 미리 계획을 세웠다면 기억하고, 무엇을 해야 할지 알 수 있다.

문제 해결 능력과 기억력의 차이는 장애물이 나타났을 때 더욱 두드러진다. 부동산 중개인과 점심을 먹고 있는데, 핵심 주제를 꺼낼 수 없다면 너무 긴장해 계획을 세울 수 없다. 하지만 긴장하더라도 미리 세웠던 계획은 분명히 떠올릴 수 있다.

한 줄 요약

다음에 실행해야 할 구체적인 단계를 계획하고, 그러한 단계를 밟아나가지 못하도록 방해할 장애물(내부든 외부든)을 예상하고, 장애물이 나타났을 때 취해야 할 행동을 계획함으로써 목표 달성의 가능성을 높일 수 있다.

학생의 목표를 판단하기보다
지금 할 수 있는 것을 찾아라

대부분의 교사는 할당된 과제를 기억하는 동시에 학생들이 계획표를 활용하도록 격려한다. 그러나 학생들에게 이렇게 묻는 교사는 거의 없다. "이 과제가 얼마나 걸릴 것이라고 생각합니까?" 교사가 학생들에게 과제 수행에 관한 계획을 세우도록 요청하지 않는다면, 교사의 사고 과정을 모형으로 만들어볼 필요가 있다.

학생에게는 다양한 수업 과제를 하나로 묶고, 각각의 상대적 중요성과 시급성을 저울질하고, 할 일 목록을 작성하는 중요한 일이 있다. 이를 위해서는 수업 간 협력이 필요하다. 이러한 점에서 자율학습이나 조회 시간은 고등학생들에게 훈련과 지침을 얻기 위한 기회를 제공할 수 있다.

아마도 교사는 장기적인 목표 설정에 대해 이야기하지 않았을 것이다. 그러나 학생과 개별 면담을 하면 이 이야기가 떠오를 것이다. 학생들의 진학에 대해 생각할 때는 더욱 그렇다. 예를 들어 커뮤니티칼리지 학생들은 4년제에서 계속해서 공부를 이어나갈지, 혹은 유기화학에서 받은 낮은 점수가 의학전문대학원을 포기해야 할 신호인지 궁금하게 생각한다.

학생의 목표가 성적 및 전망에 부합한다고 생각될 때, 면담은 쉽고 심지어 재미있기까지 할 것이다. 여기서 교사는 학생을 응원하고 몇 가지 조언을 주면 된다. 반면 목표가 비현실적일 때는 상황이 어렵다. 교사는 솔직한 피드백을 주고자 하면서도 또한 어떻게든 도와주는 모습을 보이고자 한다. 그렇다면 학생에게 단념하라고 말하기 전에 그가 목표를 달성할 수 없을 것이라고 어떻게 확신하는가? 그리고 무슨 말을 해야 하는가?

나는 그러한 상황에서는 피드백을 제공하지 않는 방식으로 이 딜레마를 해결했다. 대신에 나는 그들에게 필요한 것보다 그들이 해낸 것을 강조한다. 이런 식이다. "의학전문대학원에 진학한 학생들은 일반적으로 X와 Y, 그리고 Z를 했다. 너는 X를 했고, 분명하게 Y도 했다. 그러나 아직 Z를 하지 못했다." 그리고 나서 우리는 Z를 하는 데 필요한 것에 대해 이야기를 나눈다. 그리고 학생이 그것을 할 수 없다면, 그 요건을 우회할 수 있는 방법이 있는지 논의한다. 예를 들어 대학 마지막 학기라면, 학점이 낮은 것은 해결하기에 너무 늦었다. 그러나 과학 실험실에서 연구 조교로 몇 년간 일을 하면 좋은 경험을 쌓을 수 있고, 낮은 학점을 극복할 수 있으며, 연구실 책임자로부터 도움이 될 만한 추천서를 받을 수 있다.

한 줄 요약

- 학생들이 달력을 활용하는 습관을 들이도록 도움을 주자.
- 우선순위를 정하고, 시간 활용을 계획하는 일에 관한 지침을 세우는 것은 대부분의 학생에게 도움이 될 것이다.
- 학생들의 장기 목표와 관련해서 의논할 때, 그들의 재능이나 기술에 관한 전반적인 판단을 내리기보다 목표 달성을 위해 무엇이 필요한지, 그리고 그들이 지금까지 무엇을 해왔는지에 집중하자.

공부하고 있다는 착각

11장

공부를 미루고 싶은 욕구에 끌려다니지 마라

How to Defeat Procrastination

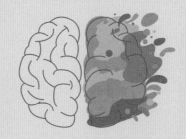

미루기 뒤에 숨어 있는 심리학은 복잡하지 않다. 우리는 더 좋은 느낌을 얻기 위해서 미룬다. **따라서 불쾌한 활동**(수학 숙제하기)**을 미루고 유쾌한 활동**(비디오 게임하기)**을 좋아한다.** 당연하게도 과제를 더 싫어할수록, 혹은 그 대안이 되는 활동이 더 매력적으로 보일수록 우리는 더 많이 미루려고 한다.

그런데 문제는 좀 더 복잡하다. 미래에 있을 것이라고 생각하는 쾌락이나 고통은 '지금'의 쾌락이나 고통과 똑같은 힘을 갖고 있지 않기 때문이다. 당뇨병 환자에게 의사가 묻는다. "일주일 뒤에 치즈케이크 한 조각을 디저트로 먹을 겁니까?" 환자는 당연히 이렇게 말할 것이다. "아뇨, 저는 당 섭취를 조절해야 합니다." 일주일 뒤의 치즈케이크는 그다지 유혹적이지 않다. 하지만 '지금' 눈앞에 놓인 치즈케이크 한 조각은 거부하기 힘들다.

마찬가지로 고통 또한 먼 미래의 일일 때는 그리 두렵게 느껴지지 않는다. 치과 가는 일이 너무나 무섭다고 해도 6개월 뒤에 가야 한다면 아마도 예약을 할 것이다. 그런데 접수원이 이렇게 말을 한다면? "예약 취소가 생겼습니다. 지금 당장 오세요."

쾌락과 고통의 값이 시간에 따라 달라진다는 개념으로 지금 비디오 게임을 하는 것(수학 숙제는 나중에 하겠다는 생각과 함께)이 먼저 수학 숙제를 하고 나중에 비디오 게임을 하는 것보다 훨씬 더 매력적으로 보이는 이유를 이해할 수 있다. 지금 비디오 게임을 하는 것은 높은 쾌락의 값을 갖고 있다. 하지만 그것을 나중에 하는 것은 그 값이 훨씬 더 낮다. 그 값은 치즈케이크와 마찬가지로 시간에 따라 달라진다. 수학 숙제 역시 마찬가지다. 그것을 지금 하는 것은 실제로 고통의 값이 높다. 그러나 미래에 하는 것은 그 값이 낮다.

'충동 통제Impulse control' 또한 중요한 역할을 한다. 충동은 두뇌가 즉각적인 욕망을 충족시키기 위해(그러나 장기적으로 나쁜 결과를 초래하는) 만들어내는 계획이다. 디저트 코너에서 "데스 바이 초콜릿Death by Chocolate(2인분)"을 본다면 그것을 주문하고픈 충동이 들 것이다. 누군가 운전 중 끼어든다면 앞서 나가 그를 따돌리고픈 충동이 들 것이다. 충동을 얼마나 잘 통제하는지와 관련해서 사람들은 저마다 다른 모습을 보인다. 그리고 이러한 성향은 미루는 습관과 관련해서 대단히 중요한 역할을 한다.

미루는 습관에 맞서기 위해 우리는 (1) **과제가 대안보다 더 매력적으로 보이게 만들기** (2) **충동에 따라 행동할 가능성을 줄이기**에 주목해야 한다.

공부하고 있다는 착각

> **미루고 싶은 유혹이 들 때**
>
> **두뇌가 하는 일:** 해야 하는 일은 당장은 고통스럽지만 나중에는 덜 고통스러울 것이라고 판단한다. 나아가 그 일에 대한 대안은 지금은 대단히 매력적으로 보이지만 나중에는 덜 매력적일 것이라고 생각한다. 그래서 해야할 일은 미루고 즐거운 대안을 선택한다.
>
> **뇌 최적화의 기술:** 해야 할 일을 덜 고통스럽게 보이도록 만들고 유혹적인 대안은 덜 즐거운 것으로 보이게 만들자. 그것은 스스로에게 어떻게 이야기하느냐에 달렸다.

우리의 궁극적인 목표는 **공부를 습관으로 만듦으로써 미루기에 맞서는 것이다.** 잠자기 전에 양치질을 하듯, 매일 자동적으로 과제를 시작한다면 더 이상 미루기는 없을 것이다. 여기서는 일을 하지 않는 것을 선택할 가능성 자체를 제거해버렸다. 이제 우리는 자동항법장치에 따라 움직인다. 이 과정에서 힘든 부분은 그 일을 습관처럼 느끼는 단계에 도달할 때까지 지속적으로 미루지 않는 것이다. 이 장에서 소개하는 팁들은 우리가 바로 그 단계에 도달할 수 있도록 도움을 줄 것이다.

팁68 의지력 대신 습관을 이용하자

아침에 일어나면서 우리는 커피를 내리는 더 효율적인 방법이 있을까 고민하지 않는다. 그리고 평소와 다른 반대 손으로 양치질을 해보려 하지도 않는다. 그것은 우리가 대부분의 시간 동안 자율항법장치에 따라 살아가기 때문이다. 언제나 하는 대로 한다.

이것은 게으름이 아니다. 무언가 새로운 시도("종이 커피 필터를 상추로 바꿔보면 어떨까요?")를 할 때 그 결과는 종종 좋지만 대부분 실패로 끝이 난다. 반면 자동항법장치에 따라 일을 하는 것은 창조적이지는 않지만, 과거의 결과가 긍정적이었다면 그러한 결과를 다시 한번 얻게 될 것이다.

또 생각 없이 그저 루틴에 따라 움직이는 습관적인 행동의 경우, 우리는 그 루틴을 시작하는 것에 대해서도 생각할 필요가 없다. 우리는 아침에 부엌에 들어서면서 이렇게 생각하지 않는다. "음. 커피를 내려야 할까?" 그저 내린다. 여기서 우리는 루틴 행동을 미루지 않는다. 거기에는 선택의 여지가 없기 때문이다.

나는 매일 공부할 시간을 정해놓는 방법을 추천했다(팁 62 참조). 공부를 시작하는 것이 잠자리에 들기 전 양치질을 하는 것만큼 습관이 된다면 가장 이상적일 것이다. **공부를 하기 위해 자리에 앉는 것이 하나의 습관이 될 때, 미루기의 위험은 사라진다. 선택할 대상이 없기 때문이다.**

그렇다면 어떻게 행동을 습관으로 만들 수 있을까? 짐작했겠지만 지속적인 반복이 그 해결책이다. 그래도 몇 가지 핵심 특성을 기반으로 반복을 할 때, 우리는 습관을 더욱 빠르게 형성할 수 있다.

첫째, 특정한 시간을 정해놓기보다는 해야 할 일의 연속으로 습관을 형성하는 편이 더 쉽다. 습관은 신호를 받아들인다는 점에서 기억과 유사하다. 정신적인 행동 계획에 신호를 보내는 환경에서(혹은 마음속에서) 무슨 일이 일어난다. "지금 이것을 해야 한다." 가령 우리는 샤워할 때 종종 루틴을 따른다. 즉 특정한 순서에 따라 몸을 씻고, 샴푸와 컨디셔너를 사용하고, 면도를 한다. 이러한 샤워 루틴에서 한 가지 행동을 마무리하는 것은 다음 행동에 대한 신호로 작용한다. "오전 6시 35분이군"은 이러한 신호가 아니다. **시간은 효과적이지 않은 신호다.** 그 이유는 계속해서 시간을 관찰하고 있을 수 없기 때문이다. 반면 특정 행동의 마무리는 분명한 신호가 된다. 방금 머리를 감았다는 사실을 놓치기는 어렵다.

공부하는 습관을 들이기 위해서 **무엇이 신호로 기능할 수 있는지 생각해보자.** 고등학생이라면 "저녁을 먹은 뒤 설거지를 끝냈다"라거나 "방과 후 간식을 먹었다"가 그러한 신호가 될 수 있다. 또한 우리는 그러한 신호가 매일 제 기능을 수행할 수 있는지 확인해야 한다. 이러한 점에서 만약 다른 형제와 번갈아서 설거지를 하는 경우라면 "저녁 설거지를 끝냈다"는 좋은 신호가 될 수 없다.

습관 형성의 속도를 높이는 또 다른 방법은 흐름을 현명하게 선택하는 것이다. 가능하다면 하루 중 공부에 투자해야 할 시간대를 잡자. 방과 후 친구들과 어울려 놀기를 좋아한다면 "학교에서 돌아왔을 때"는 좋은 신호가 될 수 없다. 그러나 "토요일 운동 이후"는 좋은 신호가 될 수 있다. 비록 운동 시간이 변할 수 있다고 해도 말이다. 아침에 일어나 자동으로 샤워를 하는 것과 마찬가지로 신호(토요일 운동을 마치고 집으로 돌아오는 것)가 계속해서 이어지는 한 루틴은 그대로 지속될 것이다.

그렇다면 습관을 들이는 데 어느 정도의 시간이 필요할까? 한 실험에서 연구자들은 피실험자들에게 돈을 지급하고 건강한 음식이나 음료, 혹은 운동과 관련하여 그들 스스로 선택한 습관을 들이도록 했다. 그 결과, 그들의 새로운 행동이 습관으로 자리를 잡는 데 평균 66일이 걸린 것으로 나타났다. 하지만 그 기간은 18일에서 254일에 이르기까지 아주 다양하게 나타났다. 그 편차는 계발하고자 하는 습관의 유형, 개인의 성격, 그리고 둘 사이의 조화에 달렸을 것이다.

대학생이라면, 나는 대학을 9시부터 5시(혹은 10~6시나 자신에게 맞는 특정한 시간대)까지 다니는 직장으로 생각하라고 권하고 싶다. 월요일에서 금요일까지 40시간은 결코 타협할 수 없는 근무 시간이라고 생각하자. 그 사이에는 빨래를 하거나 사교 활동을 할 수 없다. 수업을 듣거나 공부를 해야 한다.

나와 내 동료 교수들이 박사학위 과정 학생으로 누구를 받아들일지 고민할 때, 우리는 대학을 갓 졸업한 사람보다는 직장 경험이 있는 사람을 더 선호한다. 9시부터 5시까지 일을 해본 사람은 과제를 수행하는 습관이 들었기 때문일 것이다. 그들은 출근하고 일을 하는 데 익숙해져 있다. 비록 어떤 날은 하기 싫다고 하더라도 말이다.

학습 시간을 습관으로 만드는 것은 멋진 일이다. 그러나 습관을 형성하기까지 66일 동안(혹은 특정 기간 동안)은 의지력에만 의존해야 한다. 그러나 의지력은 공부를 하도록 만드는 과정에서 신뢰하기 힘든 동맹이다. 의지력은 기분과 신체 상태 및 환경에 따라 변한다. 이제 습관을 형성하는 기간 동안 꾸준히 공부할 수 있는 방법에 대해 살펴보자.

> **한줄요약**
> 공부 시간을 습관으로 만드는 것은 미루기에 맞서는 최고의 방법이다. 그것은 공부를 선택해야 할 필요성을 제거해버리기 때문이다.

팁69 목표는 짧고 구체적으로

• 코끼리를 먹을 때, 한 번에 한 입씩 먹어라 - 미상

공부하고 있다는 착각

- 천 리 길도 한 걸음부터 - 한국 속담
- 오늘 하루만 - 알코올 중독자 갱생회 슬로건

위의 문구는 모두 같은 이야기를 들려준다. 야심 찬 목표는 너무도 위압적이라서 우리는 쉽게 도전하지 못한다. 이를 위한 해결책은 더 작은 목표를 세우는 것이다. 코끼리 전체를 먹는 것에 대해 생각하지 말고 그저 한 입씩 먹자. 그리고 평생 술을 끊겠다고 다짐하는 대신 오늘 하루를 술 없이 버텨보자.

이러한 전략이 효과가 있는 이유는 다음과 같다. 선택을 할 때, 우리는 자신이 얻게 될 것을 얼마나 좋아하는지(혹은 싫어하는지)만이 아니라, 그것을 얻을 가능성 또한 고려한다. 예를 들어 누군가 내게 초콜릿바, 혹은 10만 달러 중 하나를 선택하도록 한다면, 무엇을 골라야 할지 자명하다. 그런데 초콜릿 바를 선택한다면 확실하게 얻을 수 있지만, 10만 달러를 선택하는 경우 받을 가능성이 0.000036퍼센트라고 해보자. 쉽게 말해서 1달러를 들고 초콜릿 바를 사거나 복권을 살 수 있다. 물론 10만 달러를 받을 수 있다면 좋겠지만 그 가능성은 매우 낮다. 나라면 확실한 초콜릿 바를 선택하겠다.

해야 할 과제를 성공적으로 마칠 수 없다고 생각할 때, 우리는 더욱 미루려고 한다. 가령 교사가 찰스 디킨스의 『황폐한 집』을 읽기 과제로 내줬다면, 우리는 아마도 미루기를 해야 할 모든 흔한 이유 이외에도 그 책이 무려 900쪽이 넘는다는 사실도 알고 있다. 그리고 그렇게 두꺼운 책을 끝까지 읽을 수 없을 것이라는 느낌은 그 책을 펼쳐보는 일을 복권을 사는 것처럼 느끼게 한다. "보상(책을 끝까지 읽는 것)은 매력적으로 보이지만, 내가 그 보상을 받을 것이라는 생각은 들지 않는다. 그런데 왜 읽기 시작해야 한단 말인가?"

위 사례들 모두 똑같은 조언을 제시한다. 그것은 어마어마해 보이는 과제를 작고 성취 가능한 조각으로 나누라는 것이다. 글쓰기에 관한 고전이라 할 수 있는 앤 라모트Anne Lamott 의 『쓰기의 감각』은 엄청나게 많은 숙제를 나누는 방법으로부터 비롯되었다. 그녀는 이렇게 설명했다.

> 30년 전, 당시 열 살이었던 내 오빠는 3개월 전 숙제로 받은 새에 관한 보고서를 쓰려 하고 있었다. 이튿날이 마감 시한이었다… 오빠는 거의 울 듯한 표정으로 부엌 식탁에 앉아 있었다. 그리고 주위에는 종이 뭉치와 연필, 그리고 아직 펼쳐보지도 않은 새에 관한 책들이 널브러져 있었다. 오빠는 숙제의 엄청난 양에 완전히 압도되어 있는 듯했다. 그때 아버지가 오빠 옆에 앉으시더니 손을 오빠의 어깨에 올리면서 이렇게 말씀하셨다. "얘야, 하나씩 하려무나. 하나씩."

팁 64의 내용은 공부를 시작할 때마다 해야 할 목록을 작성하라는 것이었다. **해야 할 일 목록에 포함된 각각의 항목은 20~60분 동안 할 수 있는 작은 과제다.** 일반적으로 학습 과제는 이렇게 작은 단위로 주어지지 않는다. 그래서 우리는 그것을 부분으로 나눠야 한다. 그런데 대체 어떻게 나눠야 할까? 어떻게 구분해야 할지 모르겠다면, 해야 할 일의 목록에서 항목으로 만들자. 이것은 과제이고, 시간이 걸릴 것이니 이렇게 쓰자. "경제학 수업 프로젝트를 위한 계획 이해하기."

여기서 나는 거대한 과제를 작은 조각으로 구분하는 방법과 관련해서 소소한 도움을 주고자 다음의 세 가지 원칙을 제안한다.

일부 과제는 '**단계**'로 이루어져 있다고 생각할 수 있다. 각 단계는 이전

공부하고 있다는 착각

단계의 결과에서 비롯된다. 예를 들어 프로젝트 보고서는 네 가지 뚜렷한 단계로 구성된다. 조사하기, 개요 작성하기, 글쓰기, 편집하기. 6장에서는 시험을 준비하는 과정과 관련해서 다음과 같은 단계를 제안했다. 그것은 학습 가이드 작성하기, 학습 가이드 암기하기, 스터디 그룹 만나기, 과잉 학습하기였다(이러한 각각의 단계는 아마도 추가적으로 구분할 필요가 없는 적당한 크기의 과제일 것이다).

다른 과제들은 연속적인 단계가 아니라 '**범주**'로 구성되어 있다. 이는 앤 라모트의 아버지가 조언한 분할을 의미한다. 우리는 그와 똑같은 원칙을 '학습 가이드 만들기'에 적용해볼 수 있다. 수업 1에 대한 학습 가이드를 작성하고 난 뒤 수업 2, 그리고 수업 3에 대한 가이드를 작성할 수 있다. 그러나 원한다면 그러한 순서 없이 작성하는 것도 가능하다.

또 다른 과제는 자연스럽게 '**부분**'으로 구분할 수 있다. 그 과제는 실제로 해야 할 하나의 거대한 덩어리지만, 우리는 이를 인위적인 조각으로 구분해서 더욱 관리하기 편하게 만들 수 있다. 예로 프로젝트 보고서 과제 중 글쓰기 단계가 있다면, 그 단계를 세부적인 부분으로 나눌 수 있다. 15개 문제로 이루어진 과제를 35개의 문제로 구성된 것으로 생각해볼 수 있다.

과제를 단계나 범주 혹은 부분 등 무엇으로 나누든, 설명은 최대한 구체적이어야 한다. 여기서 목표는 과제에 착수할 때, 자신이 해야 할 일에 대해 생각할 필요가 없어야 한다는 것이다. 단지 과제를 "정부에 대한 검토. 퀴즈"라고 적지 말자. 어떻게 검토할 것인가? 장들을 다시 읽을 것인가, 노트를 살펴볼 것인가, 개요를 작성할 것인가?

과제는 구체적일 뿐만 아니라 비교적 짧아야 한다. 앞서 나는 그 기준을 20~60분으로 제시했지만, 이와 관련해서 엄격한 원칙이나 연구 자료는 없다. 다만 목표를 마음속에 간직하자. 과제를 쉽고 부담 없는 조각으로 구분함으로써 스스로를 과제로 유인하자.

> **한 줄 요약**
> 해야 할 일 목록의 항목을 관리 가능한 조각(20~60분 분량으로)으로 구분하자. 과제가 성취 가능한 것으로 보이면 미루기의 유혹이 그만큼 약해지기 때문이다.

팁70 공부를 하고 싶도록 포장해라

자신의 선택을 새로운 시각에서 바라봄으로써 과제를 더욱 흥미롭게 보이도록 만들 수 있다. 이 전략이 어떻게 작동하는지 알아보기 위해 여기서는 경제학자들이 '기회비용'이라고 부르는 개념을 활용할 것이다. 기회비용이란 잠재적 이득의 기회를 포기하는 것을 말한다.

예를 들어 열일곱 살 학생에게 엄청나게 부유한 친척이 10만 달러를 아무런 조건 없이 증여한다고 해보자. 학생은 10만 달러를 가진 채로 고등학교를 마치고 곧장 취업을 할 수 있다. 혹은 10만 달러를 가지고 대학에 진학할 수도 있다. 대학 진학이 좋은 투자라고 생각하면서 대학 졸업장을 받으면 더욱 높은 연봉을 주는 일자리를 잡을 것이라 기대한다.

등록금은 분명 직접적인 비용이다. 그러나 대학에 진학하는 선택에는 기회비용이 수반된다. 대학에 진학했기 때문에 10만 달러를 투자함으로써 수익을 올릴 수 있는 기회를 잃어버리는 것이다. 게다가 대학에서 4년

공부하고 있다는 착각

동안 공부함으로써 일을 할 기회도 상실한다. 그 기간동안은 소득을 벌어들일 수 있고, 어느 정도의 퇴직금과 더불어 좋은 근로자로서, 그리고 승진 자격이 있는 인재로서 평판을 쌓을 수 있다.

그런데 이 모든 것이 미루기와 무슨 관련이 있을까? 목요일 밤, 친구가 영화를 보러 가자고 한다. 원래는 월요일까지 마쳐야 하는 화학 숙제를 할 참이었다. 이 상황은 앞서 들여다본 비디오 게임과 수학 숙제의 상황과 흡사하다. 즉 즉각적인 즐거움과 나중의 지루함 대 즉각적인 지루함과 나중의 즐거움의 관계다. 그런데 여기서 영화를 선택하는 것은 미처 고려하지 못한 기회비용을 발생시킨다. 다시 말해, 영화를 선택하게 되면 화학 숙제를 마쳤을 때 느낄 수 있는 만족감도 포기해야 한다.

무언가를 미루고 싶은 마음이 들 때, **기회비용이 두드러지게 드러나는 방식으로 자신의 선택을 스스로 다시 설명하자.** 그저 "영화를 볼까, 아니면 숙제를 할까?" 같은 식으로 묻는 것이 아니라 "숙제를 모두 끝낼 것인가, 아니면 숙제를 미루고 그것을 끝냈을 때 느낄 수 있는 좋은 기분을 포기할 것인가?"라고 물어야 한다.

다음은 딜레마를 새로운 관점으로 바라보는 또 다른 방식이다. 심리학자 알렉산드라 프룬드Alexandra Freund는 우리가 미루기를 할 때 둘 중 하나에 집중하는 경향이 있다고 지적했다. 우리는 과제에 따른 과정을 싫어할 수도 있고, 혹은 그 목표를 싫어할 수도 있다. 예를 들어 어떤 학생이 학습 가이드 작성하는 일을 미루려고 한다. 그런데 그가 정말로 싫어하는 일은 학습 가이드를 만드는 것(과정)이 아니라 시험을 치르는 것(목표)이다. 그 이유는 그에게 시험 불안증이 있기 때문이다. 그래서 그는 시험과 관련된 모든 것을 미루려고 한다. 반면에, 어떤 학생은 데이터를 분석하는 일은 싫어하지만, 분석된 데이터를 바탕으로 파워포인트 프레젠테이션을 만들고 발표하는 일은 좋아한다.

과정이나 목표 때문에 자신이 무언가를 미룬다는 사실을 이해했다면, **자신이 그렇게 많이 싫어하지는 않는 과제에 집중할 수 있는지 살펴보자.** 가령 어느 학생은 이렇게 다짐할 수 있다. "나는 시험을 치르는 게 아니다. 배운 것을 요약하는 것이다." 다른 학생은 이렇게 말할 수 있다. "이것은 숫자를 분석하는 것이 아니다. 내가 하는 일은 프레젠테이션을 준비하는 것이다." 자신이 좋아하는(혹은 적어도 그렇게 많이 싫어하지는 않는) 부분을 강조하는 방식으로 과제를 새로운 시선으로 바라봄으로써 미루기에서 벗어날 수 있는지 확인해보자.

한 줄 요약

과제를 새로운 시선으로 바라봄으로써(결과와 과정, 혹은 목표) 선택을 더욱 흥미로워 보이게 만들 수 있다.

팁71 일단 공부를 시작하면 그리 나쁘지 않다

사람들은 자신의 감정적인 반응을 예측하는 데 놀랍게도 서툴다. 누군가 나더러 잘생겼다고 한다면 기분이 좋을 것이다. 반면 '핵노잼'이라고 한다면 마음에 상처를 입을 것이다. 일반적으로 사람들은 감정적인 반응의 방향을 잡는다(긍정적 혹은 부정적으로). 하지만 그 강도와 지속 시간을 과대평가하는 경향이 있다.

심리학자들은 사람들이 자주 미루는 운동과 관련하여 이러한 경향을 들여다봤다. 그리고 사람들이 운동을 미루는 이유 중 하나가 운동을 할 때 실제보다 더 괴로움을 느낄 것이라고 생각하기 때문이라는 점을 발견했다.

우리는 정신적인 과제에도 이와 똑같은 이야기를 할 수 있다. **일단 우리가 무언가를 시작한다면, 짐작했던 것만큼 고통스럽지는 않다는 사실을 발견한다.** 여기서 스스로 '그냥 시작해보자'라고 설득하는 한 가지 방법은 자신에게 이렇게 말을 하는 것이다. "나는 5분만 공부할 거야. 그게 정말로 고통스러우면 당장 그만둘 수 있어."

내 동생이 매일 조깅하는 습관을 들이려고 할 때, 그녀 역시 비슷한 전략을 채택했다. 그녀가 운동복을 입고 일단 나갔다면, 그것이야말로 중요한 일이다. 그녀는 언제든 그만둘 수 있었지만 그래도 스스로 항상 이렇게 말했다. "나는 오늘 조깅을 했어." 그리고 심지어 '오늘은 조깅을 하고 싶지 않으니 찻길까지만 나갔다가 바로 돌아올 거야'라고 생각했을 때조차 그녀는 빠짐없이 조깅을 했다. 그것은 생각보다 고통스럽지 않았다.

앉아서 공부하는 것이 끔찍하게 느껴질 때, 스스로 이렇게 말해보자. "오늘 해야 할 일 목록을 만들 거야. **목록을 만든 뒤에 쉬고 싶으면 곧바로 쉴 거야.**" 그러나 일단 해야 할 일 목록을 완성했다면, 시작하기에 그리 힘들어 보이지 않는 한두 가지 항목이 보일 것이다. 그러면 그것들을 시작하면 된다.

그러나 이러한 전략이 성공을 거두려면 일단 목록 작성을 마친 후 자신이 원할 때 정말로 휴식을 취하도록 스스로 허락하는 것이 중요하다. 여기서 핵심은 곧바로 쉴 수 있도록 허용함으로써 시작이 전혀 어려워 보이지 않게 만드는 것이다. 그러나 그것이 거짓말임을 스스로 안다면(예를 들어 휴식을 취하면서 죄책감을 느낄 것이라고) 시작을 쉬워 보이게 만든 것이 결코 아니다.

> **한 줄 요약**
>
> 공부를 시작하고 잠시 후 쉬도록 스스로 허락한다면 공부를 시작하는 일
> 이 덜 괴롭게 느껴질 것이다.

팁72 주변 사람에게 적극적으로 알려라

인간은 지극히 사회적인 존재다. 우리는 많은 일을 다른 사람과 함께
한다. 그리고 심지어 혼자서 일을 할 때조차 우리는 다른 사람이 자신을
어떻게 볼 것인지 신경쓴다. 자신에게 의미 있는 사람들을 자랑스럽게,
화나게, 혹은 행복하게 만들고 있는가?

자주 미루는 습관 때문에 스스로 실망하고 있다면, 사회적 관계의 특
성을 활용해서 그 문제를 해결할 수 있다. 먼저 친구에게 이렇게 말하자.
"이제 미루기를 줄이고 과제를 제때 하기 위해 노력하고 있어." 여기서
우리는 자신의 이러한 결심을 들은 친구가 두 가지 방식으로 도움을 줄
것이라고 기대할 수 있다. 그들은 친구에게 책임을 부여하고, 지지할 것
이다.

수치심은 책임감을 발동시키는 주요한 요인이다. 사람들에게 "이제 미
루지 않을 거야!"라고 선언하고 나서 일주일 후 그러한 결심을 실행에 옮
기지 못하면 당황하게 된다. 수치심을 하나의 자극제로 사용하는 것을 부
끄러워할 필요는 전혀 없다. 그리고 이러한 아이디어를 좋아한다면 스틱

K$_{stickK}$나 21해빗$_{21habit}$, 혹은 비마인더$_{Beeminder}$ 같은 약속 앱을 활용함으로써 결심을 더 강화할 수 있다. 물론 이러한 앱들은 종종 사라지곤 한다. 최신 정보를 얻고자 한다면 "약속 웹사이트"를 검색해보자.

이들 사이트 대부분 그 형태가 비슷하다. 먼저 무언가를 하겠다고 약속을 한다. 예를 들어 "매일 주중에 저녁 7시에서 10시까지 공부를 한다"고 설정한 후 매일 그 웹사이트에 로그인을 해서 자신이 약속을 지켰는지 보고한다(일부 사이트는 정말로 약속을 지켰는지 판단해줄 심판의 존재를 요구하기도 한다). 만약 약속을 지키지 못했다면, 신용카드에서 일정 금액이 비영리단체로 빠져나간다. 여기서 금전적 손실을 더욱 꺼리게 할 목적으로 특정 단체를 선택할 수도 있다. 예를 들어 자신이 반대하는 정치적 입장을 지지하는 단체를 선택하는 식이다. 동기부여를 더욱 강화하기 위해, 많은 웹사이트는 약속을 어겼을 때 이용자의 소셜 미디어 계정에 약속을 지키지 않았다고 알리기까지 한다.

스터디 그룹에 참여하는 것(팁 23 참조) 또한 그 자체로 책임을 부여한다. 모임을 갖고 수업 노트를 서로 비교하거나 다가올 시험에 대해 논의할 때, 다른 구성원들은 우리가 준비 과제를 모두 끝냈을 것이라고 기대한다. 동료들에게 느끼는 이러한 책임감은 마감 시한을 맞출 수 있도록 도움을 준다.

친구들은 책임감을 부여할 뿐 아니라 긍정적인 지원을 제공한다. 환경에 따라서 우리는 여러 가지 형태의 지원을 필요로 한다. 심리학자들은 이러한 지원을 네 가지 유형으로 제시한다.

- **감정적 지원** : 공감과 관심을 드러내는 사람들. 예를 들어 미루지 않기로 결심했는데도 제대로 지키지 못해 낙심하고 있는 사람에게 친구들

은 이야기를 들어주고 계속해서 노력하도록 용기를 북돋아줄 수 있다.

- **정보적 지원** : 조언이나 제안 혹은 정보를 제공하는 사람들. 예를 들어 그들은 미루기에 대처하기 위한 전략을 소개할 수 있고, 혹은 괜찮은 약속 웹사이트를 발견하도록 도움을 줄 수 있다.
- **실질적 지원** : 노력하는 과정에서 직접적인 도움을 주는 사람들. 예를 들어 파티에 가는 대신 공부를 할 것이라고 말했는데도 누군가 계속해서 유혹할 때 친구가 나서서 대변해줄 수 있다. 혹은 시험 전에 공부를 하고 있는지 함께 점검해줄 수 있다.
- **평가적 지원** : 스스로 평가할 수 있도록 정보를 제공하는 사람들. 예를 들어 미루기를 줄이려는 노력이 효과가 있는지 친구는 객관적으로 평가할 수 있다. 혹은 무언가를 바꾸려고 하는 결심이 효과를 드러내는 때를 알려줌으로써 미루기에 맞설 수 있다는 자신감을 높여준다.

이러한 유형의 지원에 대해 읽으면서 아마도 그중 한두 가지에 대해 이렇게 생각할 것이다. '아냐. 그건 내가 친구들에게서 원하는 게 아냐.' 혹은 한두 가지에 대해 "맞아!"라고 말할 것이다. 이러한 깨달음을 통해서 어떤 친구로부터 도움을 원하는지 좀 더 분명하게 알 수 있다. 분명하게도 뭐든지 미루려고 하는 친구에게 미루기를 줄이는 자신의 노력에 대해 이야기를 나누는 것은 좋은 생각이 아니다. 그러한 사람들을 배제하고 난 뒤, 위의 다양한 유형의 지원을 살펴보고 **친구들 중 자신이 필요로 하는 유형의 지원을 해줄 수 있는 능력과 의지를 가진 친구가 누구인지 한번 생각해보자.**

하지만 친구들이 어떻게 도와줄지 그 방법을 알고 있다고 기대하지는 말자. 친구들에게는 설명을 해야 한다. 그리고 위의 목록은 스스로 어떠

공부하고 있다는 착각

한 유형의 지원을 얻고자 하는지, 그리고 친구들이 어떠한 구체적인 행동을 취할 수 있는지 더욱 명료하게 설명할 수 있도록 도움을 줄 것이다.

어떤 이들은 좀처럼 남에게 도움을 요청하지 못한다. 하지만 나 역시 도움을 청하는 누군가를 결코 무시하지 않는다는 사실을 떠올려보자. 누군가가 자신에게 도움을 요청한다면 사람들은 대부분 기분 좋아한다. 그러니 친구들에게 기꺼이 그러한 기회를 선사하자.

한 줄 요약

미루기에 맞서 싸우는 노력의 과정에서 사회적 네트워크를 통해 감정적 지원과 실질적 지원을 얻을 수 있다. 하지만 이를 위해서는 자신이 노력을 하고 있으며, 또한 어떠한 유형의 도움을 필요로 하는지 사람들에게 설명해야 한다.

팁73 미뤄야 하는 핑계를 없애라

나는 6학년 때 학교 수업에서 새장을 만들었다. 그러나 첫 시간이 끝난 뒤 나는 새장을 만드는 데 도무지 재능이 없다고 결론을 내렸다. 합판 위에 나무 조각들을 어떻게 조립해야 하는지 도저히 알 수 없었다. 그리고 톱질은 삐뚤빼뚤했다. 결국 나는 포기하기로 했다. 나는 대충 작업했고 못이 구부러져도 뽑아서 새로 박지 않았다. 나는 내가 멋진 새장을 만들어내지 못할 것이라는 사실에 대해 미리 핑곗거리를 만들어내고 있었던 것이다. 심리학자들은 이를 '자기 불구화self-handicapping'라고 부른다. 우리는 예상된 실패에 대한 핑곗거리를 만들기 위해 자기 불구화를 한다.

미루기는 자기 불구화로 더욱 쉽게 이끌고, 그리고 동시에 성취에 대해 더 쉽게 부인하게 한다. 누구도 이렇게 말하지 않는다. "공부를 했는데도 낙제를 받으면 스스로 멍청하다고 느낄 테니 이번 시험에서는 공부를 하지 않을 거야." 대신에 다른 활동(빨래하기, 사교 모임 등)으로 시간을 채우고 마지막 순간까지 공부를 미룬다. 그러고는 이렇게 핑계를 댄다. "너무 바빠서 공부할 시간이 없었어!"

왜 그러는 걸까? 최선을 다하는 것이 이치에 맞지 않는가? 좋은 학점을 받을 가능성이 낮다고 해도 적어도 공부를 함으로써 그 가능성을 높일 수는 있다. 자기 불구화는 공부를 했는데도 낮은 학점을 받으면 스스로 심각한 문제를 느낀다는 것을 의미한다. 그 문제는 무엇인가?

물론 그 대답은 "멍청함"이다. 팁 60에서 나는 많은 사람이 지능은 대부분 타고나는 것이며 거의 바뀌지 않는다고 생각한다는 사실을 언급했다. 더 나아가 그들은 지능이 스스로 무엇을 하느냐가 아니라 스스로 누구인가에 관한 문제라고 믿는다.

다시 말해 똑똑한 사람은 열심히 노력해서가 아니라 좋은 유전자를 가졌기 때문에 성공한다. 그래서 시험에 통과하기 위해 열심히 공부해야 한다면, 그것은 스스로 아주 똑똑한 사람이 아니라는 사실을 보여주는 것이다. 그렇다면 열심히 공부했는데도 낙제를 받았다면, 이것이 무엇을 의미하게 될 것인지 상상해보자.

물론 지능에 관한 이러한 믿음은 잘못되었다. 그렇다. 지능은 부분적으로 유전자에 의해 결정된다. 그러나 동시에 무엇을 하느냐에 달린 것이기도 하다. 지능은 얼마든지 개선될 수 있으며 학습은 이를 위한 방법이다. 그러므로 "똑똑한 사람은 공부할 필요가 없다"는 말은 틀렸다. 그리고

　　　　　　　　　　　　　공부하고 있다는 착각

"시험을 망쳤다면 멍청하다는 의미다"라는 말 역시 틀렸다.

그렇다면 시험에서 실패했다는 사실을 받아들이는 더 나은 방법이 있을까? 좀 다른 사례를 보자. 가령 코미디 클럽의 오픈 마이크 나이트$_{open-mic\ night}$(누구나 마이크를 잡고 재능을 선보일 수 있는 무대—옮긴이)에 나갔는데 제대로 준비를 하지 못했다면 관객들에게 웃음을 이끌어내지 못할 것이다. 그런데 많은 준비를 했는데도 좋은 반응을 얻지 못했다고 해보자. 그러한 사실이 그가 재미없는 사람이라는 것을 의미하는가? 아니면 코미디는 힘든 일이며 그렇기 때문에 더욱 열심히 준비해야 하고, 성공하기 위해서는 오랫동안 노력해야 한다는 것을 의미하는가?

스스로 배우는 일은 결코 쉽지 않다. 이 책을 읽어나가는 동안 여러분은 아마도 제대로 이해해야 할 요소가 많다는 사실을 확인했을 것이다. 끈기를 갖자. 포기하지 않는다면 언젠가 결과를 확인할 수 있을 것이다.

한 줄 요약

사람들은 종종 시험이나 프로젝트에 실패했을 때 핑계를 만들어내기 위해 자기 불구화의 방식으로 미루기를 한다.

팁74 유혹적인 활동을 보상으로 전환하자

이 전략은 마지막 전략으로 활용해야 한다. 이는 반드시 해야만 하는 과제, 그리고 유혹적인 다른 활동 사이에서의 타협을 의미한다. 이를 위해 유혹적인 활동을 과제를 위한 보상으로 만들어보자.

이 전략은 미루도록 유혹하는 활동이 시간에 민감한 것일 때 특히 효과적이다. 이는 흔히 말하는 FOMO와 관련이 있다. FOMO란 'Fear Of Missing Out(남들보다 뒤처지는 것에 대한 두려움)'의 약자다. 그러나 여기서 나는 그 의미를 좀 더 확장해서 'Feeling Of Missing Out(남들보다 뒤처지고 있다는 느낌)'을 뜻하는 것으로 사용하고자 한다.

예를 들어 좋아하는 비디오 게임에서 몇 시간 전에 '핼러윈 업데이트'가 나오거나, 혹은 자신이 응원하는 스포츠 팀의 경기를 텔레비전에서 중계하고 있다고 해보자. 이처럼 흥미를 끄는 다른 활동이 무엇이든, 문제는 자신이 해야 할 일을 두려워하거나, 혹은 흥미를 끄는 다른 활동이 대단히 놀라운 것이라는 사실이 아니다. 문제는 지금 공부를 한다면, 나중에는 할 수 없는 무언가를 놓칠 것이라는 느낌을 받게 되리라는 것이다. 그렇다면 무엇을 해야 할까?

첫째, 해야만 하는 일에 주목하자. 시간이 정해진 매력적인 활동은 일반적으로 계획된 사건, 즉 미리 알 수 있는 사건이다. 팁 63에서도 언급했듯이, 과제는 물론 사교 모임 일정도 달력에 표시해야 한다. 가령 핼러윈 업데이트가 10월 30일에 나올 것이라는 소식을 들었다면, 이에 해당하는 시간을 달력에 표시하자. **중요한 사교 활동을 위한 시간을 따로 표시하면 미루기를 줄일 수 있다.**

그런데 그 시간을 따로 표시하지 않은 상황에서 반드시 해야 할 과제를 몇 시간 동안 해야 한다고 해보자. 여기서 유혹적인 활동을 시간 제약적인 하나의 덩어리로 포장할 수 있다면, **그 매력적인 활동을 과제를 위한 간헐적인 보상으로 만들 수 있다.** 말하자면 30분 공부한 뒤에 자신에게 5분 동안 게임 시간을 허락할 수 있다. 그런데 여기서 내가 '지금'이 특별한 순간이기 때문에 어떤 활동을 원하는 것, 그리고 공부를 시작하면

공부하고 있다는 착각

게임을 하거나 소셜 미디어를 확인하게 될 것이기 때문에 주의 집중에 문제가 있는 것을 구분하고 있다는 사실에 유의하자. 이 문제는 다음 장에서 자세히 살펴보자.

이 전략은 최후의 수단으로 활용해야 한다. 그것은 자신이 애초에 의도한 것보다 "휴식"이 훨씬 더 오랫동안 길어질 위험이 있기 때문이다. 그러므로 유혹적인 활동 때문에 해야 할 과제를 완전히 외면하게 될 위기에 처해 있을 때만 이 마지막 전략을 선택하도록 하자.

> **한 줄 요약**
>
> 어떤 활동이 대단히 유혹적이라 공부할 시간을 완전히 건너뛸 위기에 처해 있다면, 그 활동을 공부를 끝낸 것에 대한 보상으로 만들어보자.

팁75 한 번 미뤘다고 전부 실패한 건 아니다

습관 형성의 핵심은 매일 정해진 시간에 꾸준히 하는 것이다. 자신이 꾸준히 계획을 지켜나가고 있다는 사실을 지속적으로 추적하고 있다면, 그러한 노력에 자부심을 가질 만하다. **계획대로 공부한 날을 달력에 표시한다면 이러한 추적을 하기가 더 쉽다.**

그러나 일을 하기 위해 자리에 앉았는데 아무런 열정이 느껴지지 않고 자신이 하는 일에 비관적인 느낌이 드는 날도 분명 있을 것이다. 그러한 예감은 때로는 틀리고, 때로는 맞다. 도무지 집중을 할 수가 없어서 자신의 예감대로 끔찍한 시간을 보내야 할 수도 있다.

그럼에도 매일 그 자리에 앉는 것이 중요한 이유가 두 가지 있다. 첫째, 오늘은 비생산적인 날이 될 것이라는 자신의 예감이 정확하다고 해도, **무언가를 하는 것은 아무것도 하지 않는 것보다 훨씬 낫다.** 그동안에도 우리는 계속해서 발전하고 있다.

둘째이자 더 중요한 것으로, 그 일이 자신에게 중요하다는 사실을 스스로 보여줄 수 있다. 이러한 자아상에 대해서는 13장에서 더욱 자세히 살펴보겠지만, 여기서는 이렇게 한번 생각해보자. 피곤하거나 감기에 걸렸거나, 혹은 일을 하고픈 마음이 전혀 들지 않을 때조차 매일 자신의 업무 일정을 고수하는 사람을 볼 때 무슨 생각이 들겠는가? 분명하게도 이렇게 결론을 내릴 것이다. "그 사람에게 그 일은 정말로 중요하다." 우리는 꾸준히 일을 하는 자신의 모습을 볼 때도 이와 똑같은 결론을 이끌어낸다. **과제에 대한 약속을 지키는 자신의 모습을 바라보면서 학습자로서 자아상를 구축할 수 있다.**

그러나 여기에는 중요한 구분이 있다. 지속적인 노력에 자부심을 갖는 것과 노력의 연속에 집착하는 것은 다르다. 이렇게 생각하지 말자. '와우, 50일 연속으로 공부했어. 100일, 아니 365일 연속으로 공부를 할 수 있을지 궁금하군!' 연속에 집착하는 것에는 중대한 결함이 있다. 한 번의 실패에 중대한 의미를 갖게 된다는 것이다. 예를 들어 다이어트를 하는 사람이 결혼식장에서 맛있는 디저트를 먹고 나서 이렇게 생각하는 식이다. '망했군. 그렇게 노력했는데도 디저트를 잔뜩 먹고 말았어.' 그리고 그날 저녁 집으로 돌아왔을 때 이렇게 생각한다. '다이어트가 실패로 돌아갔으니 아이스크림도 먹어치워야겠어.'

실제로 우리는 연속의 관점에서 생각하는 것을 피해야 할 뿐만 아니라, 정말로 중요한 것을 위해서 휴식을 취할 줄도 알아야 한다. 예로 여자

공부하고 있다는 착각

친구의 생일을 축하하기 위해 레스토랑에 와 있다면, 시계를 훔쳐보면서 공부 시간에 늦지 않도록 빨리 파티를 끝내라고 재촉해서는 안 된다. 그것은 자신이 공부에 몰두해 있다는 것을 자기 자신에게 보여주는 것이 아니다. 그것은 연속해서 공부 기록을 이어나가는 것이 여자 친구보다 더 소중하다는 것을 보여주는 것이다. **꾸준히 노력하되 연속적으로 공부하는 것에 집착하지 말자.**

한 줄 요약

공부 습관의 일관성을 지키려는 노력은 동기를 부여하고 습관을 유지하는 데 도움을 준다. 그러나 연속에 집착하지는 말자. 연속은 필연적으로 깨지기 마련이다(또한 깨져야만 한다). 깨진 연속은 당연하게도 큰 좌절감을 가져다준다.

과제의 덩어리를 쪼개고, 일정을 수시로 알려줘라

미루기는 지극히 일반적인 문제다. 교사 역시 스스로 미루기로 인해 어려움을 겪고 있다면 학생들에게 그렇다고 말하는 것이 도움이 된다. 일부 학생은 자신에게 다른 사람이 전혀 이해하지 못하는 자기 통제의 문제가 있다고 생각한다. 교사는 미루기는 모두가 직면하는 문제이며, 성공적인 사람은 그 문제에 대처하는 방법을 배웠다는 사실을 학생들이 이해하도록 도움을 줘야 한다. 그렇게 한다면 학생들 역시 그 문제에 대처하는 방법을 배울 수 있다.

이 장에서 소개한 팁들 중 일부는 수업 시간에 사례로 제시하거나 학생들에게 도움을 주기에 좋은 방안이다. 예를 들어 학생들은 해야 할 일 목록을 작성해야 한다는 생각에 익숙하지만 실제로 그 목록을 작성해보지 않았을 수도 있다. 또한 복잡한 과제를 관리 가능한 조각으로 구분하는 방법과 관련해서 특히 도움을 필요로 할 수도 있다.

더 나아가 학생들은 이러한 하위 과제들의 일정을 세우는 것과 관련해서 도움을 필요로 할 것이다. 교사는 구체적인 방법을 제공함으로써 도움을 줄 수 있다. "모두 보고서를 쓰고 있죠? 이제 두 주 남았습니다." 수업 시간에 이렇게만 말하고 끝내지 말자.

대신에 학생들이 지금 시점에서 무엇을 끝내야만 했는지를 알려주자.

"보고서 마감이 두 주 남았다는 사실을 잊지 마세요. 지금쯤이면 주제를 정하고, 열 가지 자료 중에서 다섯 가지를 골라야 했을 겁니다. 그러나 그러지 못했다고 걱정하지는 마세요. 수업이 끝나고 그렇게 준비하세요." 또는 실제로 바람직한 발전에 관한 이러한 지침을 제공하는 방법 대신에, 중간 마감을 설정하는 방법을 생각해볼 수도 있다.

더 규모가 작은 과제의 경우에도 학생들은 어떻게 시작해야 할지 몰라서 쩔쩔매고 있을 수 있다. 그럴 때 최대한 구체적으로 과제를 내줌으로써 도움을 줄 수 있다. 이렇게 생각해보자. 무엇을 요구하는지 학생이 이해하지 못하거나, 혹은 이해한다고 해도 어떻게 시작해야 할지 모를 때, 학생이 선택할 수 있는 것은 무엇인가? 그 학생은 어디서 도움을 얻을 수 있는지 분명히 알고 있는가? 그 대답을 모든 학생이 알도록 하자.

한줄요약

- 교사가 미루기로 어려움을 겪고 있다면 학생들에게 그렇다고 함으로써 그것을 보편적인 문제로 만들자. 그리고 그 문제에 대처하는 방법을 함께 공유하자.
- 과제의 우선순위를 정하고 거대한 과제를 작은 덩어리로 구분하는 방법과 관련해서 학생들에게 도움을 주자.
- 대규모 프로젝트인 경우에 중간 마감을 정하자.
- 과제를 분명하게 냈는데도 학생들이 어떻게 시작해야 할지 모른다면, 무엇을 해야 할지 이해하도록 도움을 주자.

OUTSMART YOUR BRAIN

12장

환경을 통제해
집중력을 높여라

How to Stay Focused

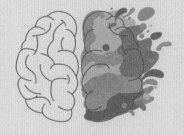

11장에서는 미루기의 문제와 이를 극복하는 방법에 대해 설명했다. 그러나 미루기가 유일한 문제는 아니다. 우리는 과제에 지속적으로 집중하는 것 역시 중요하다.

일반적인 주의 산만의 사례를 생각해보자. 한 학생이 공부를 하고 있는데 휴대 전화가 울린다. 중요하지 않은 문자 메시지다. 스냅챗에서 오늘 대화를 마무리 짓지 못한 사람에게서 온 것이다. 이제 그는 스냅챗에 접속해서 대화를 계속 이어나가고, 자신의 스토리를 업데이트한다. 그렇게 30분이 훌쩍 지나간다.

심리학자 앤절라 더크워스Angela Duckworth와 제임스 그로스James Gross는 주의 산만을 설명하는 네 가지 정신적 단계에 관해 설명했다. 첫째, 학생은 공부를 위해 '주변을 정리'하는데, 여기에는 휴대전화도 포함된다. 둘째, 전화기가 울리자 공부에서 전화기로 주의가 이동한다. 셋째, 그 알림을 중요한 것으로 '평가'한다. 그리고 넷째, 스냅챗에 접속함으로써 알림에 '반응'을 한다.

네 단계 중 어느 단계에서도 멈출 수 있었지만 결국 공부를 중단했다. 가령 휴대전화를 다른 곳에 두거나 무음 모드로 설정해둘 수도 있었다. 혹은 알림을 들었다고 해도 무시할 수 있었다. 아니면 알림을 봤는데도 중요하지 않다고 판단할 수 있었다. 또는 중요한 것으로 판단했어도 스스로 이렇게 말할 수 있었다. "중요한 일이기는 하지만 지금 나는 공부를 해야 해."

여기서 **단계가 진행될수록 대처하기가 더 힘들어진다는 점**에 주목할 필요가 있다. 한 시간 동안 전화기를 무음으로 설정해놓는 것은 상대적으로 쉽다. 반면 마무리 짓지 못한 스냅챗 대화가 중요한 것 같은데, 스냅챗에 접속하지 않기란 훨씬 더 힘들다. 이 장에서는 이러한 주의 산만을 중단하는 다양한 방법을 살펴볼 것이며, 특히 그중에서도 쉬운 방법에 주목해볼 것이다.

우리는 또 환경에서 비롯된 방해물에 의해 집중력이 분산된 경우 역시 살펴봤다. 그러나 우리는 딴생각, 즉 **마인드 원더링**mind wandering **때문에 집중력을 잃을 수도 있다.** 연구자들이 사용하는 이 용어는 자신이 원하는 집중 상태에서 다른 무언가로 집중의 대상이 옮겨지는 흐름을 말한다. 충분히 짐작할 수 있듯이 마인드 원더링은 (1) 과제를 더 오래 수행할수록 (2) 과제가 더 지루할수록 (3) 과제가 쉽거나 어려울 때 늘어나게 된다.

마인드 원더링이 발생하는 이유는 확실하게 밝혀지지 않았다. 일부 연구자는 사람들이 지금의 생각이 중요하지 않다고 판단할 때 마인드 원더링이 발생한다고 생각한다. 어떤 연구자들은 마인드 원더링이 두뇌의 자연스러운 상태이며, 우리는 한 가지 대상에 오랫동안 집중하기 힘들다고

공부하고 있다는 착각

본다. 비록 무엇이 마인드 원더링을 촉발하는지 알지는 못하지만, 연구자들은 이러한 현상을 줄일 몇 가지 효과적인 기술을 발견했다.

주의를 집중하려고 할 때

두뇌가 하는 일: 새로운 정보가 주변에서 튀어나올 때(주의 산만) 초점을 다른 곳으로 향하게 한다. 혹은 지금의 과제가 아닌 다른 생각으로 자발적으로 주의를 돌린다(마인드 원더링).

뇌 최적화의 기술: 주의 산만을 제어하는 가장 쉬운 방법은 환경을 바꾸는 것이다. 마인드 원더링에 맞서는 것은 더 힘들다. 최고의 전략은 그 불가피함을 인정하고 지금의 공부로 계속해서 돌아오는 것이다.

여러 환경에 따라 집중력을 유지하는 데 다양한 기술이 필요하다. 우리는 여기서 여러 가지 전략을 살펴보고 각각의 기술을 언제 사용해야 하는지에 대해서도 설명할 것이다.

팁76 어디서 공부할지 신중하게 고르자

"공부를 위해 조용한 장소를 찾아라." 이는 학생들이 듣는 가장 흔한 조언 중 하나인데, 여기에는 타당한 이유가 있다. 공간은 집중력을 강화할 수도 있고 흩트릴 수도 있다. 일단 공부할 장소를 정하면 아마도 집중하기가 좀 힘들다고 해도 거기에 어느 정도 머무를 것이다. 매번 자리를 옮기는 것 또한 피곤한 일이기 때문이다. 모두가 공부 장소를 선택할 수 있는 것은 아니다. 하지만 그럴 수 있다면 우리가 특히 주목해야 할 특성에 대해 생각해보자.

한편으로, 공부 공간의 선택 기준은 대단히 분명하다. **주의를 분산시킬 요인이 가급적 적은 곳을 골라야 한다.** 각각의 환경은 주의를 분산시키는 각각의 요인을 이 있는데 이는 사람들을 방해한다. 내 동료들은 집에서 공부하기를 좋아한다. 집은 조용하고 사람들이 찾아오지 않기 때문이다. 하지만 부엌 때문에 산만해진다. 시시때때로 부엌으로 가서 냉장고를 열고는 먹을 게 있는지 살펴보기 때문이다. 나는 온갖 고칠 것들도 신경 쓰인다. 한 친구는 침대나 안락의자가 있는 방에서는 공부하기가 어렵다고 말한다. 아무리 '5분간 숙면'을 다짐해도 한 시간으로 이어지기 때문이다.

우리는 자신에게 무엇이 가장 잘 맞는지 알아내야 한다. 나는 대학 시절에 종종 빈 교실에서 공부하곤 했다. 그리고 매일 저녁 다른 교실을 찾아 공부했다(팁 49 참조). 빈 교실은 공부하기 좋은 곳이다. 칠판과 책걸상 외에 주의를 분산시킬 요인이 '정말로' 없기 때문이다. 그러나 이후 나는 혼자서 공부하는 것을 좋아하지 않는다는 사실을 깨닫게 되었다.

우리는 공부를 하는 사람들과 함께함으로써 도움을 얻을 수 있다. 인간은 사회적 동물이기에 주변 사람들이 느끼는 것을 그대로 느끼려 하는 경향이 있다. 이를 '사회적 전염social contagion'이라고 일컫는다. 주변 사람 모두가 웃고, 두려움을 느끼고, 운동을 하고, 혹은 공부를 하고 있으면 나 역시 그러한 느낌을 받거나 그러한 활동을 하고자 한다. 도서관에서 공부한다는 말은 열심히 공부하는 다른 사람에 둘러싸인다는 것을 의미하며, 그러한 환경은 자극으로 기능한다.

어디서 공부할 것인지와 더불어 언제 공부할 것인지에 대해서도 따져

보자. 어떤 사람은 다른 사람이 자는 시간에 가장 공부가 잘된다고 한다. 사람들이 다 자면 주의를 분산시키는 많은 요소가 사라지기 때문이다. 그런 경우 일반적으로 새벽 네 시 정도에 일어나 공부를 한다. 물론 이러한 일정은 대부분의 사람에게는 현실적으로 적합하지 않다.

우리 몸의 수면 성향에 대해 상식적으로 생각해보라. 자신의 성향이 어떠하든 우리가 일정을 조정할 수 없는 어떤 한계가 존재한다. 일정이 탄력적인 대학생이라면 평일에 일찍 잠자리에 들고 일찍 일어나서 공부하는 방법에 대해서도 생각해볼 수 있다. 그러면 주의를 분산시키는 요소가 거의 없는 시간을 쉽게 발견할 것이다.

마지막으로, **효과적으로 공부할 수 있는 상황에 대해 비현실적으로 낙관적인 기대를 갖지 말자.** 아기를 돌보거나("아마도 오랫동안 잘 거야") 친구의 농구 경기를 지켜보거나("친구는 대부분 벤치에 앉아 있다") 혹은 명절 연휴를 보내기 위해 집으로 가는 친구의 차 안에서 공부를 할 수 있을 것이라 생각할 수 있다. 아마도 이렇게 생각할 것이다. '지루한 시간을 보내야 할 거야. 그동안 무언가 쓸모 있는 일을 해야 해.' 그러나 그러한 지루한 시간이 공부에는 적합하지 않다는 사실을 조만간 발견하게 된다. 물론 짬이 날 때 책을 들고 오면 아마도 어느 정도는 읽을 수 있을 것이다. 그러나 너무 기대하지는 말자.

> ## 한 줄 요약
> "공부하기 위한 조용한 장소를 선택하자"는 말은 대부분 맞는 말이지만 너무 단순한 이야기다. 우리는 최적의 시간도 고려해야 한다. 그리고 다른 사람이 방해가 아니라 도움이 될 가능성에 대해서도 생각하자.

팁77 같은 곳에서 더 높은 효율로 공부하는 방법

우리에겐 공부할 장소에 대한 선택권이 없는 경우가 더 많다. 혹은 최고의 장소를 발견했다고 해도 그 역시 완벽하지는 않다. 그러면 무엇을 해야 할까? 작은 변화를 통해 주의를 산만하게 할 가능성을 줄여야 한다.

교실이나 교실의 주의 산만 요인에 대해 생각해보자. **가급적 교실 맨 앞자리나 그 부근에 앉아야 한다.** 앞에 앉은 누군가가 신경 쓰이게 하는 행동을 할 위험이 적다. 그것은 앞에 앉은 학생들이 별로 없기 때문이기도 하고, 또한 앞자리에 앉은 학생들이 수업에 더욱 진지하게 집중하는 편이기 때문이기도 하다. 게다가 교사 가까이에 앉으면 교사의 표정을 더 잘 볼 수 있는데, 이는 주의 집중에 조금이나마 더 도움이 된다.

대학 수업에서 강의실에 너무 늦게 도착해서 할 수 없이 뒷자리에 앉았는데 앞에 앉은 학생이 노트북으로 영화를 보거나 인터넷 쇼핑을 한다면? 그런 화면을 외면하기는 쉽지 않다. 이럴 땐 **가능하다면 자리를 옮겨야 한다.** 아니면 최대한 몸을 돌려 화면이 잘 보이지 않도록 하자.

다음으로 친구가 수업 도중에 계속해서 말을 건다고 해보자. 그때 자리를 옮기거나 조용히 하라고 말하기는 쉽지 않으니 대신 **수업 내용을 따라가기가 힘들다고 친구에게 말하자.** 그리고 그 말이 효과가 없다면, 수업을 더 잘 듣기 위해서 앞자리로 옮겨야겠다고 말하자. 이러면 친구와의 관계를 어색하게 만들지 않으면서도 친구가 자신에게 말을 걸지 않도록 할 수 있다.

도서관이나 커피숍 같은 공공장소에서 공부할 때에도 방해 요인이 있다. **문제가 단지 소음이라면 귀마개를 착용하자.** 공공장소인 탓에 사람들이 얼마든지 말을 걸어도 된다고 생각할 수 있는데 그렇다면 사람들이 지

공부하고 있다는 착각

나다니는 통로 쪽을 등지고 앉자. 다른 사람을 쳐다보지 않는 것도 도움이 된다. 게다가 모자를 깊숙이 눌러쓰고 있으면 다른 이들에게 방해하기 힘든 자기 세계에 빠져 있다는 인상을 줄 수 있다. 노이즈 캔슬링 헤드폰까지 쓴다면 완벽하다.

사실 주의를 분산시키는 가장 큰 원인은 인간이 아니라 전자장비다. 컴퓨터로 작업을 할 때 브라우저나 문서, 혹은 폴더를 보게 되는데 그럴 때면 다른 일을 하거나 재미있는 웹사이트를 방문하고 싶어진다. 그럴 때 전체 화면 모드를 사용하면 집중해야 할 대상만 볼 수 있다.

휴대전화는 더욱 대처하기 쉽다. 무음으로 설정해놓으면 된다. 흔히 알람이 와도 확인하지 않으면 된다고 생각하겠지만 무시하려는 시도 자체가 하나의 방해 요인이 될 수 있다. 그럴 때는 전화기를 아예 꺼놓는 것이 무음 설정보다 더 낫다. 메시지가 왔는지 확인하려는 유혹이 덜 느껴질 것이다. 공부하는 중간에 정해진 시간에 확인만 하면 된다.

주의를 분산시키는 디지털 콘텐츠에 대한 접근을 제한하고자 한다면 (혹은 그렇게 해야만 한다면) **화면 시간 제한 앱을 설치**하는 방법을 고려해보자. 프리덤Freedom이나 안티소셜AntiSocial, 콜드터키Cold Turkey, 셀프컨트롤Self-Control 같은 앱을 설치하면 특정한 앱을 '나중에' 얼마나 사용할 것인지에 대한 의사결정을 '지금' 내릴 수 있다.

이러한 접근 방식이 너무 극단적이라고 생각된다면, 과제 외 시간을 제한하는 또 다른 두 가지 방법을 소개한다. 첫째, **스크린 모니터링 앱을** 설치하면 일주일 단위로 다양한 앱들에 얼마나 많은 시간을 투자했는지 확인할 수 있다. 둘째, 소셜 미디어 앱에서 **자동 로그인 기능을 해제**하는 방법이 있다. 매번 아이디와 비밀번호를 입력하는 것은 대단히 번거로운 일이며, 그만큼 로그인을 덜 하게 될 것이다. 또한 일부 앱에서 **알림을 꺼**

놓는 방법도 있다.

여기서 우리는 이러한 방법들을 관통하는 두 가지 일반적인 원칙을 확인할 수 있다. 첫째, 주의를 분산시키는 요인이 있다면 이를 환경에서 제거하거나, 혹은 덜 방해하는 방향으로 변화를 줘야 한다. 둘째, 주의 산만의 요인을 스스로 찾고 있다면 접근하기가 더 힘들도록 만들어야 한다.

다음 팁에서는 그중 두 번째 아이디어, 즉 저절로 찾곤 하는 주의 산만의 문제를 좀 더 깊이 들여다보자.

한 줄 요약

주의를 분산시키는 요소를 주변에서 제거하거나 눈에 덜 띄도록 만들어야 한다. 그런 방해 요인을 저절로 찾고 있다면 접근 자체를 차단시키자.

팁78 멀티태스킹 할 수 있다는 착각을 버려라

벨기에와 프랑스에서 자란 내 친구는 미국과 유럽의 업무 습관 차이를 이렇게 설명했다. "미국에서는 항상 일을 한다고 스스로에게 말하지만, 일을 하는 동안 언제나 다른 무언가를 하고 있다. 프랑스에서는 커피를 마시고 싶을 때 커피를 마신다. 그러나 미국에서는 커피를 가지고 와서 그걸 마시면서 일을 한다. 혹은 일을 하면서 음악을 듣는다. 아니면 다리를 책상에 올려놓고서는 이렇게 말한다. '보세요. 저는 일을 하면서 동시에 쉬고 있다고요.'"

한 번에 두 가지 일을 하는 것은 쉽지 않다. 사람들이 겪는 주의 산만

중 많은 것(아마도 대부분)은 스스로 자초한 것이다. 그들은 자신이 스스로 자초한 것을 깨닫지 못한다. 멀티태스킹(multitasking)을 할 때마다 우리는 주의를 분산시키고 있는 것이다.

다른 무언가(수학 문제를 푸는 것)와 동시에 지금의 과제(보고서를 작성하는 것)를 잘할 수 없다는 것은 당연한 사실이다. 문자로 대화를 주고받으면서 글쓰기를 하는 것처럼 두 과제 사이에서 전환할 때 대가가 따른다. 이는 우리의 직관에 부합하지는 않지만 진실이다. 그 대가는 두 과제 사이에서 '정신적인 게임 규칙'의 차이에 달렸다. 예를 들어 친구와 문자를 주고받으면서 '투명인간'에 관한 보고서를 쓰고 있다면, 보고서를 쓸 때는 특정한 글쓰기 방식을 사용하고 문자를 주고받을 때는 다른 글쓰기 방식을 사용한다. 그리고 그 두 가지 방식 사이를 전환할 때는 정신을 리셋reset 하면서 스스로 이렇게 말해야 한다. "좋아. 이제 '이러한' 방식으로 글을 써야 해."

1990년대 이래로 상당히 많은 연구 결과는 운전하면서 대화를 나눌 때처럼 대단히 익숙하고 간단한 상황 속에서도 이러한 리셋이 일어난다는 사실을 보여준다. 우리는 마음속으로 아주 단순한 두 가지 과제를 계속해서 수행할 수 있다고 생각하지만 사실은 그렇지 않다. 과제 전환에는 언제나 정신적 대가를 치르기 마련이다.

물론 이렇게 말할 수 있다. "보고서를 좀 더 천천히 쓰더라도 상관없어. 어쨌든 나는 보고서를 작성하면서 동시에 친구에게 문자를 보내고 싶어." 그럴 수 있다. 하지만 그 대가는 상당히 크다. 연구에 따르면 사람들은 멀티태스킹에 대가가 따른다는 사실을 알 때조차 그 대가를 과소평가한다.

우리는 이 이야기를 특히 미디어 멀티태스킹, 즉 배경으로 음악이나 영상을 틀어놓으면서 일을 하는 것과 관련해서 말할 수 있다. 설문조사 결과, 학생들은 이러한 유형의 멀티태스킹이 공부에 방해가 되지 않는다고 생각하며, 심지어 일부는 오히려 공부에 도움이 된다고까지 말했다. 그러나 실제 연구 결과는 다르다.

많은 사례에서 연구자들은 학생들에게 공부하면서 들을 음악이나 시청할 영상을 가지고 오도록 했다. 그러고는 교과서의 한 단원을 읽거나 수학 문제를 풀도록 했다. 여기서 일부 학생은 음악을 듣거나 영상을 보면서 공부를 했고, 다른 학생은 공부만 했다. 그 결과, 영상을 시청하는 데 따른 결과는 대단히 분명하게 나타났다. 영상을 틀어놓은 경우 학생들은 시간이나 정확성에서, 혹은 둘 다에서 어려움을 겪었다. 이는 학생들이 영상을 보지 않거나 단지 배경 소음 정도로 여길 때도 마찬가지였다.

음악의 경우 좀 더 복잡하다. 연구자들은 실험을 변형하며 가사가 있는 음악, 연주곡 혹은 클래식, 대중음악 등 다양한 음악으로 실험했다. 그러나 어떠한 경우에도 큰 차이는 나타나지 않았다. 음악은 때로 공부에 도움이 되고, 때로 방해가 되었다. 그것은 음악이 두 가지 상반된 효과를 발휘하기 때문이다. 음악은 주의를 분산시키지만, 동시에 힘 나게 하는 효과가 있다. 그래서 사람들은 운동을 하면서 음악을 듣는다. 그 조합의 효과가 긍정적인지 부정적인지는 음악으로부터 활력을 얻는 정도나 과제의 난이도를 비롯한 다양한 요소에 달렸다.

공부를 하다가 다른 일을 추가할 경우, 이것 역시 감정을 끌어올려줄 수 있다. 우리는 음악을 들으면서 친구에게 문자를 보내거나 소셜 미디어를 확인하는데, 이러한 활동은 성과에는 부정적인 영향을 미친다. 따라서 멀티태스킹을 통해 심리적 에너지를 얻으려 하지 말고 차라리 휴식을 취함으로써 기분을 전환하자.

미디어 멀티태스킹과 관련한 결론은 다음과 같다. 영상을 틀어놓는 것은, 비록 배경으로 기능한다고 해도 공부를 방해한다. 음악은 때로 도움이 되기도 하지만, 그러한 결론에 신중할 필요가 있다. 내가 이 책 전반에 걸쳐 강조하듯이 사람들은 자신의 사고 과정이나 과업의 질을 평가하는 데 그리 정확하지 않다.

> **한 줄 요약**
>
> 멀티태스킹을 하지 말자. 우리는 일을 동시에 집중하지 못한다. 두 번째 일을 추가하는 것은 언제나 첫 번째 일을 방해한다.

팁79 휴대전화 알림이 정말 필요한지 재평가하라

주의 산만에 대처하기 위한 정신적인 통제 단계를 떠올려보자. 상황을 정리하고, 주의를 옮기고, 평가하고, 반응하기. 상황을 정리하는 방법을 살펴봤고 주의를 분산시키는 잠재적인 요소에 주의를 집중하지 않도록 하는 방법들도 살펴봤다. 그렇다면 평가는 어떨까?

주의를 분산시키는 요소에 대한 새로운 평가는 소셜 미디어의 경우에 도움을 줄 수 있다. 알림이 울려서 휴대전화를 집어들었다면, 이는 그 알림이 지금 하고 있는 일보다 더 중요하다고 평가했다는 뜻이다. 하지만 이를 의식적으로 평가하지는 않았을 것이다.

아마 반사적으로 휴대전화를 집어들었을 것이다. 여기서 우리가 시도할 수 있는 한 가지 전략은 **반사적인 행동을 차단하고 이를 의식적으로 평가해보는 것이다.** 한번 생각해보자. 혹은 큰 소리로 말해본다면 더 좋을 것이다. "그 알림이 '정말로' 얼마나 중요한가?" 혹은 휴식을 취할 때까지 기다렸다가 그 알림을 확인했을 때, 후회하게 될 가능성, 즉 "왜 계속해서 공부를 했을까? 본능에 귀를 기울여서 즉각 전화기를 확인했어야 했어"라고 말할 가능성은 얼마인가? 휴대전화를 저절로 집어들게 되어 스스로 그러한 질문을 할 새가 없을 것 같으면, 자동 로그인을 해제해서 매번 아이디어와 패스워드를 집어넣도록 안전망을 마련해두자.

우리는 딴생각, 마인드 원더링의 경우에도 이와 비슷한 재평가 기술을 시도해볼 수 있다. 크게 말해보자. "다음 달 결혼식에서 입을 옷을 지금 당장 생각할 필요는 없어. 퇴근길에 운전하면서 생각해봐야지."

그러나 이 기술은 딴생각 내용이 감정적인 것일 때는 적용하기 힘들다. 예를 들어 수입이 줄어드는 바람에 기분이 상했는데, '지금은' 다가오는 시험을 대비해야만 한다. 그럼에도 그 문제에 집중해 있다. 물론 스스로 "지금 돈 문제로 고민하는 게 도움이 될까?"라 고 묻는다면 "아니다"라는 대답을 얻게 될 것이다. 하지만 그렇다고 해서 신경이 쓰이는 생각을 떨치기는 쉽지 않을 것이다.

감정이 문제를 일으키는 몇몇 상황에서는 앞서 내가 제안한 기술, 즉 심리적 거리 두기를 시도해볼 수 있다. 한번 생각해보자(혹은 다시 한번 크게 말해보자). 해야만 하는 일을 제삼자의 관점에서 자신에게 이야기해보자. "대니얼은 지금 화가 많이 나 있다. 그는 돈 문제로 심각하게 걱정하고 있다. 근무 시간이 줄어들어서 월세를 낼 수 있을지 확신하지 못하기 때문이다. 하지만 그 문제를 지금 당장 생각할 필요는 없다. 내일 오후에 학생 취업 사무소로 가서 다른 일자리를 알아볼 수 있다. 그리고 자신의 경제 상황을 다시 한번 생각해볼 수 있다. 그러므로 그 문제를 지금 당장 생각할 필요는 없다. 대니얼은 지금 시험 공부를 해야 한다."

여기서 핵심은 제삼자의 관점에 따라 자기 자신에 대해 이야기함으로써 문제로부터 감정적인 거리를 둘 수 있고, 또한 힘든 상황이지만 이성적으로 대안을 알고 있으니 대처하기가 더 쉬워진다는 것이다.

지금 소개한 방법들은 잠재적인 행동 과정을 재평가하는 데 집중하고 있다. 지금 정말로 휴대전화를 확인하고 싶은가? 무슨 옷을 입을지 고민을 정말로 하고 싶은가? 이러한 '재평가' 작업은 별로 효과가 없어 보일 수 있다. 그리고 다시 한번 강조하건대 애초에 휴대전화를 꺼놓음으로써 알림을 확인하는 행동을 평가할 필요가 없다면 더 좋다. 상황이나 주의의 방향을 의식적으로 바꿀 수 없을 때 자신의 생각을 재평가해보는 것은 하나의 선택권이 될 수 있다.

> **한 줄 요약**
>
> 휴대전화 등으로 주의가 산만해질 때 그러한 요인의 중요성에 대해 다시 한번 평가해볼 수 있다. 딴생각에 대처할 수 있는 최고의 전략은 제삼자의 시선으로 자신의 상황을 설명하고, 그 상황을 재평가해보는 것이다.

팁80 우리는 소셜 미디어를 원할 뿐 즐기진 않는다

휴대전화를 정말로 좋아하지만 공부를 할 때는 무음으로 설정해둔다고 해보자. 휴식 시간에 소셜 미디어를 확인하는 것은 보상이 되지만, 반대로 공부 시간에 휴대전화를 확인하지 못하는 것이 처벌이라는 사실을 깨닫게 된다.

그런데 "소셜 미디어를 확인하는 것이 보상이 된다." 이 말에 바로 납득했는가? 소셜 미디어 피드를 확인할 수 없는 상황이 갑자기 닥치면 이를 다급히 확인하고 싶어진다. 확인하기를 '원한다.' 그런데 마침내 확인을 했을 때, 정작 즐거운가? 물론 더 이상 다급함을 느끼지 않으니 좋겠지만 그 피드를 읽는 것이 실제로 즐거운 일인가?

원함wanting**과 즐거움**enjoying**은 같지 않다.** 뇌과학자들은 오랜 기간에 걸쳐 즐거움의 정체를 밝혀냈다. 연구자들은 초기에는 쥐가 보상을 받았을 때마다 도파민을 발산하는 회로가 활성화되므로 그 회로가 쾌락과 관련이 있는 것으로 보았다. 그러나 최근의 연구는 그 회로가 사실은 원함의 느낌에 연관되어 있으며 보상 회로와는 별개라는 사실을 보여준다. 과학자들은 두뇌가 "좋은 느낌이군!"이라고 말한다고 생각했지만, 실제로 두뇌는 "더 많이!"라고 말했던 것이다.

두뇌가 특정한 상황이나 행동을 보상과 연결하게 되면, 두뇌는 그것을 더 많은 것에 대한 욕망으로 연결한다. 문제는 보상이 줄어든다 하더라도 (상황 또는 행동이 예전처럼 보상이 되지 않음) 두뇌가 '더 많이'라는 반응을 버리지 않는다는 것이다.

우리는 소셜 미디어에 대한 느낌이 원함인지 즐거움인지 즉각적으로 구분할 수 있다. 이에 관해 작은 실험을 해보자. 공부 시간 동안 자신이 원하는 만큼 자주 휴대전화를 확인해본다. 하지만 세 가지를 반드시 기록한다. 휴대전화를 집어들 때마다 그것을 얼마나 확인하길 원하는지 1부터 7까지 점수로 기록하는 것이다. 공부로 다시 돌아올 준비가 되었을 때, 얼마나 휴대전화에 머물러 있었는지도 기록한다. 그리고 그 활동을 얼마나 즐겼는지 마찬가지로 1부터 7까지 점수로 기록한다.

이튿날에는 소셜 미디어 휴식을 절반만 허락한다. 그러나 평균 휴식 시간은 동일해야 한다. 여기서도 다시 한번 휴식을 시작하면서 얼마나 확인하고 싶어 하는지, 그리고 휴식을 마치면서 얼마나 즐겼는지 기록한다.

나는 둘째 날의 '원함' 점수가 첫째 날보다 더 높을 것이라고 확신한다. 그것은 휴대전화를 확인하기 위해 더 오랜 시간을 기다려야 했기 때문이다. 하지만 둘째 날의 '즐거움' 점수가 첫째 날보다 더 높지는 않았을 것이라고 확신한다. 소셜 미디어를 확인하도록 재촉한 것은 사람들이 올린 글을 보거나 자신이 얼마나 많은 "좋아요"를 받았는지 확인하는 흥분되는 보상이 아니다. 분명하게도 그 안에는 즐거움이 있지만, 우리의 충동을 불러일으킨 주된 동인은 '원함'이었다.

이 실험 이후로는 정기적으로 설정한 휴식 시간을 고수하자. 그리고 **휴대전화를 확인하고 싶은 충동이 들 때, 자신과의 대화를 시도해보자.** 피드 확인을 얼마나 즐겼는지를 객관적으로 기록하고 나서 그것을 그리 많이 즐기지는 않았다는 사실을 떠올리자. 우리가 지금 느끼는 다급함은 정말로 재미있는 것을 발견하리라는 예상이 아니다. 그것은 단지 '원함'이었다. 그리고 단지 즐거움은 잠깐에 불과하다는 사실을 떠올리자.

> **한 줄 요약**
> 휴대전화에 중독되었다고 느낀다면, 자신의 습관이 무언가를 즐기는 것인지, 아니면 단지 무언가를 원하는 것인지 알아보자.

팁81 껌 씹기는 짧게나마 효과가 있다

이 팁에 대한 증거는 다른 것들만큼 강력하지는 않다. 하지만 무설탕 껌을 씹는 행동이 집중력을 높여준다는 몇 가지 근거가 있다. 몇몇 연구는 학습 과제를 수행하는 동안 껌을 씹는 활동이 미치는 효과를 확인해봤다. 예를 들어 한 연구에서는 피실험자들에게 인간의 심장에 관한 12쪽짜리 설명을 읽도록 했다. 그리고 다른 연구에서는 여러 자리 숫자를 암산으로 곱하는 방법을 배우도록 했다. 그 결과 껌을 씹는 행동(씹지 않는 것과 비교할 때)은 학습의 효과를 높였고, 공부하는 동안에 더욱 깨어 있도록 만들었다.

실제 보고에 따르면 껌을 씹는 행동에서 가장 일관적으로 나타나는 효과는 사람들이 조금 더 활력을 느낀다는 점이었다. 그러나 성과에 대한 긍정적인 영향(사람들의 느낌과는 대조적으로)은 일관적으로 발견되지 않았다. 2011년 한 연구 보고서의 제목은 다음과 같았다. 「껌을 씹는 행위의 인지적 효과: 나타나거나, 혹은 나타나지 않거나」

결론은 껌을 씹는 행위가 집중력에 도움이 될 수도 있고, 되지 않을 수도 있다는 것이다. 또한 어떤 이에게는 도움이 되지만 다른 이에게는 도움이 되지 않을 수 있다. 혹은 특정 과제에만 도움이 될 수 있다. 연구자들은 아직 그 해답을 알지 못한다. 만약 도움이 된다면, 그것은 아마도 짧은 기간에 불과할 것이다. 그러므로 임시적인 강화, 다시 말해 다음 휴식 시간까지 버틸 수 있도록 해주는 임시방편으로 시도하자. 한번 실험을 해보고 자신의 느낌을 확인해보자.

공부하고 있다는 착각

팁82 만성적인 딴생각에 맞서는 방법

마인드 원더링에 대한 연구는 약 15년간 이루어졌다. 그러나 이를 억제하고자 하는 시도는 아직 걸음마 단계에 있다. 그래도 여기서 나는 도움이 될 만한 몇 가지 방법을 소개하고자 한다.

첫째, 의도적으로 중단한다. 연구자들은 학생들을 대상으로 수업 중 무작위적인 시점에 문자 메시지를 보내서(사전에 학생과 교사의 허락을 구했다) 그 순간에 생각하고 있던 내용을 기록하도록 했다. 그 결과, 학생 중 3분의 1은 그때 수업에 집중하고 있지 않았다. 더욱 놀랍게도, 그들 중 약 40퍼센트는 의식적으로 딴생각을 선택했다. 그들은 이렇게 생각했다. '수업은 너무 지루하다. 다른 무언가에 대해 생각해보자.' 그러나 이러한 문제에 대처하기는 어렵지 않다. 딴생각을 멈추고자 한다면 의식적으로 중단해보자.

두 번째 전략은 무언가를 읽는 동안 일어나는 마인드 원더링에 대한 것이다. 몇몇 연구 그룹은 큰 소리로 읽을 때 사람들이 더욱 집중하게 되는지 확인해봤다. 연구 결과는 일관적이지 않았다. 때로는 도움이 되는 것으로, 그리고 때로는 도움이 되지 않는 것으로 나타났다. 그리고 연구자들은 어떤 사람에게 도움이 되는지, 그리고 어떤 유형의 내용에 도움이 되는지 밝혀내지 못했다. 그러므로 이는 직접 시도해보고 효과가 있는지 확인해봐야 할 문제다.

마인드 원더링을 억제하기 위한 두 가지 기술은 실험을 통해 검증되지는 않았지만 고려해볼 만한 가치가 있다. 과제를 수행하거나 무언가를 추진하고 있을 때, 사람들은 그것에 집중한다. 위험한 순간은 그 일부를 끝냈을 때이다. 그때 다음에 무엇을 해야 할지 모른다면, 내 마음은 쉽게 떠돌아다니게 된다.

마인드 원더링을 막는 최고의 방법은 해야 할 일의 목록을 활용하는 것이다. 나는 하나의 과제를 끝냈을 때, 해야 할 일 목록을 들여다본다. 다음엔 뭘 해야 할까? 나는 해야 할 일의 목록이 계획 수립과 동기 부여에 도움이 되는 이유를 설명했다(팁 64 참조). **우리는 해야 할 일을 그려봄으로써 마음이 과제로부터 벗어나지 못하도록 막을 수 있다.**

마지막으로 명상 수련자에게서 빌려온 아이디어를 시도해볼 수도 있다. 어떤 형태의 명상은 심장 박동과 같은 한 가지에 집중하도록 요구하는데 여기서 마인드 원더링은 문제가 된다. 그래서 어떤 명상가들은 5분마다 부드러운 알람이 울리도록 타이머를 설정해놓는다. 이는 그때 마음이 떠돌고 있다면 생각을 다시 심장 박동에 집중해야 한다는 것을 상기시켜준다. 우리도 같은 기술을 적용해볼 수 있다. 휴대전화를 10분마다 울리도록 설정해놓자. 그리고 알람이 울릴 때 마음이 떠돌고 있다면, 다시 공부에 집중해야 한다는 정신적인 신호로 활용하자.

한 줄 요약

할 일 목록을 활용하는 것, 혹은 10분마다 알람 맞춰놓는 것을 시도해봄으로써 딴생각을 의식적으로 피하자.

공부하고 있다는 착각

팁83 딴생각을 막는 면역을 키우자

앞서 공부 시간에 마인드 원더링에 맞서 싸우는 방법들을 소개했다. 그렇다면 이러한 문제에 덜 취약해질 일반적인 방법이 있을까? 인지 시스템을 바꾸면 더 오랫동안 과제에 집중할 수 있을까?

집중력을 강화할 수 있다고 주장하는 훈련법이 있다. 매일 몇 분 동안 게임을 하는 훈련이다. 그 게임은 우리가 정신을 집중하고 정신적으로 정보를 활용하는 능력을 발휘하도록 한다.

이러한 훈련법은 효과가 있을 것처럼 보이지만 실험에 따르면 그렇지 않다. 시간이 지날수록 사람들은 게임을 더 잘하게 되지만, 그렇다고 해서 집중력이 필요한 다른 과제를 더 잘하게 되지는 않는다. 적어도 당분간은 마인드 원더링을 억제하는 정신적인 훈련법 나오지 않을 것이다.

우리는 자신의 마음이 딴생각에 면역이 생기도록 만들 수 있다. 우리는 딴생각이 많아지는 상황을 충분히 예측할 수 있다. 가령 배가 고프거나 졸릴 때 마인드 원더링은 더욱 활발해진다. 그렇기 때문에 잘 먹고 잘 자야 한다. 아마도 규칙적인 운동이 마인드 원더링을 억제하는 데 도움이 될 것이라고 예상해볼 수 있다. 실제로 그 주장에 대한 제한적인 증거가 있지만 일관되지는 않다. 일반적으로 운동은 기분을 좋게 만들지만, 기분과 마인드 원더링의 관계는 복잡하다.

그 증거는 또 다른 훈련법인 마음챙김 명상mindfulness meditation에서 분명하게 드러난다. 마음챙김 명상은 다양한 형태가 있지만, 일반적으로 조용히 앉거나 누워 생각이 일어나는 대로 아무런 판단 없이 그 생각을 바라보는 것으로 이루어진다. 초기 연구는 **명상을 주기적으로 하는 사람들이 명상을 하지 않는 사람들보다 마음속으로 덜 방황한다**는 사실을 보여주었다. 하지만 그렇다고 해서 명상이 딴생각을 줄여준다고 결론을 내릴 수는 없다. 이미 집중력이 뛰어난 사람들이 명상에 더 이끌리는 것일 수 있기 때문이다.

이후 연구들은 명상을 하지 않는 사람들에게 명상법을 가르친 후, 그들의 마음이 표준적인 실험실 과제를 수행할 때 덜 방황하는지 확인하는 방식으로 이 문제에 접근했다. 그 결과, 실제로 그들이 방황을 덜 하게 된 것으로 나타났다. 또한 최근 연구는 명상의 효과가 나타나는 데는 수련을 시작하고 일주일이면 충분하다는 사실을 보여줬다.

사람에 따라 명상에 관심이 있을 수도, 혹은 없을 수도 있을 것이다. 하지만 잘 먹고 잘 자는 것에 대해서는 분명히 많은 관심이 있을 것이다. 그러므로 이 세 가지 중 두 가지는 실행에 옮기자.

> **한 줄 요약**
> 딴생각을 잘 막기 위해서 잘 먹고, 잘 자고, 그리고 마음챙김 명상을 시도하자.

팁84 휴식도 계획이다

당연하게도 휴식은 주의 산만과 마인드 원더링을 더 잘 이겨내도록 만들어준다. 우리는 휴식을 취하고 나서 기분 전환을 하고 더 잘 집중할 수 있게 된다.

물론 그것은 좋은 일이다. 그러나 어떻게 해야 휴식의 효과를 극대화할 수 있을지는 의문이다. 얼마나 오래 쉬어야 할까? 얼마나 자주 휴식을 취해야 할까? 휴식 시간에 무엇을 해야 할까?

첫 번째 질문과 두 번째 질문에 대해 지난 몇십 년 동안 크게 인기를 끈 방법이 있다. 흔히 '포모도로 기법Pomodoro technique'이라고 하는 이 방법은 25분 집중한 뒤 3~5분 휴식을 취하고, 이를 네 번 반복한 뒤에 20분 정도 긴 휴식을 취하는 구조로 이루어져 있다. 이러한 포모도로 기법에서 잘못된 점은 없지만 휴식의 시점과 기간을 뒷받침해주는 과학적인 증거는 나와 있지 않다. 그러므로 포모도로 기법을 활용해보되, 여기서 말하는 시간과 간격을 반드시 지켜야 할 필요는 없다.

우리는 또한 시간이 아니라 과제를 기준으로 휴식을 취할 수 있다. 나는 글을 쓸 때면 한 꼭지를 마무리할 때까지 계속해서 쓰고자 한다. 미리 정해진 휴식 시간 때문에 글쓰기 과정이 방해받길 원치 않는다. 이는 30분 정도로 완성할 수 있는 과제들로 해야 할 일 목록을 구성해야 한다고 내가 주장하는 또 다른 이유이기도 하다(팁 69 참조).

시간을 기준으로 삼든, 아니면 과제를 기준으로 삼든, 나는 **휴식을 계획할 것을 권한다**. 그냥 자리에 앉아서 이렇게 생각하지는 말자. '휴식이 필요할 때까지 일을 하겠어.' 포모도로 기법에 도움을 받은 이들은 종종 이런 말을 한다. "일반적으로 첫 20분은 쉬워. 그러고 나서 쉬고 싶을 때 이렇게 말하는 거야. '다음 휴식 시간까지 5분 더 남았어!'" 이러한 자기 대화는 스스로 휴식을 계획했을 때만 가능하다.

안타깝게도 휴식 시간 동안 해야 할 것에 대해 유용한 지침을 제공하는 연구 결과는 없다. 연구자들은 실험을 통해 운동하고, 조용히 쉬고, 야외로 나가고, 다양한 과제를 수행하는 휴식을 비교해봤다. 그러나 **이들 네 가지 활동 중 어느 것이 더 나은 휴식 활동인지 밝히지 못 했다.**

많은 이들이 쉴 때 휴대전화를 들여다볼 것이다. 그 활동은 꼭 평가해 보는 것이 좋겠다. 몇몇 실험 결과에 따르면, 조용한 이완이 소셜 미디어를 들여다보는 것보다 더 낫다. 하지만 결론을 내리기에는 너무 이르다. 나는 일부 사람들이 일을 하는 동안 소셜 미디어를 확인하지 못하는 것에 대단히 스트레스를 받을 수 있다고 생각한다. 휴식 시간에 소셜 미디어를 확인할 수 있다는 기대가 집중에 도움을 줄 수도 있다. 나는 휴식이 쉼으로 느껴져야 한다고 생각한다. 휴식 시간에 새로운 활력을 느낄 수 있는 활동이라면 그냥 하자.

> **한 줄 요약**
> 휴식은 집중력을 높여주지만 언제 어떻게 무엇을 하며 쉬여야 하는지에 관한 구체적인 원칙은 없다.

팁85 한계를 느낀다면 재정비하거나 이동하라

얼마 전 나는 기술과 독서를 주제로 한 발제문의 도입부를 놓고 고민하고 있었다. 아이디어가 떠오르지 않아서 구글을 돌아다니며 영감을 얻고자 했지만 역시나 쓸 만한 아이디어는 발견하지 못했고, 결국 관련 없는 기사들만 계속해서 읽고 있었다. 그러다가 그런 내 모습을 깨닫고는 이렇게 외쳤다. "생각을 좀 해야겠어." 하지만 2분 후 내 마음은 다시 방황하고 있었다. 그때 나는 무엇을 해야 했을까? 한 가지 분명한 대답은 "휴식을 취하라"는 것이다. 그런데 이미 휴식을 취했다면?

공부하고 있다는 착각

또 다른 선택은 '재정비'를 하는 것이다. 즉 내가 시작한 과제와 내가 활용한 방법을 다시 한번 평가해보는 것이다. 왜 나는 앞으로 나아가지 못하고 있는가? 나는 무엇을 하기 위해 노력하고 있는가? 무엇을 시도했는가? 무엇이 잘못되었나? 어쩌면 기술과 독서를 주제로 한 연설문에는 기발한 도입부가 필요 없을 수도 있다. 어쨌든 교육자들은 이미 그 주제에 많은 관심을 갖고 있으니까. 혹은 도입부를 쓸 때, 구글 검색에서 벗어나 나 자신과 내 아이들의 디지털 독서 습관에 대해 생각해보는 편이 더 나았을 것이다.

이러한 재정비가 효과가 없다면, '이동하기'를 고려해보자. 나는 아마도 휴식에 관한 글을 다 쓰고 난 뒤에 도입부로 돌아갈 수 있었을 것이다. 어쩌면 새로운 관점을 통해 새로운 아이디어를 얻을 수도 있었다.

여기서 핵심은 자신이 산만해져 있는지를 관찰하고, 또한 특정한 문제에 얽혀 제자리걸음을 하고 있는 것은 아닌지 파악하는 것이다. 그럴 때 아무런 진척이 없는 상황에서 벗어날 필요가 있다. 물론 이런 생각이 들 수 있다. '지금 그만둘 수는 없어. 아직 문제를 해결하지 못했다고!' 그러나 계속해서 그렇게 시간을 끌어서는 곤란하다. 자신의 접근 방식을 다시 점검해보자.

한줄요약

아무런 진척이 없을 때 우리는 주의 산만에 더욱 취약해진다. 그럴 때 과제에 대한 신선한 접근 방식을 시도함으로써 과제를 재정비하거나, 아니면 잠시 과제를 미루어놓고 다른 과제에 집중하자.

멀티태스킹이 불가능하다는 점을
알려주자

앞서 내가 소개한 전략들은 학생들에게 소개하기도 쉽고, 실행하기도 어렵지 않다. 가장 큰 문제는 그러한 전략이 필요하고 도움이 된다고 학생들을 설득하는 일이다. 나는 연구 사례를 통해 학생들이 멀티태스킹에 따르는 대가를 모른다는 사실을 보여주었다. 그렇기 때문에 이를 수업 시간에 직접 보여주는 방법을 고려해봐야 한다. 한 가지 아이디어가 있다.

수업 내용과 관련 있는 짧은 영상(5분 분량) 두 편과 학생들의 이해도를 평가하기 위한 여섯 개의 질문을 준비하자.

먼저 첫 번째 영상을 학생들에게 보여주고 난 뒤 간략한 테스트를 진행한다. 다음으로 두 번째 영상을 보여주면서 주기적으로 "핑!" 하는 소리를 내면서 질문을 적어놓은 게시판을 들어서 보여준다. 이는 가상의 문자 메시지다. 학생들은 그 메시지를 읽고 종이에 반응을 적어야 한다. 그 메시지는 학생들이 문자를 통해 얻게 될 유형의 간단한 질문이어야 하며, 또한 잠깐만 보여줘야 한다. 학생들이 재빨리 대답하지 않으면 그들의 친구는 무시를 당했다고 생각하게 될 것이다.

이러한 가상의 '문자 메시지'와 함께 보여준 영상 콘텐츠에 대해 세 가지 질문을 던지고, 또한 학생들의 주의가 분산되어 있지 않을 때 보여준 영상 콘텐츠에 대해 세 가지 질문을 던져보자. 이를 통해 학생들이 멀티태스킹을 할 때와 그렇지 않을 때의 이해도를 비교해보자. 이 실험의 목적은 한 번에 두 가지 일을 하는 것이 생각보다 힘들다는 사실을 학생들에게 보여주는 것이다.

학생들이 이해하지 못하는 또 하나는 주의 산만은 단계적으로 일어나며, 다음 단계로 넘어갈수록 주의를 다시 과제로 되돌리기가 더욱 힘들어진다는 사실이다. 학생들의 이해를 돕기 위해 다음 실험을 해보자. 절반의 학생에게는 저녁에 한 시간 동안 전화기를 꺼놓도록 한다. 그리고 그 한 시간 후에 전화기를 꺼놓는 것이 얼마나 힘든지를 1점(쉬운)에서 7점(대단히 어려운)으로 평가해보도록 하자. 그리고 나머지 절반의 학생에게는 휴대전화를 근처에 놓아두되 만지지 않도록 한다. 그들 역시 한 시간이 끝난 후에 그들이 느낀 불편함을 점수로 평가하도록 한다. 이튿날 저녁에는 이러한 과제를 서로 바꿔서 수행하도록 한다.

이 실험에서 학생들 대부분 전화기를 꺼놓는 것보다 알림을 무시하는 것이 더 힘들다는 사실을 발견하게 될 것이다. 그것은 모든 알림은 그들이 전화기를 확인할 수 없다는 사실을 계속해서 알려주기 때문이다. 이 실험의 목적은 주변 환경을 약간만 바꾸면 집중력을 더 높일 수 있다는 메시지를 학생들에게 전하는 것이다.

한 줄 요약

- 이 장에서 소개한 전략들을 학생들에게 설명하자.
- 실험을 통해서, 멀티태스킹은 불가능하며 주의 산만은 단계적으로 일어난다는 점을 학생들에게 알려주자.

OUTSMART YOUR BRAIN

13장

끝까지
흔들리지 않는
마인드셋

How to Gain Self-Confidence as a Learner

'불량 학생'을 도와주는 교사가 등장하는 영화 시나리오에는 공통점이 있다. 그 '불량' 학생들이 대부분 똑똑하다는 것이다. 가령 〈고독한 스승Lean on Me〉(1989), 〈프리라이터스 다이어리Freedom Writers〉(2007), 〈스탠드 업Stand and Deliver〉(1988)과 같은 영화는 사람들이 그들의 학습 능력을 대체로 오해하고 있다는 사실, 즉 그들은 똑똑하지만 이를 깨닫지 못하고 있다는 메시지를 전한다. 그리고 관객들 대부분은 그 인물이 실제 똑똑한 것 외에도 다른 요소들, 가령 부모의 격려 같은 요소가 자신감에 기여한다는 사실을 받아들인다.

그런데 사람들 대부분 자신은 여기에 해당되지 않는다고 생각한다. "다른 누군가는 자신을 잘 이해하지 못한 것일 수 있다. 하지만 나의 경우는 분명하다. 학창 시절 나는 내가 멍청하다고 생각했다. 실제로 멍청했기 때문이다. 영화 속 아이들과 마찬가지로 우리 부모님은 나를 칭찬하지 않았다. 칭찬을 받을 자격이 없었기 때문에, 즉 내 성적이 나빴기 때문이었다."

자신감은 학습 성과에 중요한 영향을 미친다는 점에서 대단히 중요하다. 우선 자신감은 '실패를 해석하는 방식'을 형성한다. 스스로 훌륭한 학습자라고 생각하는 대학생이 시험을 망친 경우, 그는 충분히 열심히 공부하지 않았으며 다음에는 더 잘할 것이라고 생각한다. 반면 애초에 대학에 들어올 자격이 없었다고 생각하는 학생은 시험 성적을 자신이 정말로 자격이 없다는 증거로 해석한다.

자신감은 또한 장래희망도 영향을 미친다. 예를 들어 간호사가 되기를 항상 꿈꾸었으나 스스로 무능한 학생이라고 생각하는 사람은 자신이 간호학교를 졸업할 수 없을 것이며, 그래서 다른 직업을 선택해야 한다고 결론을 내릴 것이다.

학습자의 자신감은 학습과 관련된 자아상self-image에서 비롯된다. 자신이 쉽게 배우는 사람이라고 생각하는가? 아니면 학습에서 어려움을 겪는 사람이라고 생각하는가? 어쩌면 당연하게도 이러한 자아상은 부분적으로 학점, 혹은 수년 동안 자신이 받아온 다양한 피드백에 의해 형성된다. 하지만 다음의 세 가지 요소 또한 중요하다. 친구들은 누구인가? 자신을 누구와 비교하는가? 어떤 가치관 속에서 성장했는가?

이러한 세 가지 요인이 어떻게 연결되어 있는지, 그래서 어떻게 자아상을 바꿀 수 있는지에 관한 단순한 원칙은 없다. 그래도 만일 자신감이 부족하다면, 적어도 그러한 느낌은 어느 정도 자신의 역량 이외의 다른 요소들로부터 비롯되었으며, 실제보다 더 많은 자신감을 가져야 한다는 사실을 깨닫는 것이 좋다.

공부하고 있다는 착각

> **학습자로서 자신감**
>
> **두뇌가 하는 일:** 과거의 학습 성과만이 아니라 관계, 비교 대상, 가치관을 바탕으로 학습과 관련된 자아상을 구축한다. 이러한 자아상은 자신감을 결정한다.
>
> **뇌 최적화의 기술:** 학습과 관련된 자아상에 영향을 미치는 요소를 이해했다면, 그러한 자아상을 바꾸기 위한 단계에 착수해보자.

시작에 앞서, 학습과 관련된 자아상에 영향을 미치는 네 가지 요인을 살펴보자.

- **피드백** : 주변 환경과 자신의 역량에 대해 어떤 메시지를 받았는가? 학습에 도전했을 때 전반적으로 성공을 거두었는가? 교사들이 우등생이라고 생각했는가, 아니면 열등생이라고 생각했는가? 학습에 언제 실패를 경험했는가? 그때 부모님은 더 열심히 공부하면 다음에 더 나아질 것이라고 말을 했는가, 아니면 학업에 적합하지 않다고 판단한 듯 보였는가?

- **사회적 관계** : 타인에 관한 관점은 그들의 행동을 관찰하면서 형성된다. 마찬가지로 자기 자신에 대한 관점 역시 자신의 행동을 관찰하면서 형성된다. 친구들은 학습을 인생의 중요한 부분으로 간주하는가? 그들은 새로운 것을 배우는 데 기꺼이 시간을 투자하는가?

- **비교** : 대부분 B를 받은 학생은 대부분 C를 받은 친구들과 비교하면서 자신을 유능하다고 생각한다. 혹은 대부분 A를 형제자매와 자신을 비교하면서 스스로 멍청하다고 평가한다. 부모님과 교사들이 다른 아이

들과 비교했는가? 그리고 그들의 비교에 동의했는가?

- **가치**: 교육을 중시하는 가정에서 자란 아이는 자신이 정말로 학업에 적합한 사람인지 의문을 품지 않는다. 부모님이 아이에게 강한 믿음이 있기 때문이다. 다른 부모들은 훌륭한 인생으로 나아가는 많은 길에 있으며, 학습은 개인에 따라 크고 작은 역할을 하는 것이라고 믿는다. 성장기에 학습을 가정의 가치로 생각했는가? 그리고 그 가치를 받아들였는가, 아니면 반발했는가?

이 장에서는 학습과 관련된 자아상에 영향을 미치는 네 가지 요소를 검토하고 다시 생각하기 위한 아이디어를 제시한다. 그 목적은 학습자로서 자신을 더욱 분명하게 이해하고, 그에 따른 자아상와 자신감을 현실적으로 확보하기 위함이다.

팁86 학교에서의 우등생이 꼭 우수한 사회인이 되는 것은 아니다

사람들은 대부분 우등생에 대한 개념을 학교에서 형성한다. 우등생은 큰 소리로 읽을 때 지적받지 않는 사람이다. 그들은 손을 들고 교사의 질문에 답하며 수학 문제를 어려워하지 않는다. 교사들은 그들을 공공연하게 '똑똑한 아이'라고 부르지는 않지만 그럴 필요가 없다. 모두가 알기 때문이다.

우리의 사고는 초등학교 저학년 시절에 형성되기 때문에 이 시절에 우등생에 관한 개념이 형성되면 이는 좀처럼 바뀌지 않는다. 하지만 그 개념은 두 가지 방식에서 제한적이다.

공부하고 있다는 착각

첫째, 그 개념은 속도를 중요하게 생각한다. 일반적으로 학교의 교과 과정은 빼곡하게 짜여 있어서 교사들은 빨리 진도를 나가야 한다는 압박감을 느낀다. 그렇기 때문에 수업을 빨리 따라잡는 학생이 우위에 선다. 성실하고 꾸준하게 노력하는 학생들 역시 동일하거나 더 깊은 이해의 단계에 도달하지만, 그들은 자신의 뛰어난 지능을 보여줄 기회를 얻지 못한다.

둘째, 우등생에 대한 이러한 설명은 그 개념을 개인의 내재적 특성으로 만든다. 그들이 갈색 눈을 가졌거나 아니면 키가 172센티미터인 것처럼 그들은 타고난 우등생이다. 하지만 이 책에서 살펴봤듯이 **지능은 우리가 누구냐가 아니라 우리가 무엇을 하느냐에 영향을 받는다.** 누군가 과거에 학습에 어려움을 겪었다면, 이는 그가 우등생이 아니어서가 아니다. 누구나 다른 사람보다 학습 속도가 느릴 수 있다. 그러나 배우기 위해서 적절한 일을 하는 사람들은 모두 우등생이다. 그것은 인간으로서 타고나는 권리의 일부다.

다소 과장된 말처럼 느껴지는가? **우리가 학교 밖에서 배운 것들에 대해 생각해보자.** 아마도 스포츠를 하고, 비디오 게임을 즐기고, 친구들 사이에서 복잡한 사회적 관계를 맺고, 악기를 연주하고, 까다로운 부모에 대처하고, 혹은 험한 동네를 돌아다니는 법을 배웠을 것이다. 그중에는 아주 잘하는 것도 있었을 것이고, 무언가를 잘하지 못한다고 해도 많은 것을 학습했을 것이다. 그리고 아마도 비공식적인 환경에서 대부분의 학습을 했을 것이다. 지금 이 책을 읽고 있다면, 그것을 바꾸는 것에 대해 생각하고 있을 것이다. 하지만 생각만큼 힘든 변화는 아닐 것이다. 이제 여기서 배운 전략들로 무장했기 때문이다.

학생이 아닌 사람에게 아마도 '성공'의 기준은 모두 다를 것이다. 그러므로 자신의 경험이 학교에서의 경험과 같을 것이라고 기대해서는 안 된다. 학교 밖에서 성공적인 학습은 다른 역량이나 기술과 결합되는 경우가 많다.

예를 들어 지난 6개월 동안 새로운 프로젝트 관리 소프트웨어를 사용한 영업 사원을 떠올려보자. 그 소프트웨어는 효과가 있었고, 그래서 상사는 엔지니어들이 그 소프트웨어를 사용하기를 원한다. 그리고 그들이 그것을 사용하도록 설득하라고 지시한다. 그 과제를 수행하려면 반드시 학습을 해야 한다(영업 사원은 엔지니어들이 프로젝트에 대해 어떻게 생각하는지 재빨리 파악해야 한다). **그러나 이는 학습 과제인 동시에 관계적인 과제이기도 하다.**

학교는 순수한 학습에 보상을 주지만 기업은 다양한 기술에 보상을 준다. 가령 동료와 신뢰를 구축하거나 용감하게 새로운 과제에 도전하는 것 등이 이에 해당한다. 이를 염두에 두면 '우등생'을 이루는 요소가 무엇인지 우리의 생각을 수정해볼 수 있다. 일단 학교를 떠났다면 **최고의 학습자가 될 필요는 없다. 학습과 동시에 여러 다양한 기술을 연마해야 한다.**

만화 〈딜버트_Dilbert〉의 작가인 스콧 애덤스_Scott Adams_는 바로 그러한 사례를 보여준다. 그는 성공의 한 가지 방법은 한 가지를 최고로 잘하는 것이지만, 어떤 것을 최고로 잘하는 것은 대단히 어려운 일이라고 말했다. 그보다는 두 가지 혹은 그 이상의 것을 잘하는 것은 훨씬 더 쉽다. 애덤스는 자신이 그림을 그리지만 예술가는 아니라고 했다. 그는 대부분의 사람보다 재미있지만 전문 스탠드업 코미디언만큼 웃기지는 않았다. 또한 그는 비즈니스 경력도 있었다. 당시 그가 갖고 있는 이 세 가지 측면을 모두 갖추고 있는 사람은 대단히 보기 드물었다. 그 결과, 애덤스는 아주 성공적인 만화를 그려낼 수 있었다.

공부하고 있다는 착각

누군가 스스로 우등생이 아니었다고 생각한다면, 그가 학습에서 최고가 되어야 할 필요가 있는지, 아니면 뛰어난 학습 능력과 더불어 다양한 기술을 익힘으로써 최고의 조합을 만들어내야 할 것인지 스스로 물어보는 것이 좋다. 물론 이 책에서 소개한 전략들을 활용한다면 분명히 '뛰어난' 학습 능력에 도달할 수 있을 것이다.

한 줄 요약

학습은 우리가 누구인가가 아니라 무엇을 하는가와 관련있다는 사실을 명심하자. 그리고 '성공적인 학습'에 대한 정의는 학교를 벗어나면서 바뀐다. 한 가지에서 최고가 아니라 여러 분야에서 잘할 필요가 있다.

팁87 공부하는 친구를 곁에 두자

우리의 행동은 우리 예상보다 훨씬 더 강력하게 주변 사람들로부터 영향을 받는다. 진화는 우리에게 다른 사람들의 행동에 민감하게 반응하는 마음을 남겼다. 다른 모두가 어떤 일을 하고 있다면, 그것은 아마도 안전하고 현명한 일일 것이기 때문에 따라해야 하는 것이다. 그래서 텔레비전 프로그램에 웃음을 음향 효과로 넣으면 시청자들은 더 많이 웃는다. 그리고 붐비는 레스토랑을 찾고 텅 비어 있는 곳은 가급적 피한다.

'내가 웃어야 할까?' 혹은 '어디서 식사를 해야 할까?'보다 더욱 중요한 의사결정을 할 때, 우리는 낯선 사람보다는 가까운 친구와 가족의 행동으로부터 더 많은 영향을 받는다. 예를 들어 사람들 대부분 어떤 게임이 유명하다는 이유만으로 그것을 사지는 않는다. 그러나 몇몇 친구가 추천하면 그것은 구매의 충분한 이유가 된다.

친구나 가족이 하는 것을 따라 할 때, 우리는 사회적 지원을 보장받는다. 예를 들어 친구들이 대부분 열심히 공부한다면, 별로 공부가 내키지 않은 저녁에도 더욱 쉽게 도서관을 찾는다. 공부가 제대로 진척되지 않을 때 친구들은 이야기를 들어주고 공감을 표할 것이며, 공부가 잘될 때 그들은 응원을 보내줄 것이다. 그리고 친구들은 그들이 유용하다고 생각하는 학습법을 제시할 뿐 아니라 공부에 실질적인 도움을 줄 수 있다.

그렇다고 해서 학습에 관심이 없는 친구가 나쁜 친구라는 말은 아니다. 다만 그러한 친구들로부터는 특히 학습과 관련한 사회적 지원을 자연스럽게 받을 수 없다는 말이다. 공부에 관심이 없는 친구들은 공부하기 싫을 때 공부를 하도록 격려하는 동기가 되지는 못한다. 그들 스스로 공부를 하지 않기 때문이다.

그들 역시 공부가 잘되지 않을 때 공감을 보여주겠지만, 그것은 완전히 똑같은 느낌은 아닐 것이다. 그 이유는 그들이 그러한 경험을 하지 않았을 것이기 때문이다. 내가 학습에 관심이 있어도 사회적 그룹 속 사람들이 학습에 관심이 없다면, 아마도 삶의 한 부분에서 외로움을 느낄 것이다. 우리는 우리와 같은 사람과 관계 맺기를 좋아한다.

나는 학습에 대한 관심을 '숨기는' 사람도 만나봤다. 그는 친구들에게 따돌림을 당할까 봐 두려웠다고 했다. 몇 년 전 한 고등학교 영어 교사로부터 그러한 학생에 관한 가슴 아픈 편지를 받았다. 그 학생은 풋볼에 열정이 대단했고, 또한 동시에 문학 작품을 읽는 것도 아주 좋아했다. 하지만 자신의 그러한 취향이 알려지면 친구들 사이에서 어려움을 겪게 될 것이라고 확신했다. 그는 친구들과 함께 있어도 문학에 관한 이야기는 절대 꺼내지 않았다. 그러나 누군가와 함께 책에 대한 이야기를 나누고 싶었기에 그는 교사에게 방과 후에 자신과 함께 문학 이야기를 나눠달라고 부탁했다.

학습에 관심 없는 친구들을 배제하자는 것이 아니라, 학습에 관심 있는 친구를 추가할 필요가 있다. 취미로 과학에 관한 글을 읽든, 의학전문대학원 입학을 위해 높은 학점을 받으려고 노력하든, 아니면 시사 문제를 이해하기 위해 진지한 뉴스나 잡지를 읽든, 자신과 같은 관심사를 가진 사람들과 함께함으로써 우리는 인간이 갈망하는 사회적 지원을 얻을 수 있다.

한 줄 요약
우리는 사회적 존재이기에 친구와 가족이 하는 일에 영향을 받는다. 학습에 열정이 있는 몇몇 사람들과 함께함으로써 우리는 학습에 관한 관심사를 더 자연스럽게 드러낼 수 있다.

팁88 타인이 아닌 과거의 나와 비교하라

어떤 활동이나 태도가 자아상에 가장 많은 영향을 미칠까? 아마도 자신이 가장 중요하게 여기는 것, 혹은 가장 많은 시간을 보내는 것일 테다. 그러나 잠시 생각해보면 그렇지 않다는 사실을 깨닫게 된다. 가령 비디오 게임을 좋아하고, 매일 두 시간씩 게임을 하는 10대라고 해서 자신을 프로 게이머라고 생각하지는 않을 것이다. 왜 그럴까? 그가 아는 모두가 그 정도로 게임을 즐기기 때문이다. 그런데 그의 친구들 중 누구도 책을 읽지 않는데 그가 1년에 단 두세 권의 책만 읽는다고 해도 친구들은 그를 '책벌레'라고 부를 것이다.

그러나 자아상에 영향을 미치는 비교는 친구들과 하는 비교가 아니다. **우리는 자신을 비교하기 위해 특정 인물을 선택한다.** 우리의 자아상은 자신이 누구를 비교 대상으로 선택했는지에 따라 크게 달라진다. 그러나 어떤 선택이 합리적인지 확인할 수 있는 좋은 방법은 없다. 우리는 때로 자기 만족이나 안심을 위해 비교를 한다. 안타깝게도 약물 중독 문제를 안고 있는 사람들은 자신보다 더 극단적인 중독자를 찾는다. "나는 술을 많이 마시지만 그 사람만큼 심각하지는 않아."

우리가 매번 자기 중심의 비교를 하는 것은 아니다. 한 친구는 내게 자신의 실험실에서 일하는 한 대학원생 이야기를 들려줬다. 그 대학원생은 통계학을 제대로 하지 못해서 낙제하게 될까 봐 걱정하고 있었다. 사실 그의 성적은 최상위권이었지만 자기 자신을 데이터과학 전공으로 박사 학위를 밟고 있던 남편과 비교했다.

이러한 모습을 누군가가 외부에서 지켜보고 있다면 이렇게 말해줄 것이다. "그런 비교는 말이 되지 않아. 너는 네 자아상을 왜곡하고 있어." 하지만 어떤 비교가 좋은 비교인지 누가 말해줄 수 있단 말인가?

이러한 질문은 19세기 유대교의 가르침을 떠올리게 한다. 모든 사람에게는 두 가지 주머니가 있다. 한쪽 주머니에는 이렇게 적힌 종잇조각이 들어 있다. "당신은 신이 창조한 왕관이자 천사에 가까운 존재다." 우울하거나 스스로 가치 없게 느껴질 때, 우리는 그 주머니에 손을 집어넣어야 한다. 반면 지나치게 자신만만하다면 다른 주머니에 손을 집어넣어야 한다. 거기에는 다음과 같이 적힌 종잇조각이 들어 있다. "신은 당신보다 지렁이를 먼저 창조하셨다."

언제나 누군가는 우리 앞에, 그리고 누군가는 우리 뒤에 있다. 그리고 나는 내 감정을 다스리기 위해 이를 떠올려야 한다. 하지만 나는 그것을 현명하게 활용하는 편은 아니다. 정확하게도 나는 기분이 가라앉을 때 지렁이 종이를 꺼내 보는 부류에 속한다.

현명한 비교 기준을 모색하려 하지 말고, 자신을 자신과 비교하자. 이 말은 자신의 목표를 달성하는 과정에서 발전 상황을 추적한다는 말이다. 사실 나는 이미 이에 대해 설명했다(팁 65 참조). 그렇기 때문에 여기서 추가적인 방법을 제시하지는 않겠지만, 이는 자신의 목표를 활용할 수 있는 추가적인 방법이다.

대부분의 사람은 자신을 다른 사람과 비교하는 것이 가장 비생산적이고 해로운 것이라는 주장에 동의할 것이다. 중요한 것은 스스로 될 수 있는 한 최고가 되기 위해 노력하는 것이다. 여기서 다른 사람이 무엇을 하고 무엇을 하지 않는지는 중요하지 않다. 스스로를 동료와 비교하고 있는 것은 아닌지 의문이 들기 시작할 때, 이 말을 명심하자. 자신의 목표를 기록해놓은 컴퓨터 파일이나 일기장을 가지고 자신의 발전 상황을 확인해보자.

> **한 줄 요약**
> 자신을 다른 사람과 비교하는 것은 당연하다. 이러한 비교는 자아상에 영향을 미치지만, 사실 별로 도움은 안 된다. 대신에 현재의 나와 과거의 나를 비교함으로써 자신의 발전 과정을 확인하자.

팁89 조언은 다양한 곳에서 구하자

부모가 가족의 가치관에 대해 많은 이야기를 하지 않는다고 해도, 아이들은 행동이라는 침묵의 메시지를 통해 부모가 어디에 관심을 쏟는지 안다. 아이들은 부모가 무엇에 돈을 쓰는지, 어디에 시간을 쓰는지, 누가 존경을 받아 마땅하다고 생각하는지, 그리고 무엇이 가족의 규칙으로 정할 만큼 중요하다고 생각하는지 관찰한다. 부모의 가치관은 종교적 원칙과 사회적 진화, 정치적 관점과 경제 상황 및 학습에서도 분명하게 드러난다.

학습을 가치 있게 여기는 가정에서 성장한 아이들이 학교에서 좋은 성적을 올리는 경향이 있다. 그러한 아이들은 난이도 높은 과목을 선택하고, 더 높은 점수를 받고, 더 많이 대학에 진학한다. 학습을 가치 있게 여기는 부모들이 더 많은 돈을 벌고, 더 높은 수준의 교육을 받은 편이기 때문이다. 그래서 그들은 자녀에게 학습의 기회를 더 쉽게 제공할 수 있다. 필요하다면 가정교사를 둘 수도 있으며 더 나아가 자녀들이 학교에 더 강한 소속감을 느끼고 성공할 수 있다는 자신감을 가진다.

학습에 관심이 없는 부모들 밑에서 성장하는 사람도 있다. 어떤 부모는 학습에 관심이 많지만, 이러한 관심을 실현하기 위한 시간과 돈이 부족하다. 이러한 상황은 아이들이 학교에 소속감을 갖지 못하는 장기적인 정서 문제로 이어진다.

나는 그러한 경우를 많이 만나봤는데 가장 기억에 남는 사례는 내 첫 번째 대학원 학생 중 한 명이었다. 그는 학업 성적이 우수했지만 자신감이 없었다. 그는 줄곧 자신이 무언가를 놓치고 있다는 느낌을 받았다. 그는 대학원에는 행동 방식과 관련해서 일련의 불문율이 있다고 생각했지

공부하고 있다는 착각

만 그러한 규칙을 알지 못하는 유일한 학생이었다. 그것은 그의 배경 때문이었다. 그는 가족 구성원들 중에서 처음으로 대학에 진학한 사람이었던 것이다.

자신에 대해 느끼는 의혹은 고등학교와 대학 시절에서 그대로 넘어온 것이었고, 어느 정도 일리가 있었다. 학창 시절을 수월하게 보낸 부모들은 대개 학교에서 성공하거나 실패를 만회하는 방법에 관한 지식을 갖고 있다. 그러한 부모는 아이들에게 조언을 하고 또한 아이들을 응원한다.

예를 들어 대학에 입학한 후 첫 시험을 망친 자녀에게 아버지는 자신도 그랬지만 나중에 충분히 만회할 수 있었다는 이야기를 들려줄 수 있다. 혹은 어머니는 교수를 만나 다음에 잘 할 수 있는 방법에 대해 물어보라고 조언할 수도 있다. 무엇보다 중요한 것은, 부모가 자녀가 대학을 졸업할 것이라고 확신한다면 자녀는 학교에 강한 소속감을 느낄 것이며, 한 번 실패했다고 해서 그 소속감을 의심하지는 않을 것이다.

그런데 부모가 그러한 조언을 해줄 수 없다면 어떻게 해야 할까? 고등학교의 경우, 교사로부터 도움을 받을 수 있다. 가장 좋아하는 교사를 선택하자. 비록 그 교사의 수업을 들은 지 몇 년이 지났다고 해도 괜찮다. 그리고 필요로 하는 조언을 구하자. 자신이 어떤 도움을 원하는지 정확하게 모른다고 해도 괜찮으니 그저 자신의 상황에 대해 설명하자. 대부분의 교사는 이러한 요청을 귀찮게 여기지 않는다. 오히려 그들은 옛 제자가 도움을 요청했다는 사실에 기뻐할 것이다.

대학은 고등학교와는 다른 유형의 성공 규칙을 갖고 있다. 우리의 두뇌는 바뀌지 않기에 공부와 학습은 동일하지만 학교 조직은 다르다. 그래서 우리는 익숙하지 않은 문제에 직면하게 된다. 어떻게 전공을 선택할 것인가? 좋은 전공 자리 하나가 방금 났다. 그런데 이미 기존 학기가 세

주나 지난 상황이다. 그 전공을 선택한다면 따라잡을 수 있을까?

안타깝게도 많은 대학생이 교수들에게 이러한 문제와 관련해서 조언을 요청하지만 일반적으로 교수들은 학생들에게 도움을 주기 위한 지식이나 동기가 없다. 지도교수가 도움이 되지 못했다면, 전공을 선택하는 과정에서 학부 프로그램 책임자를 만나거나 혹은 학생처나 학과장실과 같은 곳에 도움을 요청하자.

모든 학교는 학생들이 그 시스템을 이해하도록 도움을 주기 위한 관리 조직을 갖추고 있다. 누구도 이런 일을 귀찮아하지 않을 것이다. 이러한 문제로 도움을 주는 것은 그들의 일이며, 그리고 그 자리는 정확하게도 학교 시스템 자체가 혼란스럽기 때문에 존재하는 것이다.

> **한줄요약**
> 일부 학생은 부모로부터 학습자로서 자신감과 학습에 관한 실질적인 조언을 얻는다. 그렇지 못하더라도 그런 도움을 받을 곳은 분명히 있다.

공부하고 있다는 착각

학생들에게 자신감을
부여하는 방법

모두가 자신의 역량을 믿고 기꺼이 도전하도록 만들기 위해 교사는 어떤 역할을 할 수 있을까? 교사는 스스로 의심하는 학생들이 성공을 거두도록 만들고 싶어 할 것이다. 이를 위해서는 학생들의 성취를 축하하고, 그 성공을 스스로 받아들이도록 만들어야 한다. 교사가 그들에게 하고 싶은 말은 이런 것이다. "봤지? 넌 할 수 없다고 생각했지만 해냈어."

그러나 학생들이 스스로 성공했다고 느끼도록 만들려면 오랜 시간을 기다려야 한다. 그리고 그 과정에 집중하도록 만들어야 한다. 다시 말해 학생들이 시험 준비를 위해 열심히 노력하는 과정이나 완전한 학습 가이드를 작성하는 과정 등에서 자부심을 갖도록 해야 한다. 비록 그 결과가 대단한 것은 아니었다고 할지라도 말이다. 나는 이러한 노력이 분명한 가치가 있다고 생각한다. 비록 학생들이 그러한 메시지를 받아들이지 않는다고 해도, 그들은 결국에는 이해하고 그 의미를 받아들이게 될 것이다.

이는 교사의 피드백이 학생들의 자아상을 고양시킬 수 있다는 또 하나의 자연스러운 신호다. 학생들이 어떤 과제로 어려움을 겪고 있는지 스스로 인지하도록 도움을 주자. 그들은 아마도 이렇게 생각할 것이다. "나는 훌륭한 학생이 아니다." 그러나 앞서 살펴봤듯이 학습 과제에는 시험 준비처럼 많은 단계가 존재한다. 그들이 무엇을 잘하고 무엇을 못하는지 이해한다면 자아상을 바꿀 수 있을 것이다. "나는 무능한 학생은 아니지만 필기를 좀 더 잘할 필요가 있어."

개인적인 관계는 이러한 방법보다 더 많은 역할을 할 수 있다. 이는 비록 간접적이라고 해도 학생들에게 긍정적인 피드백을 전하는 강력한 원천이 될 수 있다. 미국의 커뮤니티칼리지의 학생들을 대상으로 한 몇몇 연구는 학교에서 형성하는 개인적인 관계가 자신의 위치에 대해 확신을 갖지 못하는 학생들에게 강력한 동기를 부여한다는 사실을 보여줬다.

이들 연구 결과는 관계가 반드시 교수진들과 이루어져야 하는 것은 아니라는 사실을 말해준다. 때로는 카페테리아에서 일하는 직원이나 비서 업무를 하는 사람과 관계를 맺을 수도 있다. 그들은 학생들에게 전통적인 차원에서 스승의 역할은 하지 않았지만 그 관계는 두 가지 방식에서 학생들에게 의미가 있었다. 첫째, 그들은 거대한 익명의 캠퍼스에서 학생이 등교하지 않거나 좌절했을 때 이를 알아차렸다. 둘째, 그들은 대학 직원으로서 많은 학생을 만났고, 학생들이 학교에 속해 있다는 사실을 당연하게 받아들였으며, 이는 학생의 지위에 대한 조용한 확증으로 작용했다.

학생들이 학교에서 편안함을 느끼고 학습과 관련해서 자신감을 갖도록 도와주는 일은 교사들이 직면하는 가장 도전적인 과제 중 하나다. 대개 학생들의 자신감은 학교 외부의 요인에 의해 상당 부분 결정되기 때문이다. 또한 교사가 학생들에게 보내는 메시지는 매우 미묘할 뿐 아니라 학생의 자신감에 큰 영향을 미치기 때문이다. 교사는 자신이 전달하는 메시지를 주의 깊고 신중하게 관찰할 필요가 있다. 그러한 메시지는 학생들의 장기적인 성공에 중대한 영향을 미칠 수 있기 때문이다.

한 줄 요약

- 학생들이 성공을 인식하도록 도움을 주자.
- 학생들이 학습의 적절한 과정에 참여하는 것에 대해 긍정적으로 생각하고 그것을 성장이라고 받아들이도록 하자. 비록 그들의 학점이 대단히 인상적이지는 않다고 해도 말이다.
- 학생들이 학습 과제에서 어느 부분을 잘하는지, 어느 부분을 힘들어하는지 인지하도록 도움을 주자. 이후에 이를 해결할 수 있도록 도울 수 있다.
- 개인적인 관계를 형성하도록 하자. 이러한 관계는 학생들이 학교에서 편안함과 자신감을 느끼도록 많은 도움을 준다.

OUTSMART YOUR BRAIN

14장

불안을
잘 다스려야
공부도 잘한다

How to Cope with Anxiety

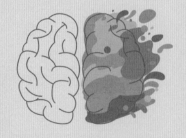

어떤 불안은 도움이 된다. 불안은 우리가 도망치거나 맞서 싸우도록 신체에 신호를 보냄으로써 행동을 준비한다. 게다가 불안은 때로 우리에게 정보를 제공한다. 우리는 위협이 무엇인지 정확하게 알기 이전에 몸의 반응(가령 두근대는 심장)을 확인하게 된다. 불안은 우리에게 문제가 있으니 문제에 대해 더 많은 것을 알기 위해 주변을 둘러봐야 한다고 말한다.

불안과 공부에 대해 생각할 때, 우리는 아마도 시험 불안을 먼저 떠올릴 것이다. 이는 내용을 잘 알고 있음에도 긴장하는 바람에 제 실력을 발휘하지 못할 수도 있다는 두려움이다. 8장에서 언급했듯이 시험을 치를 때 어느 정도 불안을 느끼는 것은 지극히 정상이다. 문제는 불안감이 위압적으로 느껴져서 시험뿐 아니라 읽기나 필기처럼 다른 학습 과제를 수행할 때도 영향을 미치는 상황이다.

존재하지도 않는 위협을 확인하기 위해 주변을 살펴보느라 시간과 정신적 에너지를 습관적으로 허비할 때, 불안은 '도움이 되는' 쪽에서 '피해를 입히는' 쪽으로 넘어가게 된다. 가령 거미 공포증이 있는 사람은 방에 들어가기 전에 공간이 깨끗한지를 철저하게 살핀다. 그리고 방에 들어가고 나서도 계속해서 확인한다. 이는 주의력을 소진시키고, 대화를 이어나가거나 생각을 하는 것조차 힘들게 만든다. 생각은 물론 불안도 행동에 영향을 미친다. 거미 공포증이 있는 사람은 예전에 거실에서 거미를 봤다는 이유로 거실에 절대 가지 않으려고 한다.

이처럼 과도한 불안은 어디서 비롯되는 것일까? **어느 정도는**(아마도 3분의 1) 유전자에서 **비롯된다는 주장에는 의심의 여지가 없을 듯하다.** 그러나 이 말은 유전자가 우리의 눈 색깔을 결정하는 것처럼 우리의 DNA가 '불안을 느껴야 한다'는 것을 결정한다는 의미가 아니다. 이는 우리가 경계, 즉 불안으로 쉽게 발전할 수 있는 신중함의 성향을 갖고 있다는 의미다. 그렇다면 무엇이 신중함을 불안으로 발전시키는가?

여기에는 두 가지 이론이 있다. 하나는 **불안이 파블로프의 개에서 확인했던 것과 동일한 학습의 결과물이라고 말한다.** 종을 울리고 나서 개에게 먹이를 주는 행위를 오랫동안 반복하면 개는 종이 울릴 때 음식을 기대하고 침을 흘린다.

그와 똑같은 과정이 학습에 대한 불안을 낳는다. 가령 수학 시간에 칠판 앞으로 나가 문제를 풀어야 하는데, 제대로 풀지 못하면 수치심을 느낀다. 이러한 일이 몇 번 반복되면 수학 문제를 풀기 위해 칠판으로 나갈 때마다 수치심을 느낄 것이라고 예상하게 될 것이다. 개가 종소리를 들을 때마다 먹이가 나올 것이라고 예상하는 것처럼 말이다. 수치심에 대한 예상은 우리를 긴장하게 만든다.

그러나 이야기는 거기서 끝이 아니다. 칠판 앞으로 나가서 문제를 풀어야 하는 것은 수학 시간이다. 그래서 이제는 수학 시간이 될 때마다 속이 메슥거린다. 게다가 집에서 수학 문제를 풀 때도 칠판 앞에서 문제를 푸는 상황을 떠올리게 된다. 그래서 수학 숙제를 할 때도 불편함이 느껴진다. 이제 수학과 관련된 모든 것이 불안의 원천으로 작용할 수 있다. 불안에 대한 이러한 이론은 중립적으로 시작했던 대상(수학)이 부정적인 감정(혼란과 수치)과 연결되는 과정에 주목한다.

또 다른 이론은 불안이 통제를 벗어나게 되는 과정을 잘 설명한다. 불안이라는 감정은 대단히 불쾌하기 때문에 우리는 항상 촉각을 곤두세운다. 다시 말해, 주변에서 위협적이라고 느껴지는 것을 탐색한다. 이러한 탐색 과정은 사실 무의식적으로 이루어진다. 그러나 긴장감, 즉 자신이 무서워하는 대상을 마주칠 수 있다는 예상은 의식적으로 이루어진다. 우리는 이렇게 말하곤 한다. "긴장감이 드는데 '무엇이 나를 긴장하게 만드는지 몰라서' 상황은 더 나빠질 거야." 이러한 생각은 우리가 위협의 요인에 더 신경을 쓰도록 만들고 우리는 그 요인을 더욱 열심히 찾게 된다. 그러나 반드시 어디엔가 있을 것이라고 확신함에도 여전히 발견할 수 없다. 그렇게 악순환이 시작된다.

이제 비이성적인 불안에는 이성적인 측면이 존재한다는 사실을 눈치 챘을 것이다. 나의 사례에서 수학 불안은 칠판에서 문제를 풀지 못하는 어려움에서 시작되었다. 그렇다면 이렇게 말하면 어떨까? "수학을 잘 못하는 것이 수학에 대해 불안감을 느끼도록 만든다." 하지만 연구 결과에 따르면 이는 완전한 설명을 제시해주지는 못한다. 실제로 수학 불안이 있는 사람들 중 일부는 수학을 아주 잘한다. 게다가 수학을 잘 못하지만 수학에 대해 불안을 전혀 느끼지 않는 사람도 있다. 어떻게 그런 것일까?

아마도 사건에 대한 개인의 해석 또한 중요하기 때문일 것이다. 실패한 시험이 자신에게 중요하면서도 바꿀 수 없는 무언가를 말해준다고 생각한다면, 당신은 아마도 수학에 대해 더욱 불안감을 갖게 될 것이다. 수학 시험을 망쳤다고 해도 수학이 자신에게 별로 중요하지 않다면 수학에 대해 불안감을 느끼지 않을 것이다. 또한 수학을 중요하게 생각하지만(그래서 낮은 점수로 기분이 상했지만) 더 열심히 공부해서 발전할 수 있다고 생각한다면 수학에 대해 불안감을 느끼지 않는다. 즉 수학에 관심이 있지만 자신이 할 수 있는 것이 없다고 느낄 때, 불안을 느끼게 된다.

이제 초점을 불안감의 감소로 돌려보면, 두 가지가 분명하게 드러난다. 첫째, 사건에 대한 해석이 사건 자체보다 더 중요하다는 점을 감안할 때, 우리가 해야 할 중요한 일은 **자신에게 벌어진 일을 더욱 긍정적으로 생각하는 방법을 찾는 것이다.** 둘째, **불안이 빨리 사라질 것으로 기대해서는 안 된다.** 자신에게 벌어진 사건을 긍정적으로 해석한다고 해도, 우리는 기존의 연상과 사고 방식을 잊어버려야 한다. 이는 다른 까다로운 과제와 비슷하다. 달리기를 시작하는 첫날부터 마라톤 완주를 기대해선 안 된다. 훈련을 해야 하고 점진적인 발전을 기대해야 한다.

실제로 불안을 없애는 데는 대단히 오랜 시간이 걸리며, 심리학자들 대부분 그것을 목표로 삼아서는 안 된다고 말한다. 시험을 보거나 수업 시간에 의견을 말하거나, 혹은 모르는 사람과 함께 프로젝트를 추진할 때 불안감을 느낀다면, 관건은 어쨌든 시험을 치고, 의견을 내고, 프로젝트에서 협력을 하는 것이다. 우리의 목표는 불안을 제거하는 것이 아니라 불안을 관리하는 것이 되어야 한다. '더 이상 불안감을 느끼지 않을 때까지 그 일을 할 수 없어'라고 생각하지 말자. 우리의 목표는 불안에도 불구하고 그 일을 해내는 것이다.

공부하고 있다는 착각

불안감 때문에 힘들다면

두뇌가 하는 일: 위협 요인을 확인하기 위해서 주위를 탐색한다. 그리고 아무런 요인이 발견되지 않았음에도 계속해서 살핀다. 이러한 행동은 불안감을 더욱 증폭시키며 자신의 마음을 장악하여 학습에 집중하려는 시도를 가로막는다.

뇌 최적화의 기술: 사건을 새롭게 해석함으로써 불안을 관리하는 방법에 집중하자.

이 장에서는 다양한 전략을 다룰 것이다. 모두 연구를 통해 효과가 있는 것으로 드러난 것들이다. 하지만 그렇다고 해서 모든 전략이 모든 사람에게 똑같이 효과가 있다는 말은 아니다. 다양한 전략을 시도해보고 무엇이 효과가 있는지 확인해보자. 단 하나의 전략만으로 효과가 나타나지는 않을 것이다. 그렇다면 여러 가지 전략을 시도해보자. 부디 끈기를 갖자. 시간과 훈련이 필요한 일이다.

팁90 불안을 관리하라

피드백은 불안을 다스리기 위한 노력과 관련해서 대단히 중요하다. 다양한 전략의 효과는 개인에 따라 다르게 나타나기 때문에, 우리는 어떤 팁이 자신에게 효과가 있는지 알아내야 한다. 그렇다면 상황이 나아지고 있는지 어떻게 알 수 있을까? 어쩌면 성공의 정의가 '불안감을 덜 느끼는 것'이라고 생각할 수 있다. 그러나 나는 이미 그러한 생각에 대해 "아니오"라고 말했다.

우리의 목표가 불안을 제거하는 것이 아니라 불안을 관리하는 것이라는 점에서, 성공을 자신이 하고 싶은 일을 하는 것이라고 정의하자. 비록 그 일이 자신을 더 불안하게 만든다고 할지라도 말이다.

이 시점에서 아마도 이렇게 말하는 사람이 있을 것이다. "몇 가지 팁을 달라! 나는 두려움에도 불구하고 어쨌든 그 일을 할 것이다." 그렇다. **불안을 느끼는 것은 불편한 일이지만 위험한 것은 아니다.** 언제 심장이 두근대고 손바닥에 땀이 나는지 잘 기억은 나지 않아도 그때 우리 몸은 아주 분명한 메시지를 보낸다. "지금 문제가 벌어지고 있어!" 그러나 곧 차분해지고 나면 우리는 다 괜찮고 피해를 입지 않을 것임을 안다. 아주 불편할 수 있지만, 위험한 상황은 아니다.

몇 년 전 나는 한 학생으로부터 영감을 얻었다. 그는 대체로 사회적 불안감을 거의 드러내지 않았는데 수업 시간에 이야기할 때마다 가슴에서부터 목까지 빨개졌다. 그리고 말을 더듬은 모습을 보아 많은 사람 앞에서 말하는 행동이 그를 매우 불안하게 만드는 것 같았다. 그럼에도 불구하고 그는 발언을 이어나갔다.

나는 내가 엄청난 노력의 산물을 보고 있다고 확신했다. 그 학생은 60초, 혹은 그 이상의 시간 동안 복잡한 개념에 대해 분명하게 이야기했다. 여기서 나는 그가 간단한 발언으로 시작했을 것이라고 장담한다. 어쩌면 그 학생은 단계별로 행동을 계획했을 것이다.

- 일주일에 한 번은 수업 시간에 짧은 발언을 하기
- 수업 시간마다 짧은 발언을 하기
- 일주일에 한 번씩 더 완전한 개념을 설명하기(가령 1분이 걸리는)

• 수업 시간에 짧은 발표를 하기

나는 이와 똑같은 방법을 시도해보라고 권하고 싶다. **성공을 자신이 하고 싶은 일을 하는 것으로 정의하자.** 우리는 누군가의 발언을 지지하면서 이렇게 말할 수 있다. "그와 관련해서 저 역시 동의한다는 점을 밝혀두고 싶습니다." 혹은 사회적 교류를 두려워해서 집을 좀처럼 나서지 않는다면, 그 첫 번째 단계는 아마도 집 주변을 산책하면서 행인에게 "안녕하세요"라고 말을 건네는 것이다. 다음에 소개할 팁은 목표를 작게 설정해야 하는 이유를 자세히 설명한다.

마음속으로라도 시도해서는 안 되는 일이 있다. 자신을 다른 사람과 비교하기, 지금의 자신을 되고 싶어 하는 시점의 자신과 비교하기이다. 이러한 비교는 부당한 자기 비판과 패배 의식으로 이어질 수 있다. 올바른 비교는 지금의 시점과 과거의 시점을 비교하는 것이다. 이러한 비교에 주목해야 한다. 그리고 다음의 작은 단계를 밟아나가자.

한 줄 요약

불안을 관리하는 '효과'의 올바른 정의는 불안감을 덜 느끼는 것이 아니라, 자신이 좋아하는 일을 하면서 발전을 일구어내는 것이다.

팁91 불안할 때 나타나는 반응에 대처하자

불안은 일반적인 사고 패턴과 더불어 온다. 그러나 안타깝게도 이러한 패턴은 상황을 개선시키지 못하며 실제로 불안을 더 악화시킨다. 여기서는 네 가지 일반적인 반응에 대한 더 나은 대안들을 소개하고자 한다.

포기하지 말자. 긴장된다고 해서 포기하지 말자. 예를 들어 스스로 이렇게 말하지 말자. "긴장이 너무 심해서 지도 교수와 면담을 하지 못하겠어." 혹은 "내가 자격이 된다고 해도 고급 과정에 지원하지는 않을 거야. 그 생각만 하면 너무 힘들어." 자신을 불안하게 만드는 상황을 일부러 모색할 필요는 없지만, 그래도 우리는 여전히 해야만 하는 일을 해야 한다. 그리고 충분히 할 수 있다. 불안은 우리를 불편하게 만들 수는 있어도 무력하게 만들지는 못한다.

과거의 성공을 떠올리자. 스스로에게 이렇게 말하자. "예전에도 이런 일을 한 적이 있어. 조금 힘들고 불편했는데, 그래도 해냈어. 이번에도 분명 할 수 있어."

최악의 상황을 상상하지 말자. 불안감을 느낄 때 종종 자신의 생각을 통제하지 못하게 된다. 우리는 상황이 더 나빠질 것이며 그 영향이 오래 갈 것이라고 예상한다. 그래서 우리는 '이번 프레젠테이션은 대단히 성공적이지 못할 수도 있어'라고 생각하지 않고 '이번 프레젠테이션을 완전히 망칠지 몰라. 그러면 그 과정을 끝낼 수 없을 거야. 결국 방사선 치료사가 되지 못할 거야'라고 생각한다.

거리를 두고 생각하자. 상황을 객관적으로 바라봄으로써 합리적인 선택을 하자. 다시 말해, 지금의 상황이 다른 누군가에게 벌어지고 있는 것처럼 생각해보자. '나처럼 아주 성실한 B라는 학생이 있다고 해보자. 그런데 그는 이번 프로젝트에서 발표를 망치고 말았다. 발표는 평가에서 10퍼센트의 비중을 차지한다. 그는 그 과목을 실패할 것인가? 무슨 일이 더 벌어질 것인가?'

공부하고 있다는 착각

불안하다는 사실을 부인하지 말자. 이렇게 되뇌지 말자. "긴장하지 말자. 긴장하지 말자. 긴장하지 말자." 그리고 이렇게 생각하지 말자. "나는 절대 긴장하지 않는다. 이것은 아무것도 아니다. 패자만이 긴장을 할 것이다. 그러니 나는 절대 긴장하지 않을 것이다." 억압은 장기적인 성공을 보장하지 못한다. 불안을 영원히 억누를 수는 없다.

억압을 단기적으로 활용하자. 부인과 억압은 장기적인 계획으로는 적합하지 않지만 단기적으로는 쓸모가 있다. 특히 핵심적인 문제를 나중에 다룰 계획이 있다면 말이다. 예를 들어 스스로 이렇게 말할 수 있다. "금요일에 있을 시험 때문에 긴장돼. 하지만 지금은 친구들과 함께 있고 이 시간을 충분히 즐기고 싶어. 매일 저녁 공부 시간이 정해져 있어. 그러니 그때 시험에 대해 얼마든지 생각해볼 수 있어. 나는 시험을 위해 많은 시간을 확보해놨어. 그러니 당장은 시험에 대해 걱정하지 않아도 괜찮아."

자가 치료를 하지 말자. 나는 불안으로 많은 어려움을 겪은 적이 있었다. 그리고 상태가 정말로 좋지 않았을 때는 너무 지친 나머지 여기서 소개한 팁들 중 어느 것도 실행할 수 없었다. 그러한 경우 우리는 약물 치료를 통해 불안에 대처할 수 있는 심리적 여유를 확보할 수 있다. 하지만 일시적인 해방을 위해 약물이나 술에 기대거나, 혹은 의료 전문가의 상담을 받지 않고 그렇게 하는 것은 개선에 도움이 되지 않는다.

한 줄 요약

불안은 일반적으로 상황을 더 악화시키는 특정한 사고 패턴을 수반한다. 그렇기 때문에 그러한 패턴을 인식하고 생각의 거리를 두면서 도움을 얻을 수 있다.

팁92 불안의 속도를 늦추는 3단계 생각법

앞서 우리는 불안한 생각으로 어떻게 통제 불능의 수렁으로 빠져들게 되는지 살펴봤다(아마 많은 사람이 경험해봤을 것이다). 불안한 마음이 들 때, 우리는 주변에서 위협 요인을 찾는다. 그러나 아무것도 발견하지 못한다. 그러면 더욱 불안한 마음이 든다. 그렇다면 어떻게 이러한 악순환의 고리를 끊을 것인가?

다음은 이렇게 달려가는 마음의 속도를 늦추기 위한 3단계 과정이다. 첫 두 단계에서는 자신의 생각을 종이에 적어보길 권한다. 어떤 생각이 적을 만한 가치가 있는지 선택함으로써 그 생각에 무게를 두고 평가할 수 있다는 점에서 적어보는 것은 도움이 된다.

첫째, 자신의 생각에 맞서 싸우거나 직접적으로 해결하려 들기보다 그것을 '정상화'하자. 이렇게 말하자. "지금 드는 생각은 정상이다. 기분이 유쾌하지는 않지만 정상이다. 편두통이 있는 사람이 미치거나 의지가 약한 것이 아니듯 나 역시 미치거나 의지가 약한 것이 아니다. 그리고 내가 불안을 느끼는 것은 받아들일 수 없는 상황이 아니다. 이는 누구에게나 일어날 수 있는 일이다."

마음속으로 그러한 생각을 했다면, 이제 '평가'로 넘어갈 시간이다. 자신이 생각하는 일이 실제로 벌어질 가능성은 얼마인가? 그리고 실제로 벌어졌을 때 그 결과는 어떨 것인가? 가령 교사의 질문에 답하지 못할 가능성은 얼마인가? 그런 일이 자주 일어나는가? 아니면 거의 일어나지 않는데도 계속해서 걱정하는 것은 아닌가? 부정적인 생각은 강력해 보인다. 하지만 그러한 생각이 실제로 어떠한 일을 일으키지는 않는다. 생각은 실체가 아니고 일시적인 것이며 나아가 사적인 것이다.

상상했던 끔찍한 일이 실제로 일어났다고 해보자. 교사의 질문에 답변을 하지 못하거나 시험을 망친 것이다. 아니면 스터디 그룹의 한 구성원으로부터 준비가 부족하다며 지적을 당했다. 그런데 뭐 어쨌단 말인가? 시험을 망치거나, 과목에서 낙제를 받았다고 해서 미래가 실패로 돌아가는 것은 아니다. 스터디 그룹을 실망시켰다면 사과를 하고 만회하면 된다.

마지막 단계는 '새로 시작'하는 것이다. 불안한 생각을 정상화하고 그것을 평가했다면, 이제 머릿속에서 빠져나와 생각을 넘어설 시간이다. 이제 새롭게 시작해야 한다. 불안을 일으키는 일에 굴복당하지 않았다는 사실을 자기 자신에게 보여줘야 한다. 우리는 아주 간단한 일을 통해 그렇게 할 수 있다. 예를 들어 지금 작성하고 있는 보고서의 한 문장을 쓸 수 있다. 혹은 다음 세미나에서 발언하도록 자신을 압박하지는 않겠지만, 그렇다고 해서 뒤로 숨지도 않을 것이다. 자신이 말하고 있는 상대의 눈을 똑바로 마주할 것이다. 그리고 상대의 말에 수긍이 가면 고개를 끄덕일 것이다.

자신을 불안하게 만드는 일이 있다면, 그 **일을 하기 하루나 이틀 전에 이 3단계 과정을 활용해보는 것도 좋은 생각**이다. 발표 때문에 두려워질 때까지 기다린다면, 그때는 이미 너무 예민해져서 이러한 생각들을 실행에 옮길 수 없을 것이다. 대신 발표를 하기 하루나 이틀 전에 생각을 정상화하고, 평가하고, 그리고 새롭게 시작하자. 걱정하는 일이 점점 다가오면서 생각이 불안의 수렁으로 빠져들기 시작할 때, 자신에게 이렇게 말하자. "이런 일은 예전에도 겪었다. 나는 이번 발표가 내가 생각하는 것만큼 중요하지는 않다는 사실을 알고 있다."

물론 그것은 힘든 일이다. "생각을 정상화하자"라고 말하는 것은 쉽다.

그러나 그것을 실천하기는 어렵다. 이 과정을 시작할 때에는 아마도 불가능한 일처럼 느껴질 것이다. 하지만 점차 쉬워질 것이다. 그리고 계속해 나감으로써 발전할 수 있다는 사실을 명심하자.

> **한 줄 요약**
>
> 불안이 엄습할 때 3단계 과정(정상화하기, 평가하기, 다시 시작하기)을 통해 마음이 하는 이야기를 새롭게 해석하자.

팁93 흥분을 불안으로 해석하지 마라

불안에는 마음과 몸이 함께 관여한다. 그리고 불안한 몸은 마구 날뛰는 마음을 잠잠하게 만들기 위한 노력을 더욱 어렵게 만든다. 누구나 '두근대는 심장과 긴장된 근육, 땀, 현기증' 혹은 이들 중 몇 가지의 조합을 경험해봤을 것이다. 그러한 느낌이 들면 주변에 위험 요인이 있다고 자연스럽게 생각하게 된다. 이때 우리는 자신이 투쟁 혹은 도피 반응을 느끼고 있다는 사실을 인식한다.

하지만 우리는 이러한 몸의 반응을 또 다른 방식으로 해석할 수 있다. **우리는 흥분할 때 똑같은 느낌을 받는다.** 친한 친구가 여자 친구에게 프러포즈를 하는 모습을 지켜볼 때, 사촌이 오스카상 후보에 올랐을 때, 응원하는 팀이 마지막 순간에 골을 넣으면서 우승할 가능성이 생겼을 때, 우리는 흥분한다.

나는 대중 앞에서 자주 연설을 하지만 그때마다 심장이 두근댄다. 하지만 그건 불안 때문이 아니라 흥분 때문이다. 조금의 흥분(혹은 일반적으로 말하는 각성)은 우리가 더 좋은 성과를 올리도록 도와준다. 각성 수준이 충분히 높지 않으면 졸릴 것이다. 다음에 심장이 두근대거나 땀이 흐르기 시작할 때, 자신이 얼마나 불안한지를 생각하지 말자. 그 대신 얼마나 흥분했는지 생각하자. 그때 우리 몸은 모험을 떠날 준비가 되었다고 말하고 있는 것이다!

한 줄 요약

특정한 신체적 증상이 반드시 긴장을 의미한다고 생각하지 말자. 우리는 흥분했을 때 똑같은 증상을 느끼기 때문이다.

팁94 마음챙김 명상으로 불안과 스트레스를 잠재우자

앞서 나는 마음속에서 맴도는 불안한 생각이 불편하면서 두렵기까지 하지만, 그럼에도 그러한 생각이 나쁜 일을 일으키지는 않는다는 사실을 명심하라고 말했다. 그러한 생각은 그 자체로 아무런 힘이 없다. 물론 말은 쉽지만 믿기는 힘들다.

마음챙김 명상은 우리가 생각과의 관계를 바꾸는 데 도움을 준다. **마음챙김 명상은 생각과 느낌, 감각을 판단하지 않고, 그리고 자신을 비판함 없이 그저 관찰하는 훈련법이다.** 마음챙김 명상은 결코 '아무 생각도 하지 않는 훈련'이 아니다. 다만 지금 이 순간 오롯이 존재하는 것이다.

이와 관련해서 나보다 더 해박한 사람들이 훈련법과 관련된 구체적인 지침을 인터넷에서 쉽게 구할 수 있도록 올려놨다. 여기서 잠깐 그 방법을 간단히 살펴보자. 우선 2분 정도(초심자의 경우)로 짧게 시간을 정한 뒤 편안하게 앉아서(혹은 누워서) 천천히 호흡을 한다. 많은 경우 명상 수련자는 호흡이나 심장 박동에 집중한다. 그동안 우리의 생각은 움직이면서 어떤 때는 날뛰고 어떤 때는 빨리 사라져버린다.

다음으로 그러한 생각이 흐르는 것을 바라본다. 그리고 생각을 판단하거나 그러한 생각을 한 자신을 평가하지 않으면서 다만 호흡에 의식을 집중한다. 명상 수련자들은 생각을 내버려두기 위해 종종 이미지를 사용하곤 한다. 우리는 움직이는 생각을 물을 따라 흘러가는 나뭇잎으로, 바람에 따라 떠다니는 구름으로, 아니면 바닷가를 향해 달려가는 파도로 생각할 수 있다. 모든 생각은 왔다가 갔다가 사라진다. 그것이 전부다.

"그것이 전부다." 그러나 수년 동안 매일 명상을 수련해온 사람들은 이런 말을 할 것이다. 그것은 대단히 힘든 일이다. 여전히 훈련을 하며 새로운 깨달음을 얻고 있다. 그럼에도 초심자 역시 명상의 덕을 볼 수 있다. 그래서 의료 종사자들은 정신적·신체적으로 다양한 질환으로 고통받는 환자들에게 마음챙김 명상을 권한다. 가장 공통적인 효과 중 하나는 스트레스와 불안을 누그러뜨릴 수 있다는 것이다. 그리고 연구자들은 짧은 마음챙김 명상 훈련을 통한 긍정적인 효과를 보고한다. 실제로 미국에 있는 수백 곳의 명상센터(내가 일하는 버지니아대학교를 포함해서)에서는 마음챙김 기반 스트레스 감소Mindfulness-Based Stress Reduction 프로그램을 운영하고 있다.

그런데 왜 자신의 생각을 바라보는 시도가 불안을 줄여주는 것일까? 여기에는 두 가지 메커니즘이 작동하는 것으로 보인다. 한 가지는 자신의 마음속에서 고요함을 인식하게 된다. 즉 문제를 일으키는 생각의 급류로부터 벗어나는 것이 어떤 것인지를 이해하게 된다. 이를 통해 사람들은

공부하고 있다는 착각

기말고사가 다가오는 순간에, 혹은 자신을 불안하게 만드는 다양한 상황에서 다시 한번 고요함을 발견할 수 있다는 확신을 갖게 된다.

마음챙김 명상은 또한 자신의 생각을 보다 완전하게 인지하는 능력을 키워준다. 즉 자신의 생각을 객관적으로 바라보고 감정적으로 대응하지 않도록 해준다. 레스토랑 테이블에 홀로 앉아서 친구를 15분 동안이나 기다리고 있는데, 문자 메시지를 보내도 아무런 답변이 없다면 첫 반응은 아마도 무언가 좋지 않은 일이 벌어지고 있다는 불안감일 것이다. 그러나 여기서 우리는 내면의 성찰을 통해 그러한 불안감은 친구가 오지 않기로 결심했다는 우려에서 비롯된 것이라는 깨달음을 얻을 수 있다. 그리고 그러한 우려는 비합리적인 걱정이라고 쉽게 치부해버릴 수 있다. 오랜 친구는 절대 외면하지 않을 것이다.

마음챙김 명상은 대단히 힘든 것처럼 보이지만 사실 '베이비 스텝baby step' 접근 방식에 아주 잘 어울린다. 그것을 하고 있다는 사실을 누구에게도 알릴 필요는 없다. 앞서 언급했듯이 많은 정보가 인터넷에 올라와 있으며 수많은 앱(헤드스페이스Headspace, 더 마인드풀니스 앱The Mindfulness App, 캄Calm 등)이 지침을 제공한다.

매일 단 2분간의 명상으로 시작해볼 수 있다. 여기서 중요한 것은 명상을 하는 시간이 아니라 매일 꾸준히 하는 것이다. 일단 명상을 시작하면 당연히 처음에 많은 '실패'를 할 것이다. 아마도 생각만큼 집중하기가 힘들다는 사실을 발견할 것이다. 그럼에도 명상은 다른 기술과 같은 하나의 기술이며 훈련을 통해 점차 쉬워질 것이다.

마음챙김 명상이 모든 사람에게 잘 맞을 것이라는 보장은 없다. 그러나 다른 방법보다 쉽게 도전할 수 있으며, 또한 어떤 이에게는 큰 변화를 가져다줄 것이다.

공부하고 있다는 착각

학생의 불안을 치료하거나
해결해주려고 하지 마라

평균적으로 학생들 중 20퍼센트는 불안으로 어려움을 겪고 있다. 학교는 일반적으로 불안으로 공식적인 진단을 받은 학생들을 위한 정책을 마련해두고 있다. 그렇다면 진단을 받지 않은 학생들에 대해서는 어떤가?

나는 일반적으로 다음과 같은 말을 하면서 학생들 스스로 문제를 드러내도록 유도한다. "불안이나 우울처럼 심리적인 문제가 있다면 내게 이메일을 보내거나 내 사무실에 들러서 이 과목에서 최고의 성과를 얻기 위한 방법을 함께 논의해봅시다."

나는 언제나 학생들에게 내가 어떻게 해주기를 원하는지 물어보면서 논의를 시작한다. 그 한 가지 이유는 학생들이 무엇이 문제인지 나보다 더 잘 알고 있기 때문이다. 그리고 또 다른 이유는 내가 곧바로 해결책을 제시하는 것보다 학생들이 자신들의 문제에 책임 있는 자세로 임하기를 원하기 때문이다.

나는 불안으로 특별한 어려움을 겪지 않은 학생과 불안으로 어려움을 겪는 학생 양쪽 모두에게 특혜를 주지 않는다는 것을 원칙으로 삼는다. 예를 들어 불안으로 어려움을 겪는 학생이라고 해서 수업에 빠지거나, 과제를 늦게 제출하거나, 그룹 과제에 참여하지 않는 것을 허용하지 않는다. 가혹하게 보일지 모르나 이러한 원칙은 내가 이 장 전반에 걸쳐 강조하는 접근 방식, 다시 말해 불안감을 느낀다는 이유로 하지 않아서는 안 된다는 생각과 관련 있다. 불안은 장애가 아니다. 그리고 학생들은 수업에서 해야 할 모든 과제를 해야만 한다.

내가 도움을 주는 사례는 다음과 같다.

- **시험 불안의 경우**: 특정 자리에 앉을 수 있도록 한다. 시험 중 후드티를 입도록 허락한다. 시험을 치르는 동안 60초 정도 걸을 수 있도록 허용한다.
- **수업 참여에 불안을 느끼는 경우**: 질문을 던진 뒤 학생들에게 2~3분간 대답을 글로 쓰도록 한다. 불안으로 어려움을 겪는 학생에게 작성한 대답을 읽도록 시간을 줌으로써 그 학생이 즉석에서 대답하지 않아도 된다고 배려한다. 수업 때 토론을 하는 경우 이름표를 세로로 세워두는 방식으로 대화에 참여하고 싶다는 의사를 표현하도록 함으로써 논의에 더욱 쉽게 참여하도록 한다. 그리고 아주 간략하게 발언을 하도록 격려한다.
- **일반적인 불안의 경우**: 방대한 과제를 작은 과제로 분할하는 방법에 대해 도움을 준다. 숙제를 내줄 때 해야 할 것을 분명하게 설명한 자료를 함께 제공한다.

모든 학생의 불안을 '치료'하거나 해결해줘야 한다고 생각하지 말자. 교사는 이를 위한 전문적인 훈련을 받지 않았다. 또한 학생들 역시 교사에게서 그러한 도움을 기대하지는 않을 것이다. 그들이 원하는 것은 좋은 성적을 거두는 것이다.

한 줄 요약

- 불안 진단을 받은 학생들을 위한 학교의 지침을 따르자.
- 불안으로 어려움을 겪거나 자신의 상태를 정확하게 판단하지 못하는 학생들에게 질문을 함으로써 그들이 어떤 이유로 어려움을 겪는지 이해할 수 있다.
- 불안으로 어려움을 겪는 학생도 수업에서 주어지는 모든 과제를 책임 있게 완수하게 하자(다시 한번 학교가 정한 모든 지침을 준수하면서).
- 다른 학생들과 같은 수준의 도움을 주자.
- 교사에게는 학생들의 불안을 치료하거나 해결해줄 책임이 없다는 사실을 명심하자.

나가며

하기 싫은 공부도 재미있어지는
학습 선순환

버지니아대학교의 교수가 되고 맞는 세 번째 가을, 나는 그때까지 연구와 교육에서 내가 이룩한 성과를 서면으로 보고하라는 요청을 받았다. 두 선임 교수가 그 보고서를 읽고, 무엇을 개선해야 할지 지침을 줄 예정이었다. 나는 3년 동안 공식적인 검토를 받아본 적이 없었기 때문에 그러한 피드백을 간절히 원했다. 그리고 그 피드백으로 승진과 해고가 결정될 예정이었다.

하지만 나는 그들과의 회의에서 어떤 피드백도 얻지 못했다. 그들은 지극히 교수처럼 행동했다. 두 사람은 서로 논쟁을 벌였고, 내가 끼어들 자리는 없었다. 교수 X는 내 연구가 전망이 있어 보인다고 했지만, 내가 준비한 자료에는 '즐거움'이 전혀 보이지 않는다고 지적했다. 그는 모든 훌륭한 연구자는 그들의 일을 즐거움으로 여기는데 내 자료는 너무 엄숙해 보인다고 말했다. 그러자 교수 Y는 재빨리 반박하면서 이렇게 말했다.

"즐거움이요? 파티에 가는 게 즐거운 일이죠. 연구는 진지하게 보여야 합니다. 실제로 그래야 하고요." 두 사람은 그렇게 15분 동안 비판적인 사고가 즐거운 일인지 아닌지를 두고 논쟁을 벌였다. 그러다가 왜 우리가 그 자리에 모였는지 기억해냈다. 두 사람은 내게 말했다. "잘하고 있는 것 같군요." 그렇게 회의는 끝났다.

이 책을 마무리할 무렵에 그때의 기억이 떠올랐다. 그것은 내가 이 책에서 한 번도 공부가 재미있는 일이라고 이야기한 적이 없기 때문이었다. 나는 대부분의 시간에 공부를 덜 힘들게 만드는 방법에 대해 이야기를 했고, 그러한 점에서 고통은 학습자의 자연스러운 상태라고 가정했다. 그러나 그러한 생각은 나를 불편하게 만들었다. 사실 나는 "공부는 즐거운 일이다"라고 주장하는 진영에 훨씬 더 가까웠기 때문이었다.

좀 더 면밀히 분석했을 때 공부가 재미있다는 말에 아무런 모순이 없다는 사실을 확인할 수 있었다. 자신이 주제를 선택할 때 공부는 즐거운 일이 된다. 그러나 다른 누군가가 선택할 때 그것은 처리해야 할 과제가 된다. 나는 학업과 관련된 과제, 즉 학생들이 자유롭게 선택한 것이 아니라 주어진 할당으로서 과제에 집중했기 때문에 학습이 즐거운 일이 아닌 것처럼 글을 쓸 수밖에 없었다. 내가 지금까지 소개한 전략들은 아마도 자신이 선택한 공부를 위해서도 분명히 효과가 있을 것이다. 하지만 누구도 그러한 목적으로 이 책을 읽지는 않았을 것이다. 독자들은 틀림없이 배워야만 하는 내용을 공부하는 데 도움을 얻기 위해 이 책을 선택했을 것이다.

그런데 '공부해야 할 과제'와 '재미없음' 사이에 어떠한 연결 고리가 존재하는 것일까? 대부분의 학생들은 강력한 관계가 있다고 생각한다. 물론 때로 운이 좋아서 교사가 자신이 좋아하는 책을 과제로 내기도 한다.

어떤 훌륭한 교사는 학생이 처음에는 좋아하지 않았던 주제와 관련해서 학생의 흥미를 자극하는 방법을 발견한다. 그러나 이처럼 특별한 경우에서조차 지루함과 흥미는 여전히 학생이 통제할 수 없는 일이다.

하지만 나는 이 책에서 학생들의 그러한 생각이 잘못되었음을 밝혀냈다. 학생들은 처음에 지루해 보였던 주제에 대해 얼마든지 더 많은 관심을 가질 수 있다. 우리는 이 책에서 다음과 같은 사실을 확인했다.

- 정보가 흥미로우면, 더 많은 주의를 기울인다.
- 더 많은 주의를 기울이면, 더 잘 기억하게 된다.
- 더 잘 기억하면, 시험 성적이 높아진다.
- 시험 성적이 높아지면, 학생으로서 자신감이 고양된다.
- 자신감이 고양되면, 학습 과제를 더 잘 해낼 수 있게 된다.
- 학습 과제를 더 잘 해낼 수 있으면, 덜 미루게 될 것이다.
- 덜 미루게 되면, 학업을 더 잘 따라잡게 될 것이다.
- 학업을 더 잘 따라잡으면, 그 주제에 대해 더 많은 것을 알게 될 것이다.
- 주제에 대해 더 많은 것을 알게 되면, 그 주제에 관한 새로운 정보를 더 쉽게 받아들일 것이다.
- 새로운 정보를 더 쉽게 받아들이면, 그 주제는 더 흥미로워질 것이다.

내 학생들은 첫 세 단계에 대해서는 잘 알고 있다. 학생들은 주제가 흥미로운 것일 때 더 쉽게 공부하고 기억할 수 있다고 생각한다. 하지만 그 이후의 단계에 대해서는 잘 알지 못하고 생각조차 하지 않는다. 그래서 학생들은 흥미가 유일한 동기라고 생각하며 흥미가 다른 과정(주의와 기억처럼)까지도 작동하게 만든다고 생각한다. 그들은 흥미가 또한 다른 인지 과정의 산물이라는 사실을 이해하지 못한다.

다음은 위의 단계를 그림으로 나타낸 것이다.

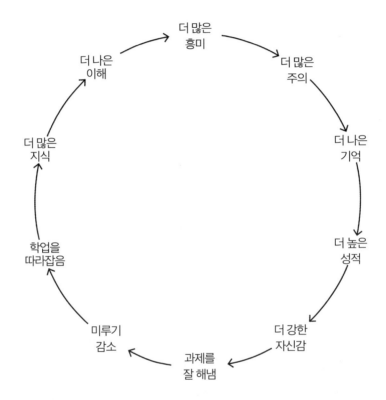

이 그림은 우리가 흥미 없이 시작해도 된다는 사실을 분명하게 보여준다. 학습의 요소들은 선순환을 형성하고 있으며, 우리는 특정 단계에서 혹은 여러 단계에서 동시에 이 선순환에 진입할 수 있다. 12장에서 우리는 관심이 없을 때조차 주의력을 유지하는 방법을 배웠다. 그리고 6장에서는 기억을 개선하는 방법을, 11장에서는 미루기를 극복하는 법을 배웠다. 그리고 13장에서는 자신감에 대해 생각하는 다양한 방식에 대해 논의했다. 우리가 자신감과 기억, 주의 등을 바꿀 때, 그 효과는 선순환 고리를 따라 흘러가게 될 것이며, 학습하고자 하는 주제에 대한 흥미는 높아질 것이다.

아마도 많은 사람이 이 효과를 직접 경험해봤을 것이다. 처음에 지루하고 복잡하게 보였던 주제를 이해할 때까지 열심히 공부했을 때, 지루함이 줄어들었다는 사실을 발견했을 것이다. 심지어 흥미까지 느꼈을 것이다. 독립적인 학습자는 정보와 기술을 스스로 획득하는 능력을 넘어서야한다. 그들은 자신이 배우고자 하는 것을 선택해야 한다. 그런데 무엇을 배울 수 있는지 알지 못한다면 배우고 싶은 것을 어떻게 알 수 있을 것인가?

진정한 독립적인 학습자는 낙관적인 자세로 항상 새로운 것을 발견할 준비가 되어 있다. 그들은 새로운 학습이 궁극적으로 흥미, 즐거움, 만족을 준다고 생각하기 때문에 호기심을 느낀다. 사실 새로운 것은 뭐든지 재미가 될 수 있는데, 우리가 아는 것은 너무 적기 때문에 재미를 무한대로 느낄 수 있다.

사람들은 학습을 '새로운 영역에 대한 탐험'이나 '여정'이라고 묘사한다. 나는 이러한 은유가 적절하다고 생각한다. 새로운 것을 배우는 행위는 이국적인 곳을 여행하고, 그곳의 동식물을 구경하고, 사람들을 만나고, 그들이 살아가는 모습을 관찰하면서 얻는 것과 똑같은 모험심과 만족감을 가져다준다.

여기서 나는 호기심이 없는 상태에서도 새로운 정보와 기술을 습득하는 과정을 더 쉽게 만드는 방법을 제시했다. 여행의 은유를 계속해서 이어나가자면, 나는 교사가 학생을 위해 준비한 목적지에 도달하도록 도와줄 지도를 만들고자 했다. 그러나 내 최고의 바람은 독자들이 이 책을 여행 가이드로 생각하고 스스로 탐험을 떠나는 일이다. 마치 숨겨진 보물이 가득한 곳을 바라보는 것처럼 세상을 호기심 가득한 눈으로 바라보길 바란다.

감사의 글

나는 미시건 스킬 프로젝트 팀원들과 함께 수업에 관한 오랜 논의를 했으며, 큰 도움을 얻었다. 콜린 커니헌과 키스 데스로지어스, 앤절라 더크워스, 존 조니드스, 벤 카츠, 라이어넌 킬리언, 이든 크로스, 아리아나 오벨에게 감사를 드린다. 또한 미란다 벨처와 케이시 대니얼, 제러미 에벌리, 노더 나마키, 앨리 실버먼, 베사이 티치먼 그리고 특히 불안이라는 주제와 관련해서 소중한 자문과 피드백을 줬던 알렉스 베른츠 치브친스키에게 감사를 드린다.

편집자 카린 마커스와 에이전트 에스먼드 햄스워스에게 고마운 마음을 전한다. 두 사람은 내가 원고를 만들어나가는 과정에서 실질적인 도움을 줬고, 또한 이번 책에 뜨거운 열정을 보여줬다. 다음으로 여기서 소개한 대부분의 아이디어에 대해 함께 논의해준 두 사람에게 감사를 표하고 싶다. 데이비드 대니얼은 심리학에 대한 내 생각을 검토해줬고, 트리샤 톰슨-윌리엄은 교실 현장과 학생들의 반응을 떠올리며 내 아이디어를 살펴봐줬다.

공부하고 있다는 착각

참고 문헌

1장 왜 수업 내용을 이해하지 못할까?

Bligh Donald. *What's the Use of Lectures?* San Francisco: Jossey-Bass, 2000.

Cerbin, William. "Improving Student Learning from Lectures." *Scholarship of Teaching and Learning in Psychology* 4, no. 3(June 2021): 151–63. http://dx.doi.org/10.1037/stl0000113.

deWinstanley, Patricia Ann, and Robert A. Bjork. "Successful Lecturing: Presenting Information in Ways That Engage Effective Processing." *New Directions for Teaching&Learning* 2002, no. 89(Spring 2002): 19–31. https://doi.org/10.1002/tl.44.

Landrum, R. Eric. "Teacher-Ready Research Review: Clickers." *Scholarship of Teaching and Learning in Psychology* 1, no. 3(September 2015): 250–54. https://doi.org/10.1037/stl0000031.

Plutarch. *Complete Works of Plutarch*. Hastings, East Sussex, UK: Delphi Classics, 2013(e-book).

Raver, Sharon A., and Ann S. Maydosz. "Impact of the Provision and Timing of Instructor-Provided Notes on University Students Learning." *Active Learning in Higher Education* 11, no. 3(November 2010): 189–200. https://doi.org/10.1177/1469787410379682.

Shernoff, David J., Alexander J. Sannella, Roberta Y. Schorr, Lina Sanchez-Wall, Erik A. Ruzek, Suparna Sinha, and Denise M. Bressler. "Separate Worlds: The Influence of Seating Location on Student Engagement, Classroom Experience, and Performance in the Large University Lecture Hall." *Journal of Environmental Psychology* 49(April 2017): 55–64. https://doi. org/10.1016/J.JENVP.2016.12.002.

Worthington, Debra L., and David G. Levasseur. "To Provide or Not to Provide Course PowerPoint Slides? The Impact of Instructor-Provided Slides upon Student Attendance and Performance." *Computers&Education* 85(July 2015): 14–22. https://doi.org/10.1016/ j.compedu.2015.02.002.

2장 무엇을, 어떻게 필기해야 할까?

Carter, Susan Payne, Kyle Greenberg, and Michael S. Walker. "The Impact of Computer Usage on Academic Performance: Evidence from a Randomized Trial at the United States Military Academy." *Economics of Education Review* 56(February 2017): 118–32. https://doi. org/10.1016/j.econedurev.2016.12.005.

Flanigan, Abraham E., and Scott Titsworth. "The Impact of Digital Distraction on Lecture Note Taking and Student Learning." *Instructional Science* 48, no. 5(October 2020): 495–524. https://doi.org/10.1007/s11251-020-09517-2.

Gaudreau, Patrick, Dave Miranda, and Alexandre Gareau. "Canadian University Students in Wireless Classrooms: What Do They Do on Their Laptops and Does It Really Matter?" *Computers&Education* 70(January 2014): 245–55. https://doi.org/10.1016/j.compedu.2013.08.019.

Luo, Linlin, Kenneth A. Kiewra, Abraham E. Flanigan, and Markeya S. Peteranetz. "Laptop Versus Longhand Note Taking: Effects on Lecture Notes and Achievement." *Instructional Science* 46, no. 6(December 2018): 947–71. https://doi.org/10.1007/s11251-018-9458-0.

Mueller, Pam A., and Daniel M. Oppenheimer. "The Pen Is Mightier than the Keyboard: Advantages of Longhand over Laptop Note Taking." *Psychological Science* 25, no. 6(June 2014): 1159–68. https://doi.00 org/10.1177/0956797614524581.

Peverly, Stephen T., Joanna K. Garner, and Pooja C. Vekaria. "Both Handwriting Speed and Selective Attention Are Important to Lecture Note-Taking." *Reading and Writing* 27, no. 1(January 2014): 1–30. https://doi.org/10.1007/s11145-013-9431-x.

Peverly, Stephen T., Pooja C. Vekaria, Lindsay A. Reddington, James F. Sumowski, Kamauru R. Johnson, and Crystal M. Ramsay. "The Relationship of Handwriting Speed, Working Memory, Language Comprehension and Outlines to Lecture Note-Taking and Test-Taking Among College Students." *Applied Cognitive Psychology* 27, no. 1(January–February 2013): 115–26. https://doi.org/10.1002/acp.2881.

Phillips, Natalie E., Brandon C. W. Ralph, Jonathan S. A. Carriere, and Daniel Smilek. "Examining the Influence of Saliency of Peer-Induced Distractions on Direction of Gaze and Lecture Recall." *Computers&Education* 99(August 2016): 81–93. https://doi.org/10.1016/j.compedu.2016.04.006.

Piolat, Annie, Thierry Olive, and Ronald T. Kellogg. "Cognitive Effort During Note Taking." *Applied Cognitive Psychology* 19, no. 3(April 2005): 291–312. https://doi.org/10.1002/acp.1086.

Reed, Deborah K., Hillary Rimel, and Abigail Hallett. "Note-Taking Interventions for College Students: A Synthesis and Meta-Analysis of the Literature." *Journal of Research on Educational Effectiveness* 9, no. 3(January 2016): 307–33. https://doi.org/10.1080/19345747.2015.1105894.

Sana, Faria, Tina Weston, and Nicholas J. Cepeda. "Laptop Multitasking Hinders Classroom Learning for Both Users and Nearby Peers." *Computers&Education* 62(March 2013): 24–31. https://doi.org/10.1016/j.compedu.2012.10.003.

Urry, Heather L., et al. "Don't Ditch the Laptop Just Yet A Direct Replication of Mueller and Oppenheimer's(2014) Study 1 Plus Mini Meta-Analyses Across Similar Studies." *Psychological Science* 32, no. 3(March 2021): 326–39. https://doi.org/10.1177/0956797620965541.

Will, Paris, Walter F. Bischof, and Alan Kingstone. "The Impact of Classroom Seating Location and Computer Use on Student Academic Performance." *PLOS ONE* 15, no. 8(August 5, 2020): e0236131. https://doi.org/10.1371/journal.pone.0236131.

공부하고 있다는 착각

Williams, Andrew, Elisa Birch, and Phil Hancock. "The Impact of Online Lecture Recordings on Student Performance." *Australasian Journal of Educational Technology* 28, no. 2(2012): 199–213. https://doi.org/10.14742/ajet.869.

3장 체험 활동··실습의 핵심을 잡아내라

Brooks, Charles M., and Janice L. Ammons. "Free Riding in Group Projects and the Effects of Timing, Frequency, and Specificity of Criteriain Peer Assessments." *Journal of Education for Business* 78, no. 5(May 2003): 268–72. https://doi.org/10.1080/08832320309598613.

Ericsson, Anders, and Robert Pool. *Peak: Secrets from the New Science of Expertise.* Boston: Houghton Mifflin Harcourt, 2016.

Ho, V. "Learning by Doing." In *Encyclopedia of Health Economics*, edited by Anthony J. Culyer, 141–45. Amsterdam: Elsevier, 2014.

Holyoak, Keith J., and Dušan Stamenković. "Metaphor Comprehension: A Critical Review of Theories and Evidence." *Psychological Bulletin* 144, no. 6(June 2018): 641–71. https://doi.org/10.1037/bul0000145.

Long, Nicole, Brice A. Kuhl, and Marvin M. Chun. "Memory and Attention." In *Stevens' Handbook of Experimental Psychology and Cognitive Neuroscience*, 4th ed., Vol. 1, *Language and Memory*, edited by Elizabeth Phelps and Lila Davachi, 285–321. New York: Wiley, 2018.

Morris, C. Donald, John D. Bransford, and Jeffery J. Franks. "Levels of Processing Versus Transfer Appropriate Processing." *Journal of Verbal Learning and Verbal Behavior* 16, no. 5(October 1977): 519–33. https://doi.org/10.1016/S0022-5371(77)80016-9.

Tulving, Endel, and Donald M. Thompson. "Encoding Specificity and Retrieval Processes in Episodic Memory." *Psychological Review* 80, no. 5(September 1973): 352–73. https://doi.org/10.1037/h0020071.

4장 배운 것을 뇌에 새기는 노트 필기법

Bower, Gordon H., Michal C. Clark, Alan M. Lesgold, and David Winzenz. "Hiearchical Retrieval Schemes in Recall of Categorized Word Lists." *Journal of Verbal Learning and Verbal Behavior* 8, no. 3(June 1969): 323–43. https://doi.org/10.1016/S0022-5371(69)80124-6.

Chularut, Pasana, and Teresa K. DeBacker. "The Influence of Concept Mapping on Achievement, Self-Regulation, and Self-Efficacy in Students of English as a Second Language." Contemporary Educational Psychology 29, no. 3(July 2004): 248–63. https://doi.org/10.1016/j.cedpsych.2003.09.001.

Cohen, Dov, Emily Kim, Jacinth Tan, and Mary Ann Winkelmes. "A Note-Restructuring Intervention Increases Students' Exam Scores." *College Teaching* 61, no. 3(July 2013): 95–99. https://doi.org/10.1080/87567555.2013.793168.

Crawford, C. C. "The Correlation Between College Lecture Notes and Quiz Papers." *Journal of Educational Research* 12, no. 4(1925): 282–91. https://doi.org/10.1080/00220671.1925.10879600.

Kiewra, Kenneth A. "Note Taking on Trial: A Legal Application of Note-Taking Research." *Educational Psychology Review* 28, no. 2(June 2016): 377–84. https://doi.org/10.1007/s10648-015-9353-z.

Kiewra, Kenneth A., and Stephen L. Benton. "The Relationship Between Information-Processing Ability and Notetaking." Contemporary Educational Psychology 13, no. 1(January 1988): 33–44. https://doi.org/10.1016/0361-476X(88)90004-5.

Luo, Linlin, Kenneth A. Kiewra, and Lydia Samuelson. "Revising Lecture Notes: How Revision, Pauses, and Partners Affect Note Taking and Achievement." *Instructional Science* 44(February 2016): 45–67. https://doi.org/10.1007/s11251-016-9370-4.

Makany, Tamas, Jonathan Kemp, and Itiel E. Dror. "Optimising the Use of Note-Taking as an External Cognitive Aid for Increasing Learning." *British Journal of Educational Technology* 40, no. 4(July 2009): 619–35. https://doi.org/10.1111/j.1467-8535.2008.00906.x.

Rachal, K. Chris, Sherri Daigle, and Windy S. Rachal. "Learning Problems Reported by College Students: Are They Using Learning Strategies?" *Journal of Instructional Psychology* 34, no. 4(December 2007): 191–99. https://eric.ed.gov/?id=EJ790467.

5장 어려운 글을 읽는 전략은 따로 있다

Bartoszewski, Brianna L., and Regan A. R. Gurung. "Comparing the Relationship of Learning Techniques and Exam Score." *Scholarship of Teaching and Learning in Psychology* 1, no. 3(September 2015): 219–28. https://doi.org/10.1037/stl0000036.

Bohay, Mark, Daniel P. Blakely, Andrea K. Tamplin, and Gabriel A. Radvansky. "Note Taking, Review, Memory, and Comprehension." *American Journal of Psychology* 124, no. 1(Spring 2011): 63–73. https://doi.org/10.5406/amerjpsyc.124.1.0063.

Denton, Carolyn A., Christopher A. Wolters, Mary J. York, Elizabeth Swanson, Paulina A. Kulesz, and David J. Francis. "Adolescents' Reading Proficiency, Grade Level, and Gender." *Learning and Individual Differences* 37(January 2015): 81–95. https://doi.org/10.1016/j.lindif.2014.11.016.

Glenberg, Arthur M., Alex Cherry Wilkinson, and William Epstein. "The Illusion of Knowing: Failure in the Self-Assessment of Comprehension." *Memory&Cognition* 10, no. 6(November 1982) 597–602. https://doi.org/10.3758/BF03202442.

Gurung, Regan A. R. "How Do Students Really Study(and Does It Matter)?" *Teaching of Psychology* 32, no. 4(2005): 239–41.

Gurung, Regan A. R., and David B. Daniel. "Evidence-Based Pedagogy: Do Pedagogical Features Enhance Student Learning?" In *Best Practices for Teaching Introduction to Psychology*, edited by Dana S. Dunn and Stephen L. Chew, 41–55. Mahwah, NJ: Erlbaum, 2005.

Gurung, Regan A. R., Janet Weidert, and Amanda Jeske. "Focusing on How Students Study." *Journal of the Scholarship of Teaching and Learning* 10, no. 1(January 2010): 28–35. https://files.eric.ed.gov/fulltext/EJ882123.pdf.

Jairam, Dharma, Kenneth A. Kiewra, Sarah Rogers-Kasson, Melissa Patterson-Hazley, and Kim Marxhausen. "SOAR Versus SQ3R: A Test of Two Study Systems." *Instructional Science* 42, no. 3(May 2014): 409–20. https://doi.org/10.1007/s11251-013-9295-0.

McDaniel, Mark A., Daniel C. Howard, and Gilles O. Einstein. "The Read-Recite-Review Study Strategy: Effective and Portable." *Psychological Science* 20, no. 4(April 2009) 516–22. https://doi.org/10.1111/j.1467-9280.2009.02325.x.

Nist, Sherrie L., and Katie Kirby. "The Text Marking Patterns of College Students." Reading Psychology 10, no. 4(Fall 1989): 321–38. https://doi.org/10.1080/0270271890100403.

Otero, Jose, and Walter Kintsch. "Failures to Detect Contradictions in a Text: What Readers Believe Versus What They Read." *Psychological Science* 3, no. 4(July 1992): 229–35. https://doi.org/10.1111/j.1467-9280.1992.tb00034.x.

Rayner, Keith, Elizabeth R. Schotter, Michael E. J. Masson, Mary C. Potter, and Rebecca Treiman. "So Much to Read, So Little Time: How Do We Read, and Can Speed Reading Help?" *Psychological Science in the Public Interest* 17, no. 1(May 2016): 4–34. https://doi.org/10.1177/1529100615623267.

6장 성적을 끌어올리는 초효율 시험 공부법

Alfieri, Louis, Timothy J. Nokes-Malach, and Christian D. Schunn. "Learning Through Case Comparisons: A Meta-analytic Review." *Educational Psychologist* 48, no. 2(2013): 87–113. https://doi.org/10.1080/00461520.2013.775712.

Baddeley, Alan D. *Your Memory: A User's Guide*. Buffalo, NY: Firefly, 2004.

Blasiman, Rachael N., John Dunlosky, and Katherine A. Rawson. "The What, How Much, and When of Study Strategies Comparing Intended Versus Actual Study Behaviour." *Memory* 25, no. 6(July 2017): 784–92. https://doi.org/10.1080/09658211.2016.1221974.

Callender, Aimee A., and Mark A. McDaniel. "The Limited Benefits of Rereading Educational Texts." *Contemporary Educational Psychology* 34, no. 1(January 2009): 30–41. https://doi.org/10.1016/j.cedpsych.2008.07.001.

Catrambone, Richard. "The Subgoal Learning Model: Creating Better Examples to Improve Transfer to Novel Problems." *Journal of Experimental Psychology: General* 127, no. 4(December 1998): 355–76. https://doi.org/10.1037/0096-3445.127.4.355.

Dunlosky, John, Katherine A. Rawson, Elizabeth J. Marsh, Mitchell J. Nathan, and Daniel T. Willingham. "Improving Students' Learning with Effective Learning Techniques: Promising Directions from Cognitive and Educational Psychology." *Psychological Science in the Public Interest* 14, no. 1(January 2013): 4–58. https://doi.org/10.1177/1529100612453266.

Fernandes, Myra A., Jeffrey D. Wammes, and Melissa E. Meade. "The Surprisingly Powerful Influence of Drawing on Memory." *Current Directions in Psychological Science* 27, no. 5(October 2018): 302–308. https://doi.org/10.1177/0963721418755385.

Margulieux, Lauren E., and Richard Catrambone. "Improving Problem Solving with Subgoal Labels in Expository Text and Worked Examples." *Learning and Instruction* 42(April 2016): 58–71. https://doi.org/10.1016/j.learninstruc.2015.12.002.

Rawson, Katherine A., John Dunlosky, and Sharon M. Sciartelli. "The Power of Successive Relearning: Improving Performance on Course Exams and Long-Term Retention." *Educational*

Psychology Review 25, no. 4(December 2013): 523–48. https://doi.org/10.1007/s10648-013-9240-4.

Tauber, Sarah K., Amber E. Witherby, John Dunlosky, Katherine A. Rawson, Adam L. Putnam, and Henry L. Roediger III. "Does Covert Retrieval Benefit Learning of Key-Term Definitions?" *Journal of Applied Research in Memory and Cognition* 7, no. 1(March 2018): 106–15. https://doi.org/10.1016/j.jarmac.2016.10.004.

Willingham, Daniel T. "Does Tailoring Instruction to 'Learning Styles' Help Students Learn?" *American Educator* 42, no. 2(Summer 2018): 28–36. https://files.eric.ed.gov/fulltext/EJ1182080.pdf.

Yang, Chunliang, Liang Luo, Miguel A. Vadillo, Rongjun Yu, and David R. Shanks. "Testing(Quizzing) Boosts Classroom Learning: A Systematic and Meta-analytic Review." *Psychological Bulletin* 147, no. 4(April 2021): 399–435. https://doi.org/10.1037/bul0000309.

7장 시험 직전, 마지막으로 지켜야 하는 것들

Bjork, Elizabeth L., and Robert A. Bjork. "Making Things Hard on Yourself, but in a Good Way: Creating Desirable Difficulties to Enhance Learning." In *Psychology and the Real World: Essays Illustrating Fundamental Contributions to Society*, edited by Morton A. Gernsbacher, Richard W. Pew, Leaetta M. Hough, and James R. Pomerantz, 56–64. New York: FABBS Foundation, 2009.

Dougherty, Kathleen M., and James M. Johnston. "Overlearning, Fluency, and Automaticity." *Behavior Analyst* 19, no. 2(October 1996): 289–92. https://doi.org/10.1007/BF03393171.

Hertzog, Christopher, Jarrod C. Hines, and Dayna R. Touron. "Judgments of Learning Are Influenced by Multiple Cues in Addition to Memory for Past Test Accuracy." *Archives of Scientific Psychology* 1, no. 1(2013): 23–32. https://doi.org/10.1037/arc0000003.

Kornell, Nate, and Hannah Hausman. "Performance Bias: Why Judgments of Learning Are Not Affected by Learning." *Memory&Cognition* 45, no. 8(November 2017): 1270–80. https://doi.org/10.3758/s13421-017-0740-1.

Roelle, Julian, Elisabeth Marie Schmidt, Alica Buchau, and Kirsten Ber- thold. "Effects of Informing Learners About the Dangers of Making Overconfident Judgments of Learning." *Journal of Educational Psychology* 109, no. 1(January 2017): 99–117. https://doi.org/10.1037/edu0000132.

Schwartz, Bennett L., and Janet Metcalfe. "Metamemory: An Update of Critical Findings." In *Cognitive Psychology of Memory*, Vol. 2, A Comprehensive Reference, edited by J. H. Byrne, 423–32. Oxford, UK: Academic Press, 2017.

Shanks, Lindzi L., and Michael J. Serra. "Domain Familiarity as a Cue for Judgments of Learning." *Psychonomic Bulletin&Review* 21, no. 2(April 2014): 445–53. https://doi.org/10.3758/s13423-013-0513-1.

Soderstrom, Nicholas C., and Robert A. Bjork. "Learning Versus Performance: An Integrative Review." *Perspectives on Psychological Science* 10, no. 2(March 2015): 176–99. https://doi.org/10.1177/1745691615569000.

Witherby, Amber E., and Sarah K. Tauber. "The Influence of Judgments of Learning on Long-Term Learning and Short-Term Performance." *Journal of Applied Research in Memory and Cognition* 6, no. 4(December 2017): 496–503. https://doi.org/10.1016/j.jarmac.2017.08.004.

8장 시험 볼 때, 뇌에서 정답을 이끌어내는 방법

Archer, N. Sidney, and Ralph Pippert. "Don't Change the Answer!: An Expose of the Perennial Myth That the First Choices Are Always the Correct Ones." *The Clearing House: A Journal of Educational Strategies, Issues and Ideas* 37, no. 1(1962): 39–41. https://doi.org/10.1080/00098655.1962.11476207.

Bourassa, Kyle J., John M. Ruiz, and David A. Sbarra. "The Impact of Physical Proximity and Attachment Working Models on Cardiovascular Reactivity: Comparing Mental Activation and Romantic Partner Presence." *Psychophysiology* 56, no. 5(May 2019): 1–12. https://doi.org/10.1111/psyp.13324.

Bramao, Ines, Anna Karlsson, and Mikael Johansson. "Mental Reinstatement of Encoding Context Improves Episodic Remembering." *Cortex* 94(September 2017): 15–26. https://doi.org/10.1016/j.cortex.2017.06.007.

Calma-Birling, Destany, and Regan A. R. Gurung. "Does a Brief Mindfulness Intervention Impact Quiz Performance?" *Psychology Learning&Teaching* 16, no. 3(November 2017) 323–35. https://doi.org/10.1177/1475725717712785.

Copeland, David A. "Should Chemistry Students Change Answers on Multiple-Choice Tests?" *Journal of Chemical Education* 49, no. 4(April 1972): 258. https://doi.org/10.1021/ed049p258.

DiBattista, David, Jo-Anne Sinnige-Egger, and Glenda Fortuna. "The 'None of the Above' Option in Multiple-Choice Testing: An Experimental Study." *Journal of Experimental Education* 82, no. 2(2014): 168–83. https://doi.org/10.1080/00220973.2013.795127.

Embse, Nathaniel von der, Justin Barterian, and Natasha Segool. "Test Anxiety Interventions for Children and Adolescents: A Systematic Review of Treatment Studies from 2000–2010." *Psychology in the Schools* 50, no. 1(January 2013): 57–71. https://doi.org/10.1002/PITS.21660.

Erdelyi, Matthew Hugh. *The Recovery of Unconscious Memories: Hypermnesia and Reminiscence*. Chicago: University of Chicago Press, 1996.

Kruger, Justin, Derrick Wirtz, and Dale T. Miller. "Counterfactual Thinking and the First Instinct Fallacy." *Journal of Personality and Social Psychology* 88, no. 5(May 2005): 725–35. https://doi.org/10.1037/0022-3514.88.5.725.

Pichert, James W., and Richard C. Anderson. "Taking Different Perspectives on a Story." *Journal of Educational Psychology* 69, no. 4(August 1977): 309–315. https://doi.org/10.1037/0022-0663.69.4.309.

Schwarz, Shirley P., Robert F. McMorris, and Lawrence P. DeMers. "Reasons for Changing Answers: An Evaluation Using Personal Interviews." *Journal of Educational Measurement* 28, no. 2(June 1991): 163–71. https://doi.org/10.1111/j.1745-3984.1991.tb00351.x.

Smith, Steven M., and Justin D. Handy. "Effects of Varied and Constant Environmental Contexts on Acquisition and Retention." *Journal of Experimental Psychology: Learning, Memory, and*

Cognition 40, no. 6(November 2014): 1582–93. https://doi.org/10.1037/xlm0000019.

Vispoel, Walter P. "Reviewing and Changing Answers on Computerized Fixed-Item Vocabulary Tests." *Educational and Psychological Measurement* 60, no. 3(June 2000): 371–84. https://doi. org/10.1177/00131640021970600.

9장 반드시 망친 시험지를 들여다봐라

Black, Paul, and Dylan Wiliam. "Developing the Theory of Formative Assessment." *Educational Assessment, Evaluation and Accountability* 21, no. 5(2009): 5–31. https://doi.org/10.1007/ s11092-008-9068-5.

Dweck, Carol S. *Mindset: Changing the Way You Think to Fulfil Your Potential*, 6th ed. New York: Random House, 2017.

Kornell, Nate, and Janet Metcalfe. "The Effects of Memory Retrieval, Errors and Feedback on Learning." *In Applying Science of Learning in Education: Infusing Psychological Science into the Curriculum*, edited by Victor A. Benassi, Catherine E. Overson, and Christopher M. Hakala, 225–51. Washington, DC: Division 2, American Psychological Association, 2014. http://www.columbia.edu/cu/psychology/metcalfe/PDFs/Kornell2013.pdf.

Mayer, Richard E. "Rote Versus Meaningful Learning." *Theory into Practice* 41, no. 4(Autumn 2002) 226–32. https://doi.org/10.1207/s15430421tip4104_4.

Morrison, Frederick J., Matthew H. Kim, Carol M. Connor, and Jen-nie K. Grammer. "The Causal Impact of Schooling on Children's Development: Lessons for Developmental Science." *Current Directions in Psychological Science* 28, no. 5(October 2019): 441–49. https://doi. org/10.1177/0963721419855661.

Roberts, Dennis M. "An Empirical Study on the Nature of Trick Test Questions." *Journal of Educational Measurement* 30, no. 4(December 1993): 331–44. https://doi.org/10.1111/J.1745-3984.1993.TB00430.X.

Shute, Valerie J. "Focus on Formative Feedback." *Review of Educational Research* 78, no. 1(March 2008): 153–89. https://doi.org/10.3102 /0034654307313795.

Simons, Daniel J., Walter R. Boot, Neil C. Charness, Susan E. Gathercole, Christopher F. Chabris, David Z. Hambrick, and Elizabeth A. L. Stine-Morrow. "Do 'Brain Training' Programs Work?" *Psychological Science in the Public Interest* 17, no. 3(October 2016): 103–86.

10장 공부 계획을 세우는 것부터 공부다

Astill, Rebecca G., Kristiaan B. Van der Heijden, Marinus H. Van IJzendoorn, and Eus J. W. Van Someren. "Sleep, Cognition, and Behavioral Problems in School-Age Children: A Century of Research Meta- Analyzed." *Psychological Bulletin* 138, no. 6(November 2012): 1109–38. https://doi.org/10.1037/a0028204.

Buehler, Roger, Dale Griffin, and Michael Ross. "Exploring the 'Planning Fallacy': Why People Underestimate Their Task Completion Times." *Journal of Personality and Social Psychology* 67, no. 3(September 1994): 366–81. https://doi.org/10.1037/0022-3514.67.3.366.

공부하고 있다는 착각

Cain, Neralie, and Michael Gradisar. "Electronic Media Use and Sleep in School-Aged Children and Adolescents: A Review." *Sleep Medicine* 11, no. 8(September 2010): 735–42. https://doi.org/10.1016/j.sleep.2010.02.006.

Crovitz, Herbert F., and Walter F. Daniel. "Measurements of Everyday Memory: Toward the Prevention of Forgetting." *Bulletin of the Psychonomic Society* 22, no. 5(November 1984): 413–14. https://doi.org/10.3758/BF03333861.

Gollwitzer, Peter M., Fujita Kentaro, and Gabriele Oettingen. "Planning and the Implementation of Goals." *In Handbook of Self-Regulation: Research, Theory, and Applications*, edited by Roy F. Baumeister and Kathleen D. Vohs, 211–28. New York: Guilford, 2004.

Gomez Fonseca, Angela, and Lisa Genzel. "Sleep and Academic Performance: Considering Amount, Quality and Timing." *Current Opinion in Behavioral Sciences* 33(June 2020): 65–71. https://doi.org/10.1016/j.cobeha.2019.12.008.

Hartwig, Marissa K., and John Dunlosky. "Study Strategies of College Students: Are Self-Testing and Scheduling Related to Achievement?" *Psychonomic Bulletin&Review* 19, no. 1(February 2012): 126–34. https://doi.org/10.3758/s13423-011-0181-y.

Kornell, Nate, and Robert A. Bjork. "The Promise and Perils of Self-Regulated Study." *Psychonomic Bulletin&Review* 14, no. 2(April 2007): 219–24. https://doi.org/10.3758/bf03194055.

Krause, Adam J., Eti Ben Simon, Bryce A. Mander, Stephanie M. Greer, Jared M. Saletin, Andrea N. Goldstein-Piekarski, and Matthew P. Walker. "The Sleep-Deprived Human Brain." *Nature Reviews Neuroscience* 18, no. 7(July 2017): 404–18. https://doi.org/10.1038/nrn.2017.55.

Kross, Ethan, Emma Bruehlman-Senecal, Jiyoung Park, Aleah Burson, Adrienne Dougherty, Holly Shablack, Ryan Bremner, Jason Moser, and Ozlem Ayduk. "Self-Talk as a Regulatory Mechanism: How You Do It Matters." *Journal of Personality and Social Psychology* 106, no. 2(February 2014): 304–24. https://doi.org/10.1037/a0035173.

Shirtcliff, Elizabeth A., Amber L. Allison, Jeffrey M. Armstrong, Marcia J. Slattery, Ned H. Kalin, and Marilyn J. Essex. "Longitudinal Stability and Developmental Properties of Salivary Cortisol Levels and Circadian Rhythms from Childhood to Adolescence." *Developmental Psychobiology* 54, no. 5(July 2012): 493–502. https://doi.org/10.1002/dev.20607.

11장 공부를 미루고 싶은 욕구에 끌려다니지 마라

Ariely, Dan, and Klaus Wertenbroch. "Procrastination, Deadlines, and Performance: Self-Control by Precommitment." *Psychological Science* 13, no. 3(May 2002): 219–24. https://doi.org/10.1111/1467-9280.00441.

Barrera, Manuel, Jr., and Sheila L. Ainlay. "The Structure of Social Support: A Conceptual and Empirical Analysis." *Journal of Community Psychology* 11, no. 2(April 1983): 133–43. https://doi.org/10.1002/1520-6629(198304)11:2<133::AID-JCOP2290110207>3.0.CO;2-L.

Frederick, Shane, Nathan Novemsky, Jing Wang, Ravi Dhar, and Stephen Nowlis. "Opportunity Cost Neglect." *Journal of Consumer Research* 36, no. 4(December 2009) 553–61. https://doi.org/10.1086/599764.

Krause, Kathrin, and Alexandra M. Freund. "It's in the Means: Process Focus Helps Against Procrastination in the Academic Context." *Motivation and Emotion* 40, no. 3(June 2016): 422–37. https://doi.org/10.1007/s11031-016-9541-2.

Lally, Phillippa, Cornelia H. M. van Jaarsveld, Henry W. W. Potts, and Jane Wardle. "How Are Habits Formed: Modelling Habit Formation in the Real World." *European Journal of Social Psychology* 40, no. 6(October 2010): 998–1009. https://doi.org/10.1002/EJSP.674.

Lickel, Brian, Kostadin Kushlev, Victoria Savalei, Shashi Matta, and Toni Schmader. "Shame and the Motivation to Change the Self." *Emotion* 14, no. 6(December 2014): 1049–61. https://doi.org/10.1037/A0038235.

Neal, David T., Wendy Wood, Jennifer S. Labrecque, and Phillippa Lally. "How Do Habits Guide Behavior? Perceived and Actual Triggers of Habits in Daily Life." *Journal of Experimental Social Psychology* 48, no. 2(March 2012): 492–98. https://doi.org/10.1016/j.jesp.2011.10.011.

Ruby, Matthew B., Elizabeth W. Dunn, Andrea Perrino, Randall Gillis, and Sasha Viel. "The Invisible Benefits of Exercise." *Health Psychology* 30, no. 1(January 2011): 67–74. https://doi.org/10.1037/a0021859.

Steel, Piers. "The Nature of Procrastination: A Meta-Analytic and Theoretical Review of Quintessential Self-Regulatory Failure." *Psychological Bulletin* 133, no. 1(January 2007): 65–94. https://doi.org/10.1037/0033-2909.133.1.65.

Strunk, Kamden K., and Misty R. Steele. "Relative Contributions of Self-Efficacy, Self-Regulation, and Self-Handicapping in Predicting Student Procrastination." *Psychological Reports* 109, no. 3(December 2011): 983–89. https://doi.org/10.2466/07.09.20.PR0.109.6.983-989.

Wood, Wendy, and Dennis Runger. "Psychology of Habit." *Annual Review of Psychology* 67(January 2016): 289–314. https://doi.org/10.1146/annurev-psych-122414-033417.

Zhang, Shunmin, Peiwei Liu, and Tingyong Feng. "To Do It Now orLater: The Cognitive Mechanisms and Neural Substrates Underlying Procrastination." *WIREs Cognitive Science* 10, no. 4(July–August 2019). https://doi.org/10.1002/WCS.1492.

12장 환경을 통제해 집중력을 높여라

Allen, Andrew P., and Andrew P. Smith. "A Review of the Evidence That Chewing Gum Affects Stress, Alertness and Cognition." *Journal of Behavioral and Neuroscience Research* 9, no. 1(2011): 7–23. https://www.researchgate.net/publication/313065290_A_review_of_the_evidence_that_chewing_gum_affects_stress_alertness_and_cognition.

Altmann, Erik M., J. Gregory Trafton, and David Z. Hambrick. "Momentary Interruptions Can Derail the Train of Thought." *Journal of Experimental Psychology: General* 143, no. 1(February 2014): 215–26. https://doi.org/10.1037/a0030986.

Ariga, Atsunori, and Alejandro Lleras. "Brief and Rare Mental 'Breaks' Keep You Focused: Deactivation and Reactivation of Task Goals Preempt Vigilance Decrements." *Cognition* 118, no. 3(March 2011): 439–43. https://doi.org/10.1016/j.cognition.2010.12.007.

Berridge, Kent C. "Wanting and Liking: Observations from the Neuroscience and

Psychology Laboratory." *Inquiry* 52, no. 4(August 2009): 378–98. https://doi. org/10.1080/00201740903087359.

Bratman, Gregory N., J. Paul Hamilton, and Gretchen C. Daily. "The Impacts of Nature Experience on Human Cognitive Function and Mental Health." *Annals of the New York Academy of Sciences* 1249, no. 1(February 2012): 118–36. https://doi.org/10.1111/j.1749-6632.2011.06400.x.

Duckworth, Angela L., and James J. Gross. "Behavior Change." *Organizational Behavior and Human Decision Processes* 161(suppl.)(November 2020): 39–49. https://doi.org/10.1016/j.obhdp.2020.09.002.

Duckworth, Angela L., Tamar Szabo Gendler, and James J. Gross. "Situational Strategies for Self-Control." *Perspectives on Psychological Science* 11, no. 1(January 2016): 35–55. https://doi. org/10.1177 /1745691615623247.

Junco, Reynol, and Shelia R. Cotten. "The Relationship Between Multitasking and Academic Performance." *Computers&Education* 59, no. 2(September 2012): 505–14. https://doi. org/10.1016/j.compedu.2011.12.023.

Onyper, Serge V., Timothy L. Carr, John S. Farrar, and Brittney R. Floyd. "Cognitive Advantages of Chewing Gum. Now You See Them, Now You Don't." *Appetite* 57, no. 2(October 2011): 321–28. https://doi.org/10.1016/j.appet.2011.05.313.

Orvell, Ariana, Brian D. Vickers, Brittany Drake, Philippe Verduyn, Ozlem Ayduk, Jason Moser, John Jonides, and Ethan Kross. "Does Distanced Self-Talk Facilitate Emotion Regulation Across a Range of Emotionally Intense Experiences?" *Clinical Psychological Science* 9, no. 1(January 2021): 68–78. https://doi.org/10.1177/2167702620951539.

Rideout, Victoria, and Michael B. Robb. "The Common Sense Census: Media Use by Tweens and Teens." San Francisco: Common Sense Media, 2019. https://www.commonsensemedia.org/sites/default/files/uploads/research/2019-census-8-to-18-full-report-updated.pdf.

Risko, Evan F., Dawn Buchanan, Srdan Medimorec, and Alan Kingstone. "Everyday Attention: Mind Wandering and Computer Use during Lectures." *Computers&Education* 68(October 2013): 275–83. https://doi.org/10.1016/j.compedu.2013.05.001.

Seli, Paul, Evan F. Risko, Daniel Smilek, and Daniel L. Schacter. "Mind-Wandering with and Without Intention." *Trends in Cognitive Sciences* 20, no. 3(August 2016): 605–17. https://doi. org/10.1016/j.tics.2016.05.010.

Smallwood, Jonathan, and Jonathan W. Schooler. "The Science of Mind Wandering: Empirically Navigating the Stream of Consciousness." *Annual Review of Psychology* 66(January 2015): 487–518. https://doi.org/10.1146/annurev-psych-010814-015331.

Stothart, Cary, Ainsley Mitchum, and Courtney Yehnert. "The Attentional Cost of Receiving a Cell Phone Notification." *Journal of Experimental Psychology: Human Perception and Performance* 41, no. 4(August 2015): 893–97. https://doi.org/10.1037/xhp0000100.

Uncapher, Melina R., and Anthony D. Wagner. "Minds and Brains of Media Multitaskers: Current Findings and Future Directions." *Proceedings of the National Academy of Sciences of the United States of America* 115, no. 40(October 2018): 9889–96. https://doi.org/10.1073/pnas.1611612115.

Willingham, Daniel T. "The High Price of Multitasking." *New York Times*, July 14, 2019. https://www.nytimes.com/2019/07/14/opinion/multitasking-brain.html.

Zanesco, Anthony P., Brandon G. King, Katherine A. MacLean, Tonya L. Jacobs, Stephen R. Aichele, B. Alan Wallace, Jonathan Smallwood, Jonathan W. Schooler, and Clifford D. Saron. "Meditation Training Influences Mind Wandering and Mindless Reading." *Psychology of Consciousness: Theory, Research and Practice* 3, no. 1(March 2016): 12–33. https://doi.org/10.1037/cns0000082.

13장 끝까지 흔들리지 않는 마인드셋

Arens, Katrin A., Herbert W. Marsh, Reinhard Pekrun, Stephanie Lichtenfeld, Kou Murayama, and Rudolf vom Hofe. "Math Self-Concept, Grades, and Achievement Test Scores: Long-Term Reciprocal Effects Across Five Waves and Three Achievement Tracks." *Journal of Educational Psychology* 109, no. 5(July 2017): 621–34. https://doi.org/10.1037/edu0000163.

Brummelman, Eddie, and Sander Thomaes. "How Children Construct Views of Themselves: A Social-Developmental Perspective." *Child Development* 88, no. 6(November–December 2017): 1763–73. https:// doi.org/10.1111/cdev.12961.

Dedonno, Michael A. "The Influence of Family Attributes on College Students' Academic Self-Concept." *North American Journal of Psychology* 15, no. 1(March 2013): 49–62. https://www.researchgate.net/publication/235986598.

Koivuhovi, Satu, Herbert W. Marsh, Theresa Dicke, Baljinder Sahdra, Jiesi Guo, Philip D. Parker, and Mari-Pauliina Vainikainen. "Academic Self-Concept Formation and Peer-Group Contagion: Development of the Big-Fish-Little-Pond Effect in Primary-School Classrooms and Peer Groups." *Journal of Educational Psychology*(advance online publication). https://doi.org/10.1037/edu0000554.

Marsh, Herbert W. "Academic Self-Concept: Theory, Measurement, and Research." In *Psychological Perspectives on the Self*, Vol. 4, *The Self in Social Perspective*, edited by Jerry Suls, 71–110. East Sussex, UK: Psychology Press, 2016.

Marsh, Herbert W., Reinhard Pekrun, Kou Murayama, A. Katrin Ehrens, Philip D. Parker, Jiesi Guo, and Theresa Dicke. "An Integrated Model of Academic Self-Concept Development: Academic Self-Concept, Grades, Test Scores, and Tracking over 6 Years." *Developmental Psychology* 54, no. 2(February 2018): 263–80. https://doi.org/10.1037/dev0000393.

Tan, Cheng Yong, Meiyan Lyu, and Baiwen Peng. "Academic Benefits from Parental Involvement Are Stratified by Parental Socioeconomic Status: A Meta-analysis." *Parenting: Science and Practice* 20, no. 4(2020): 241–87. https://doi.org/10.1080/15295192.2019.1694836.

Wolff, Fabian, Friederike Helm, Friederike Zimmermann, Gabriel Nagy, and Jens Moller. "On the Effects of Social, Temporal, and Dimensional Comparisons on Academic Self-Concept." *Journal of Educational Psychology* 110, no. 7(October 2018): 1005–25. https://doi.org/10.1037/EDU0000248.

공부하고 있다는 착각

Bernstein, Douglas A., Bethany A. Teachman, Bunmi O. Olatunji, and Scott O. Lilienfeld. "Cognitive, Behavioral, and Acceptance-Based Psychotherapies." In *Introduction to Clinical Psychology: Bridging Science and Practice*, 286–323. Cambridge, UK: Cambridge University Press, 2020.

Crede, Marcus, and Nathan R. Kuncel. "Study Habits, Skills, and Attitudes: The Third Pillar Supporting Collegiate Academic Performance." *Perspectives on Psychological Science* 3, no. 6(November 2008): 425–53. https://doi.org/10.1111/j.1745-6924.2008.00089.x.

Duits, Puck, Danielle C. Cath, Shmuel Lissek, Joop J. Hox, Alfons O. Hamm, Iris M. Engelhard, Marcel A. van den Hout, and Joke M. P. Baas. "Updated Meta-analysis of Classical Fear Conditioning in the Anxiety Disorders." *Depression&Anxiety* 32, no. 4(April 2015): 239–53. https://doi.org/10.1002/DA.22353.

Eysenck, Michael W. *Anxiety: The Cognitive Perspective*. Hove, UK:Lawrence Erlbaum Associates, 1992.

Hirsch, Colette R., and Andrew Mathews. "A Cognitive Model of Pathological Worry." *Behaviour Research and Therapy* 50, no. 10(October 2012): 636–46. https://doi.org/10.1016/j.brat.2012.06.007.

Hirsch, Colette R., Charlotte Krahe, Jessica Whyte, Sofia Loizou, Livia Bridge, Sam Norton, and Andrew Mathews. "Interpretation Training to Target Repetitive Negative Thinking in Generalized Anxiety Disorder and Depression." *Journal of Consulting and Clinical Psychology* 86, no. 12(December 2018): 1017–30. https://doi.org/10.1037/CCP0000310.

Hoge, Elizabeth A., Eric Bui, Luana Marques, Christina A. Metcalf, Laura K. Morris, Donald J. Robinaugh, John J. Worthington, Mark H. Pollack, and Naomi M. Simon. "Randomized Controlled Trial of Mindfulness Meditation for Generalized Anxiety Disorder: Effects on Anxiety and Stress Reactivity." *Journal of Clinical Psychiatry* 74, no. 8(August 2013): 786–92. https://doi.org/10.4088/JCP.12M08083.

Stein, Murray B., Kerry L. Jang, and W. John Livesley. "Heritability of Anxiety Sensitivity: A Twin Study." *Journal of Psychiatry* 156, no. 2(February 1999): 246–51. https://ajp.psychiatryonline.org/doi/pdf/10.1176/ajp.156.2.246.

공부하고 있다는 착각

초판 1쇄 발행 2023년 7월 17일
초판 10쇄 발행 2024년 1월 8일

지은이 대니얼 T. 윌링햄
옮긴이 박세연

발행인 이재진 **단행본사업본부장** 신동해
편집장 김예원 **교정교열** 정일웅
디자인 김은정 **마케팅** 최혜진 신예은 **홍보** 허지호
국제업무 김은정 김지민 **제작** 정석훈

브랜드 웅진지식하우스 **주소** 경기도 파주시 회동길 20
문의전화 031-956-7357(편집) 031-956-7087(마케팅)
홈페이지 www.wjbooks.co.kr
인스타그램 www.instagram.com/woongjin_readers
페이스북 www.facebook.com/woongjinreaders
블로그 blog.naver.com/wj_booking

발행처 ㈜웅진씽크빅
출판신고 1980년 3월 29일 제406-2007-000046호
한국어판 출판권 ⓒ㈜웅진씽크빅, 2023

ISBN 978-89-01-27358-7 03180